白雲之道

MY WAY：The Way of the White Clouds

奧修大師（OSHO）／原著　謙達那／譯
校對／德瓦嘉塔

奧修出版社

譯者序

獻給

飄泊在道中之人

我喜愛這本書，因爲它看起來是那麼地親切。

我願意，我願意像白雲一樣地生活，多麼悠哉！只要去想一想，就覺得好舒服。

大約在十二年前我就看過這本書，如今拿來翻譯，發覺我在裡面畫了很多重點，似乎這本書曾經給了我很多重要的啓示，因爲它談到很多生活層面的問題，故每每令人覺得是在談跟自己息息相關的問題。

了解內在的眞理是多麼令人雀躍的一件事！如果能夠透過靜心而變成它，那又是何等的幸福……

閉起你的眼睛，向內走……走進那沒有雜質的純然喜樂；睜開眼睛，向外走……走進那沒有雜質的愛。

謙達那
一九九三年九月
於台北

目錄

第十二個早晨

第十三個早晨

第十四個早晨

第十五個早晨

原序

在一九七四年五月的十五個早晨，有一群西方的求道者聚集在奧修的普那社區，問了一系列的問題，所問的問題都是跟他們自己有關的，或是跟他們要成道的路途有關的問題。（註：普那是一個城市，離印度孟買大約一百八十公里，目前奧修大師的社區就設在普那。）

奧修的工作尚不為印度以外的人所知，這些問題的編輯指向一個目的——準備一本書將他介紹給西方。這本書就是為了這個目的。

九個月以前，我從加拿大去到他那裡，我將試著告訴你們關於他的事，但是我無法評論他的話語，你們只要讀他的書就可以了。他的母語是印度語，但是他英文講得非常好，因為他是從他個人的經驗來講的，他能夠非常清晰地用很簡單的話語來表達最深奧的觀念。

由詩人的心所流露出來的話語是一項特別的禮物。

「白雲之道」就是那十五個早上奧修在普那的演講。

奧修不可能發生在西方，他發生在印度。

好幾千年以來，在印度及整個東方，宗教一直都是一種很深的科學，它用以探詢的技巧是靜心，而不是實驗室的研究。西方的科學在詳查了我們這個星球之後又更進一步地探詢，將人類送上月球，然後又繼續探索外太空，然而東方的科學看到了超出頭腦的部份，深入挖掘人內在的空間和他的本性。西方的科學家登陸了月球，但是離太陽、離中心還很遠。在很久以前，東方的科學家就登陸了內在的太陽——成道的狀態、三摩地、沙特奇阿南達、涅槃、或至高無上的宇宙意識狀態。

奧修是一位成道的大師，他是一個已經達到內在太陽的東方科學家，他跟耶穌和佛陀達到了同樣的存在狀態。就如印度的報紙用來描述他們偉大的心靈導師的話，奧修是一個「神人」（godman）。

奧修也是一位師父，就好像兩千五百年前的佛陀也是這塊土地上的師父。奧修已經找到了他自己成道的路，他跟佛陀一樣，獻身他自己來幫助別人走上他親自經歷過的路。

在經過了九個月之後，那個震憾還在打擊著我的頭腦，但是今日在普那所發生的事跟耶穌和他的門徒在加利利所發生的事是一樣的，只是時間差了二十個世紀，它跟佛陀與他的門徒之間所發生的也是一樣，只是劇中人換了。

在這本書裡面，奧修曾經提到：

你們是幸運的，任何我所告訴你們的就在源頭，那就是為什麼我說你們是幸運的。你能夠靠近源頭這種事好幾千年才發生一次，以後它就不再是這樣了。

即使是我所說的觀念，以後也不會再是這樣，遲早有一些邏輯家會介入，他們一定會來，他們已經上路了，他們會將每一樣東西都系統化，他們將會摧毀每一樣東西，那麼機會就失去了，然後它將會變成死的。

目前它還是活的，你們就在靠近源頭的地方，那就是為什麼我說你們是幸運的。

如果你發現這個很難接受或相信，那麼你只要親自來普那看一看就知道。這三十五年以來，我大部份的時間都在西方，我了解證明的需要。如果你有飢渴，那麼你就來普那，有一個活佛在這裡。

就好像木匠耶穌變成基督，就好像王子悉達多變成佛陀，於一九三一年十二月十一日生於印度馬德亞．普拉諜西州的奧修變成「巴關」（神）。

當基督說：「除非你死，然後再被生出來，否則你將無法進入天堂的王國。」當自我死掉，就有一種新的本質會出現，會有一個再生，這個再生就是進入成道、進入天堂。奧修於一九五二年三月二十一日再生，當時他二十一歲。

我一點都不懷疑說他知道發生在他身上的事，但是他在一九五七年的時候結束了他的教育，而開始在傑波普的梵文專校教哲學。到了一九六六年，他跟他所任教的那個大學起了衝突，因爲他在性、政治、和宗教等主題上有一些直言無諱，而且備受爭議的言論，因此他就辭職了。

就好像佛陀和耶穌一樣，他開始到處旅行，對那些想聽的人演講。他是一個如火一般的年輕革命家，他所談論的使用性能量來達到超意識，以及他對宗教現狀的批評爲他帶來很多敵意和要刺殺他的威脅。在當時，即使在現在也一樣，他對那些發出陳腔濫調，以及信口講出一些不是來自他們自己經驗之事的人都毫不留情。

他在當時被稱爲老師，但是當他的跟隨者越來越多，他的門徒們就稱呼他爲「巴關」（神）。

巴關意味著「神性的」，那是印度語「神」的別名，對西方人來講，它聽起來太放肆了，當初我就有這種感覺，直到後來，有一位印度的淑女跟我解釋：

「不要認爲我們相信羅傑尼希這個傢伙是神，我們稱他爲巴關是因爲他已經消失了，而那個內在的神性——梵天——被顯露出來了，它隱藏在我們所有的人裡面，但是在他身上，它是顯現的，那就是爲什麼我們尊敬他，而稱他爲巴關。奧修只是一個工具，只是一個裝著火焰的廟。」

最近在他的普那社區，奧修每天都有演講，在一系列的印度語演講之後會換另一系列的英語演講，而且他每天在他的花園裡會接見他的門徒和來自世界各地的求道者。

我來到奧修這裡是因爲我看到了一個朋友的蛻變，大多數的西方人之所以來此似乎也都是爲了類似的原因。全世界各地都有奧修的靜心中心，當他們都匯集來此，那是很可觀的，尤其每個月所舉行的靜心營，有好幾千個求道者聚集在一起做十天密集的靜心和跟奧修做個人課程。

所有的晨間演講和每一個跟奧修的問答都被錄下來整理成書，有好幾百本的印度文和英文的書和雜誌。

但是奧修本人如何呢？關於他，你能夠眞的說些什麼呢？對我而言，他是非言語所能形容的，但是如果你來到普那，你就會了解。

當我初次看到奧修，他的「在」、他的宏偉、和他的磁力簡直把我擊倒。我的自我粉碎了，我哭了一整天。在經過那些空追尋的歲月之後，看到像他這樣的一個人能夠活生生地存在，這對我來講眞的是消受不了。

當這個最初的震憾結束之後，我去聽他的演講，我再度被擺平，他聰明才智的領域廣大無比，他每星期可以讀超過一百本的書，而且，更難以相信的，他能夠將那些資訊以他所希望的任何方式組合。他的看法完全客觀，超越了經過組織的信念和東西方的哲學，他對人和他的問題以及要如何來解決那些問題的了解讓你不得不驚訝。

當你開始去了解他，你就會瞥見我所說的。在這裡說他是愛和慈悲聽起來好像是陳腔濫調，但是這兩種品質的確是透過他的話語而放射出來。他的顧慮完全是在個人，他的整個存在都調整好要來幫助那些想要成長的人和找尋眞理的人，而他所用的方法跟你以前所碰到過的都完全不一樣。

如果你已經準備好，第一步就是接受點化成爲他的門徒，成爲他的孩子，它是在對他說：「從現在開始，這齣戲由你來導演，我的靈性成長就交在你的手中。」

如果你準備要跳，奧修將會點化你成爲門徒。他會叫你切斷你的過去，讓它自由漂泊，爲了要幫助你，他會改變你的名字和衣服。他會叫你穿橘紅色的袍，唯有當你親身去體驗，你才會開始了解他的設計，而且他會掛一條串珠在你的脖子上。串珠是一條暗色木頭做成的項鍊，底端有一個墜子，兩邊都印有奧修的照片，這條串珠表示以某種方式跟他連繫。

我在幾分鐘之內由一個亂了陣脚、吸食痲醉劑、半途而廢的廣告代理人傑克變成男門徒克里虛納·普雷姆，我感到很混亂，而且很不安，我不知道剛才在我身上發生了什麼，那一天大部份的時間都在哭，因爲我比我能夠記憶的以前都來得更快樂，我不了解到底發生了什麼，但是我知道某種壓在我身上的東西死掉了，而某種新的東西被生出來了。

奧修所用的是他自己的方法，那些方法跟戈齊福、禪、和蘇菲的方法有類似之處，但是他的方法是獨一無二的，而且源自密宗譚崔。

密宗譚崔的方式簡而言之就是使用性的能量，也就是我們唯一的能量，來作爲到達宇宙意識的工具。譚崔的方式是完全涉入生活，不壓抑任何東西、不隱藏任何東西、不否定任何東西，它没有教派、没有教條、也没有儀式，只是高高興興地接受生命、完全投入生命。對一個譚崔行者而言，生命就是唯一的神。神並不是從天上降下來的東西，它是要從你自己裡面去發現的光。

那個光只能夠透過靜心來發現。

不管是那一派的思想，不管是譚崔的或是其他的，所有靜心的目標都是要平息頭腦，唯有到那個時候，內在的深度才能夠被探索；唯有到那個時候，眞理才能夠被碰到；唯有到那個時候，無我和成道才可能。

大多數的靜心技巧都使用壓抑的方法來平息頭腦——透過有意識的努力來平息頭腦，比方說身體的苦修、或催眠性的咒語重複等等。壓抑是一般的方式。

奧修反對壓抑，他的靜心技巧完全跟壓抑相反，但是在將他的技巧介紹給你們之前，我想先跟你分享奧修所觀察到的兩件事。

首先他指出，我們之中沒有一個人是「一個完整的人」，我們每一個人都是一個「群衆」，如果你仔細想一想，你就會同意。我們並沒有一個中心的、經常性的「我」，我們是多重人格，我們裡面有一部份決定要早起，另外一部份則在早上的時候決定要多睡一些；有一部份決定要多存一些錢，另外一部份卻無法抗拒新衣服和新唱片。

「群衆」無法靜心，奧修問說：「要由誰來靜心呢？」

第二，他說我們眞實的本性隱藏在很多層壓抑的思想和情緒底下。就像每一棵樹和每一朵花一樣，我們每一個人都是不同的、原創的，但是從來沒有人允許那個原創性開花。父母、老師、和社會告訴我們什麼是眞的、什麼是假的、什麼是好的、什麼是壞的，我們並沒有自由去經驗之後才下我們自己的結論；我們常常被欺騙和被恐嚇。

在這裡有一個朋友，他具有一種不可避免的想要去了解生命的衝動，他母親告訴他說：「如果小鳥和蜜蜂在牠們結婚之前作愛，上帝會殺死牠們。」另外一個朋友在她開始有生理週期的前面七年裡，她以爲她在垂死。

我們被告知的故事是荒謬的，但是它所造成的感情創傷是很可怕的。我們壓抑我們的感情、情緒、和思想，因此我們變得歪曲了，我們變成不眞實的動物，完全跟周遭的世界失去和諧，我們變得很混亂，而且不快樂。

因爲我們無法靜心，所以奧修創造一些情況讓靜心發生在我們身上；因爲我們有壓抑的負荷，所以他創造出一些情況來讓深深的洗滌發生。這個情況他稱之爲動態靜心。

雖然爲了不同的目的，奧修給予不同的人很多種技巧，但動態靜心是最主要的。動態靜心是在早上空著肚子的時候做的，前面三個階段各十分鐘，後面兩個階段各十五分鐘。

第一個階段是深而且快的不規則呼吸，整個身體都投入，藉著一些我無法了解或解釋的內在過程，多年來的壓抑所造成的緊張和情緒的障礙都從潛意識釋放出來。

在第二個十分鐘裡面所釋放出來的東西會浮上表面，當它浮到意識層面上的時候，它就可以被丟到空中。你就在中間，而在你的周圍，你的「頭腦身體」在笑、在哭、在尖叫、在舞蹈、在跳躍，它是一種重新經驗。

我無法解釋爲什麼，我也不管爲什麼，但是我從我自己的經驗知道，一旦你重新活過或重新經驗那些影響著你的過去的創傷，你就能夠免於它，它會消失。

在我兩個月大的時候，我母親過世了，在我來到奧修這裡之前，我有很多內在的心結都可以歸根於這個原因。有一次，在第二階段的時候，我倒在地上，就好像在她過世之後，一個兩個月大的嬰孩在那裡又哭又踢，抓不到母親的乳房。

對我來講，那是一個很大的發洩，在那次發洩之後，大多數可以追溯到因爲我母親的死所產生的問題都突然消失了，我已經可以免於它們。

要平息我們的頭腦需要很多的能量，比平常在我們裡面流動的更多的能量。動態靜心的第三階段是跳躍，並且喊出蘇菲宗派的咒語「護！」這個聲音打擊在我們的性中心，將它打開，而讓我們的能量往上流。向下的能量是爲了性，向上的能量則導入靜心。

在這個階段結束的時候，我們會聽到「停！」當我們聽到喊停的時候，不管我們是處於什麼樣的姿勢，我們都必須停格十五分鐘，讓能量流動、循環，在我們裡面運作，而我們保持覺知。

最後一個階段是慶祝——高高興興地唱歌、跳舞，或者只是靜靜地存在，處於慶祝和感謝的氣氛之中。

就像你在做其他事情的時候一樣，你投入多少在動態靜心裡，你就可以收獲多少。有時候當我真的很努力去做那兩個活躍的階段——呼吸和喊「護！」的階段，那麼在第四階段——被動的階段，我就能夠經驗到完全的靜止，一種很深的寧靜，充滿著前所未有的喜樂。

在這個階段，「心理身體」被淨化了，有很多壓抑消失了，你就變成新鮮的。你的能量處於頂峯，而你只是存在，寧靜的、覺知的，你處於靜心之中。

奧修說，這就是跟神性會面的片刻，他說自我隨時都可以拋棄，那個片刻隨時都可能來到。

我剛才的描述只是這個靜心的一小部份，它還有很多很多其他的好處，它不僅可以去除你的障礙而帶給你寧靜和喜樂，它還能夠幫助你變得歸於中心，以及使你更覺知到你自己的本質和你周圍的世界，它同時能夠幫助你將自我分離出來，而使你對頭腦的詭計更警覺。你會變得開始觀照，開始觀察你自己，然後了解到，眞正的你並不是你的身體，也不是你的頭腦，眞正的你超越這兩者。

奥修是一個各種狀況的師父，他所創造出來的每一個情況，包括動態靜心，是要用來幫助你平息頭腦。他說：即使他的談話也是要使我們寧靜。當我們將我們的注意力集中在他身上，聆聽他的演講，內在的輪子就會停止轉動，甚至連他的演講也是一個情況。

奥修使他大部份的追隨者保持忙碌——處於各種情況之中——當他們來到印度的時候。每天早上六點到七點有動態靜心，十點到十一點半有蘇菲舞，五點半到六點半有亢達里尼靜心。除了靜心營之外，有超過五十種不同的靜心團體可供選擇。來到這裡的人也可以在社區裡面或外圍工作——在花園、在辦公室、在出版部、或是在書局工作……

你會被送到什麼地方，或是要創造出什麼樣的情況給你，那要看你的需要而定，你也可能不被送到任何地方去。

當我首度來到他這裡，我最大的障礙之一就是：現在對我來講不存在，我生活在一個不眞實的世界裡，一方面擔心已經死掉的過去，一方面又幻想著不存在的未來。奧修把我送到一個農場，他們要在那裡建立一個社區，他給了我如下的忠告：「如果你在鋸一塊木頭要蓋一個茅屋，那麼你就專心鋸木頭，忘掉茅屋，它或許永遠不發生，只有木頭是眞實的，要完全投入那塊木頭。」

爲了一大堆理由，我變得無法克服，所以在三個星期之後我就離開了農場而到渡假勝地果阿（Goa）去。

在我離開農場要去果阿的途中，我看到了奧修，他沒有判斷——他從來沒有——只是愛、慈悲、和了解。當我們在談話的時候，我覺得我好像一個頑皮的小孩，但是當我離開的時候，他對我說了一些事情，那些事情頓時劃過我的腦海，他說：「我會在果阿跟你在一起。」

他的確在，它花了我兩個月的時間才能夠看到它，但是在果阿，有一些眞實的眞理、知識、或智慧開始出現在我身上，它變成了我裡面不可磨滅的一部份。我開始覺知到時間是一個幻象。

時間並不存在，它只是自我的一個參考點，它是自我所需要的一種食物。過去是死的，它只是記憶，它是頭腦的一部份，頭腦會改變它所喜歡的東西來適合它自己。記憶並不是眞實的存在，未來也不是眞實的存在，未來只不過是未滿足的慾望的一個投射，只有當下這個片刻存在，時間不存在。

他曾經說過，除非時間的觀念消失，否則自我不可能消失。它需要兩個情況，但是奧修幫助我達到一個點，達到現在那個奇蹟般的東西能夠發生的點。

當這種情況發生——它是一個發生，而不是努力的結果，每一件事都會改變。我的整個能量是從負面的轉爲正面的，愛開始在我裡面開花，我在自然界所看到的韻律跟我裡面的韻律是一樣的——同樣的山峯和山谷，同樣的黑暗和光明。我了解到每一樣東西都互相有連繫，個人是一個幻象，沒有開始，也沒有結束，只是一個持續的流；我了解到生命是沒有目的的，沒有什麼事要達成；我很清楚地了解到，要像白雲一樣隨著生命之流流動的話，自我必須消失；我了解到自我是所有衝突和所有痛苦背後的因素。

突然間，我的過去離我而去，它已經不復存在，不論發生什麼都不會引起我的懊惱，因爲它事實上並沒有發生在我，它只發生在我的頭腦或我的身體，但是並沒有發生在我。

仍然會有心情的起伏，會有高潮和低潮，未來還會溜進來，但是過去已經消失了，剩下的有一天也會消失。

當我離開果阿而回到普那，我去花園看奧修，當我走過草坪，他說：「我有跟你一起在果阿。」

我首度開始——剛開始——了解跟師父一起下功夫是什麼意思。有一次他說：「一個師父會像影子一樣地跟隨著你。」我不知道他是怎麼做的，但是他一直都在——跟著我，引導著我，我開始越來越清楚地可以聽到他。

他講了一個關於一些小學生的故事，老師問他們說在家裡都幫些什麼忙，有的回答說幫忙洗碗，有的回答說幫忙鋪床等等，但是有一個小男孩回答說：「在大部份的情況下，我只是保持不在大人旁邊礙手礙脚。」

要做到這樣很難，因爲自我一直都會想抗爭，但是我正在學習不要礙手礙脚。

還有一點關於奧修的事我覺得遲疑而不敢提，因爲西方人聽起來或許會覺得奇怪，但是你可以自己判斷。

可以了解的，奧修多多少少是一個隱士，他跟一些親近的門徒生活在普那一個寬敞的平房，也在那裡工作，很快地，有比較大、比較現代的平房會蓋起來，到目前爲止，他還不願意到西方去訪問。

他很少談到他自己，在你看書的時候或許也會注意到這一點，關於他的事情知道很少，但是奧修有一個門徒幾年前拜訪西藏錫金的一個僧院時，曾經謁見過喇嘛卡瑪帕（Lama Karmapa：西藏大寶法王），他說：

「卡瑪帕手中拿著印有奧修照片的小匣子，然後用他的前額去碰觸它，說：『他是在印度自從佛陀以來最偉大的化身，他是一個活佛。』」

卡瑪帕還說，奧修兩世之前曾經是他們最偉大的化身之一，他的黃金雕像被保存在「化身堂」，藏在西藏。

奧修本身只談到他前世在西藏活到一百零六歲，他本來在二十一天的斷食之後就要放棄身體，但是在最後三天，他有一個門徒殺死他，好讓他能夠再被生下來繼續他的工作。

奧修的母親描述說，他剛被生下來的前三天既不會哭，也不吃東西。奧修本身說：「在這一世，那三天已經被完成了，但是在這一世要完成那三天需要花上二十一年。」他在二十一歲的時候成道。

當他談論到這一點的時候，他還說：「我之所以告訴你們這些是因爲它或許可以使你們去找尋你們的前世。」

到目前為止，我可以回憶到前世的三件事，我看到了那些臉和那些情景。有一次我是一隻狼；有一次我是一個年輕人，右手被一個蒙古人或韃靼人切斷；又有一次我出現在奧修七百年前在西藏過世的時候。

三十五年以來，奧修一直在叫我回到他的身邊，如果你覺得被他的書所震撼、所滿足，他或許也是在叫你。

男門徒：克里虛納·普雷姆

第一個早晨

一九七四年五月十日

白雲之道

鍾愛的師父，為什麼你稱你的道為「白雲之道」？

就在佛陀過世之前，有人問他：一個佛過世之後會去那裡，他還會繼續存活嗎？或者只是消失成爲空無？這並不是一個新的問題，這是最古老的問題之一，已經被重複問過很多次。

據説佛陀回答：就好像一朵白雲在消失。

就在今天早上，有一些白雲在天空，現在它們已經不在那裡，它們跑到那裡去了呢？它們是從什麼地方來的呢？它們是如何形成的？它們又是怎麼消失的？

白雲是一個奧秘——它的來，它的去，以及它的存在都是一個奧秘。

那就是我稱我的道爲白雲之道的第一個原因。

但是有很多原因，最好是去沈思它們，去靜心冥想它們。

白雲的存在沒有任何根，它是一個無根的現象，它不紮根在任何地方，或者說，它紮根於無處，但它還是存在。

整個存在就好像一朵白雲——沒有任何根，沒有任何因果關係，沒有任何最終的原因，它只是存在，它以一個奧秘存在。

白雲眞的沒有它自己的道路，它只是飄泊，它沒有想要到達任何地方，沒有目的地、沒有命運要履行、沒有終點，你無法挫折一朵白雲，因爲它所到之處就是目標。

如果你有目標，你一定會有挫折。頭腦越是目標指向，它就會有越多的痛苦、焦慮、和挫折，因爲一旦你有了目標，你就是按照一個固定的方向在走。

而整體的存在是沒有任何目的的，整體並不是要移向任何地方，它沒有目標、沒有目的。

一旦你有了一個目的，你就違反了整體——記住這一點——那麼你就會有挫折，當你違反整體，你無法勝利。你的存在非常渺小，你無法抗爭，你無法征服。不可能想像說一個個別的單位怎麼能夠征服整體。如果整體是沒有目的的，而你卻帶著目的，你一定會被打敗。

風吹到那裡，白雲就飄到那裡，它不抗拒，它不抗爭，白雲並不是一個征服者，但它依然籠罩著一切，你無法征服它，你無法打敗它。它沒有要去征服的頭腦，因此你無法打敗它。

一旦你固定在一個目標、目的、命運、或意義，一旦你有了那個想要到達什麼地方的瘋狂，那麼問題就會產生，而你將會被打敗，那是可以確定的。你的挫敗就在存在本身的本質裡。

白雲沒有什麼地方要去，它移動，它到處移動，所有的層面都屬於它，所有的方向都屬於它，沒有什麼東西被拒絕，每一樣東西的存在都完全被接受。

因此我稱我的道爲「白雲之道」。

白雲沒有它們自己的道路，它們只是飄浮。一條道路意味著你要到達什麼地方，而白雲的道路意味著一條沒有路的路。移動，但是沒有一個固定的頭腦——沒有頭腦地移動。

這一點必須被了解，因爲目的跟頭腦是同義詞，那就是爲什麼你無法構思不要目的而生活，因爲頭腦沒有目的無法存在。

人們非常荒謬，他們甚至來到我這裡問說：靜心的目的是什麼？靜心不可能有任何目的，因爲靜心基本上意味著一種沒有頭腦的狀態，你就在你所在的地方，而不要到任何地方去，只要存在就是目標。

目標就在此時此地，一旦目標是在其他某一個地方，頭腦就會開始它的旅程，然後頭腦就會開始想，然後頭腦就會開始一個過程。如果未來存在，那麼頭腦就能夠流動，那麼頭腦就能夠有它的路線，那麼頭腦就有空間可以移動。

有了目的就有未來，有了未來就有時間。

白雲籠罩在天空，它沒有家，因爲它沒有未來，也沒有頭腦，它就在此時此地，每一個片刻都是全然的永恆。

但是頭腦無法沒有目的而存在，所以頭腦一直創造出目的。如果所謂世俗的目的沒有了，那麼頭腦就創造出宗教的目的或彼岸的目的；如果金錢變得沒有用了，那麼靜心就變得有用；如果所謂競爭或政治的世界變得沒有用，那麼另外一個新的競爭、宗教、或成就的世界就變得有意義。頭腦總是在渴望某個意義或某個目的。

對我而言，唯有那個沒有意義的頭腦才是具有宗教性的，但是那意味著頭腦已經根本就不再是一個頭腦。把你自己想成就好像一朵白雲，沒有頭腦。

在西藏有一種靜心——和尚們坐在山上，完全單獨，只是靜心冥想飄浮在天空的白雲，繼續凝思，漸漸地被白雲合併，然後他們就變成白雲——就像一朵白雲棲在山上。沒有頭腦，只是存在，沒有抗拒、沒有抗爭、沒有什麼事要達成，也沒有什麼東西可以失去，只是享受那個存在，慶祝當下那個片刻——那個喜悅、那個狂喜。

因此我稱我的道爲「白雲之道」。我也想要你們變成白雲，飄浮在天空。我說飄浮，而不是移動，不是移向某一個點，只是飄浮，不管風兒帶領你到那裡，你就飄浮到那裡。

不論你剛好在那裡，那就是目標，所以目標並不是某種在什麼地方結束的東西，它並不是一條線的終點，那個目標是每一個片刻。

在這裡，對我來講，你是一個成道的人，在這裡你已經達成了，在這裡，你已經如你所能地那麼完美，就好像一個佛陀、一個馬哈維亞、或是一個克里虛納。其他沒有什麼事要被達成，就在這個片刻，每一樣東西都具備了，只是你沒有覺知到而已。

你沒有覺知到，因爲你的頭腦是在未來，你並沒有在這裡，你沒有覺知到當下這個片刻所發生在你身上的。

這種事一直一直都在發生，好幾百萬世以來，這種事就一直在發生。每一個片刻你都是一個佛，它從來没有被錯過一個片刻，它不可能被錯過，自然本身就是如此，事情本來就是如此，你不可能錯過它！

但是你並没有覺知，而你之所以没有覺知到是因爲有一個目標在什麼地方，有一件事必須被達成，就是因爲這樣，所以會有障礙產生，然後那個你已經是的就錯失了。

一旦這個被顯露出來，一旦這個被了解，一旦你能夠覺知到它，存在最大的奧秘就被顯露出來了——每一個人都是完美的。那就是我們在說每一個人都是梵天，每一個人都是靈魂，每一個人都是最終的靈魂，每一個人都是「那神性的」的意思，那就是我們在說「塔特瓦馬西」：——「你就是那個」的意思。

並不是說你必須去變成那個，因爲如果你必須去變成那個，那麼你並不是那個。而如果你並非已經是那個，你怎麼能夠變成那個？種子變成樹木，因爲種子已經是那個。一個石頭不能變成一棵樹，而種子能夠變成樹木，因爲種子已經是那個！

所以，問題不在於要變成什麼，問題只是在於將它顯露出來。種子在這個片刻以一個種子顯露出來，下一個片刻以一棵樹顯露出來，所以這只是顯露的問題。如果你能夠穿透很深，就在這個片刻，種子就是樹木。

西藏的神秘家、禪師、或蘇菲的托缽僧，他們都有談到白雲，白雲一直在抓住很多人內在的本質，似乎跟白雲已經達成一種融洽的關係。

使它成爲一個靜心，然後就有很多事會發生在你身上。

生命不應該被視爲一個難題，一旦你以那樣的方式開始，你就迷失了，一旦你認爲生命是一個難題，它就永遠無法被解決。

哲學家就是這樣在運作的，因此哲學總是錯誤地在運作。沒有正確的哲學，不可能有，所有的哲學都是錯的，將事情哲學化是錯誤的，因爲基本上哲學將生命視爲一個難題，那是錯的。一旦生命是一個難題，它就無法解決了。

生命不是一個難題，而是一個奧秘，宗教就是以這樣的方式來看它。

白雲是最奧秘的，它突然出現，然後又突然消失。你是否曾經想過白雲沒有名字，也沒有型式？它的型式沒有一刻是一樣的，它一直在改變，一直在變動，它是一個像河流一樣的流。

你可以給白雲一個型式，但那是你的投射，雲沒有型式，它是無型的，或者可以說，它一直在被形成，它是一個流動，生命就是如此。所有的型式都是被投射上去的。

這一世你稱呼你自己爲一個男人，在前一世你可能是一個女人；這一世你是一個白人，下一世你可能是黑人；這個片刻你是聰明的，下一個片刻你可能會以愚蠢的方式來行動；這個片刻你是寧靜的，下一個片刻你可能會變得很瘋狂、如火一般的、很積極。你有一個型式嗎？或者你一直在改變？你是一個流動、一片雲。你有一個名字嗎？你有任何認同嗎？你能夠稱呼你自己爲這個或那個嗎？你一說出你是這個，就在你說出的那個片刻，你就知道你也是它的相反。

當你告訴某人說「我愛你」，就在那個片刻，恨也存在。當你告訴某人說，你是一個朋友，就在那個片刻，敵人就在你裡面笑，等待著他可以出現的片刻。有一些片刻你說你很快樂，就在那個片刻，快樂就消失了，你就變得不快樂。

你什麼都不是，如果你了解到這一點，你就變成一片雲——沒有型式、沒有名字，那麼你就開始飄浮。

對我而言，白雲的生活就是門徒的生活——門徒意味著一個已經棄俗的人。一個持家的人，他的生活是固定的例行公事，它是一個死的東西，它是一個模式，它有一個名字或一個型式，它在一個特定的路線上移動，它就好像火車的鐵軌。火車在軌道上移動，它們有一個目標，它們必須到達某一個地方。

但是一個門徒就好像一片雲飄浮在天空——對他來講沒有鐵軌、沒有路線、沒有認同。他不是什麼人，他過著一個「沒有人」的生活——他好像他不存在一樣地生活著。

如果你能夠好像你不存在一樣地生活，你就進入了我的道。你越存在，你的病就越存在；你越不存在，你就越健康；你越不存在，你就越沒有重量；你越少，你就越神聖、越喜樂。

當我說生命不是一個難題，而是一個奧秘，我的意思是說你無法解決它，你只能夠變成它。

難題是一件要用理智來解決的事，但是即使你解決了它，你也並沒有達成什麼。你或許可以搜集多一點知識，但是你無法從它得到狂喜。

奧秘是某種你能夠變成它的東西，你可以跟它合而爲一，你可以跟它融合，那麼狂喜就會升起，就會有喜樂，然後那個最終的喜悅就能夠發生在一個人身上。

宗教將生命視爲一個奧秘？你對奧秘能夠怎麼樣呢？你對奧秘無法做任何事，但是你能夠對你做一些事，你可以變得更神秘，然後那個類似的就可以跟類似的會合，相同的就可以跟相同的會合。

找尋生命的奧秘，不論你往什麼地方尋找——在白雲裡、在夜晚的星星裡、在花朶裡、或是在一條流動的河流裡——不論你從什麼地方去尋找，你都要尋找奧秘，每當你發現有一個奧秘在那裡，你就去靜心冥想它。

靜心冥想意味著：在那個奧秘之前融化你自己，在那個奧秘之前將你自己化成虛無，在那個奧秘之前使你自己散掉，你要變得不復存在，讓那個奧秘變得非常全然，以致於你被它吸收進去。

突然間就會有一扇新的門打開，一個新的知覺會產生，突然間世俗那分裂的、分開的世界就消失了，然後一個不同的、完全不同的合一的世界就會出現在你面前。每一樣東西都失去了它的界線，每一樣東西都跟其他的東西在一起，都不是分開的，而是一體的。

但是唯有你在你身上下一些功夫，這個才能夠達成。如果你必須去解決一個難題，你就必須對那個難題做一些事，你必須去找一個鑰匙或一個線索，你必須去研究那個問題，你必須進到實驗室去，你必須做些什麼，但是當你面對一個奧秘，你必須在你身上下一些功夫，而不是對那個奧秘做些什麼，你無法對那個奧秘做什麼。

在一個奧秘之前，我們是無能的，那就是為什麼我們一直在將奧秘改變成難題，因為面對難題，我們就變成有力量的，面對難題，我們會覺得我們能夠控制；面對奧秘，我們是無能的，我們什麼事都不能做；面對奧秘，我們是在面對死亡，我們無法操縱。

那就是爲什麼一個人的理智變得越數學化、越邏輯化，狂喜就越不可能發生在他身上，詩就變得越來越不可能，羅曼史喪失了，生命變成實際的，而不是象徵性的。

所以當我說我的道是「白雲之道」，它只是一個象徵，白雲並不是以一個事實來被使用，它是以一個象徵來被使用，以一個詩意的象徵來被使用，它被用來當作一個指示，指示著融入那神秘的和那奇蹟般的。

關係已經夠了！

鍾愛的師父，能否請你告訴我們你跟白雲之間的關係？

我是一朵白雲，沒有關係存在，不可能有關係存在。關係是當你是二，你是分裂的，才能夠存在，所以關係事實上並不是一個關係，關係所在的地方就有分離。

我是一朵白雲，你無法跟一朵白雲產生關係，但是你能夠變成跟它合一，也讓白雲跟你合一，但關係是不可能的。在關係當中，你保持分開，在關係當中，你一直在操縱。

這是人類生活的悲哀之一——即使在愛當中，我們也創造出關係，然後愛就錯失了。

愛不應該是一個關係，你必須成爲一個愛人或是被愛的，你應該變成對方，而讓對方變成你，應該有一個融合，唯有如此，衝突才會停止，否則愛會變成一個衝突和一個奮鬥。

如果你存在，那麼你會試著去操縱，你會想要佔有，你會想要成爲主人，那麼剝削就會介入，那麼對方就被使用來當成工具，而不是當成一個目的。

對白雲你就無法那樣做，你無法使它們成爲先生或太太，你無法綁住它們或是說服它們進入一個關係，它們不允許你這樣做，它們不會聽你的，它們已經受夠了它，所以現在它們變成了白雲。

你可以跟它們合而爲一，那麼它們的心就打開了。

但是人的頭腦無法超出關係而思考，因爲我們無法把我們自己想成好像我們不存在，我們是存在的，不論我們怎麼樣隱藏它，我們都存在，在內在深處，那個自我是存在的，在內在深處，自我一直在操縱。

對一朵白雲，這是不可能的。你可以用你的自我來看白雲，你可以去思考它，但是那個奧秘不會揭開，那個門會保持關閉，你還是會停留在黑暗的夜晚裡。

如果你的自我消失，你就變成了白雲。

在禪宗裡面，他們有一種非常古老的繪畫傳統。有一個禪師，他有一個門徒在學繪畫，當然，他是透過繪畫來靜心。那個門徒非常執著於竹子，因此他一直畫竹子。據說那個師父告訴他的門徒說：除非你自己本身變成一根竹子，否則將不會有什麼事發生。

有十年的時間，那個門徒一直在畫竹子，然後他變得非常熟練，即使閉起眼睛在黑暗的夜晚，他也能夠畫出竹子，而且他所畫出來的竹子非常完美，非常活生生。

然而師父還是不認可，他會說：不，除非你自己本身變成一根竹子，否則你怎麼能夠畫出它？你保持分開，保持是一個旁觀者，所以你或許可以從外在來知道竹子，但那只是外圍，那並不是竹子的靈魂，除非你跟竹子合而爲一，除非你變成一根竹子，否則你怎麼能夠從內在來知道它？

那個門徒奮鬥了十年，但師父還是不認可，所以那個門徒就消失而進入森林，進入一個竹林。

有三年的時間，一點他的消息都沒有，然後有消息傳來說他已經變成一根竹子：現在他已經不畫畫了，他跟竹子生活在一起，他跟竹子站在一起，當風吹過來的時候，竹子在跳舞，他也跟著跳舞。

然後師父親自去看，眞的，那個門徒已經變成一根竹子，師父說：不，完全忘掉竹子和你。那個門徒說：但是你告訴我說要變成一根竹子，我已經變成它了。

師父說：現在連這個也將它忘掉，因爲現在這是唯一的障礙。當你還記得說你已經變成竹子，這表示在深處的某一個地方，你仍然是分開的，所以你還不是一根完美的竹子，因爲一根眞正的竹子一定不會記得這個，所以，將它也忘掉。

有十年的時間完全不去討論竹子。然後有一天，師父把門徒叫來說：現在你可以畫。首先變成竹子，然後忘掉竹子，所以你變成一根很完美的竹子，使得那個繪畫變成不是一個繪畫，而是一個成長。

所以我根本沒有跟白雲關連，我就是白雲，我也希望你成爲白雲，而不是跟它關連。

關係已經夠了！你已經受了夠多的苦。很多很多世以來，你都一直在跟這個或是跟那個關連，而你已經受了夠多的苦，太夠了！你已經受了比你所應得的更多的苦。

那個受苦集中在對關係的錯誤觀念，那個錯誤的觀念是：你必須成爲你自己，然後再去關連，那麼就會有緊張、衝突、暴力、和侵略，因此整個地獄就跟隨而來。

沙特在某一個地方曾經說過：別人是地獄。但是事實上別人並不是地獄，別人之所以是別人是因爲你有自我，如果你不復存在，那麼別人也就消失了。

每當這種情況發生——在一個人和一棵樹之間、在一個人和一朵雲之間、在一個男人和一個女人之間、或是在一個人和一塊石頭之間——每當你不在的情況發生，地獄就消失了，突然間，你就被蛻變了，你就進入了樂園。

那個古老的聖經故事是很美的：亞當和夏娃被逐出伊甸園，因爲他們偷食了禁果——知識之樹的果實。這是曾經被設計出來的最棒的寓言。

爲什麼知識之樹的果實被禁止呢？因爲知識進入的那個片刻，自我就存在了，你一知道你存在，你就墮落了，這就是最原始的罪。沒有人將亞當和夏娃逐出天堂，他們一覺知到他們存在的那個片刻，伊甸園就消失了。對於這樣的眼睛——充滿自我的眼睛，伊甸園無法存在。

並不是他們被逐出伊甸園——伊甸園就在此時此地，它就在你的旁邊，不管你去到那裡，它一直都跟著你，但是你看不到它。如果自我不存在，你就再度進入了，伊甸園就再度顯現出來，你從來沒有走出它。

試著這樣做：坐在一棵樹下，忘掉你自己，只讓樹存在，這種事曾經發生在佛陀身上。當他坐在菩提樹下，他不存在，就在那個片刻，每一件事都發生了，只有菩提樹存在。

你或許不知道，在佛陀死後，有五百年的時間，他的雕像都沒有被做出來，他的照片也沒有被畫出來。持續有五百年的時間，每當有一個佛廟被建造起來，就只有菩提樹的照片在那裡，那是很美的，因爲當喬達摩·悉達多變成佛的那個片刻，他並不在那裡，只有那棵樹在那裡，在那個片刻，他消失了，只有那棵樹在那裡。

找出你不存在的那些片刻，那些才是你首度眞正存在的片刻。

所以，我是白雲，我的整個努力就是要使你也變成白雲，飄浮在天空，來自無處，也沒有什麼地方要去，就在這個片刻，只要存在，這樣就很完美。

我不教你任何理想，我不教你任何應該，我不說你要成爲這個或成爲那個。我的整個教導只是：不論你是怎麼樣，你都要完全接受它，其他沒有什麼事要達成的。你將會變成一朵白雲。

不要推河流

鍾愛的師父，是不是如果我們要真的突破，要變得完全在，要變成一朵白雲，我們必須經歷過我們所有的夢和所有的幻想？

在「歌頌克里虛納」時，那個情況怎麼可能跟在伊甸園裡，或是在自然的核心裡同樣地真實？

問題不在於一個人是否必須經歷過所有的夢和所有的幻想，你已經生活在那些裡面，你已經存在於那些裡面，它也不是一個選擇的問題，你無法選擇。你能夠選擇嗎？你能夠拋棄你的夢嗎？你能夠拋棄你的幻想嗎？如果你試著去拋棄你的夢，你將必須用其他的夢來代替；如果你試著去改變你的幻想？它們將會改變成另外一種型式的幻想，然而它們都將會保持是夢和幻想。

所以要怎麼辦呢？——接受它們。爲什麼要去反對它們呢？這棵樹開紅色的花，那棵樹開黃色的花，沒有關係；你有某種夢——綠色的夢，別人有其他的夢——藍色的夢或紅色的夢，沒有關係。

爲什麼要跟夢抗爭，爲什麼要試著去改變它們？當你試著去改變它們，你就太相信它們了，你不認爲它們是夢，你認爲它們是眞實的，所以將它們改變是有意義的。如果夢就是夢，那麼爲什麼不接受它們。

你一接受它們，它們就消失了，這就是奧秘。你一接受它們，它們就消失了，因爲作夢的頭腦是透過拒絕而存在的，作夢頭腦的現象就是拒絕。

你一直在拒絕很多事情，那就是爲什麼它們在你的夢中突然跑出來。你在街上走，你看到一個漂亮的女人或男人，然後你的慾望升起，突然間你撇開它，你說：這是錯的！你在拒絕它。你裡面的傳統、文化、社會、和道德說：這是不好的。

你可以注視著一朵漂亮的花，那並沒有什麼不好，但是當你注視著一個漂亮的臉，你就會立刻覺得不對勁——你在拒絕它，如此一來，這個臉將會變成一個夢，那個被拒絕的東西會變成夢，現在這個臉將會縈擾著你，現在這個身體將會籠罩著你。你所拒絕的慾望會變成一個夢，你所壓抑的慾望會變成夢和幻想。

所以，要如何創造出一個夢呢？那個秘密就是：拒絕。你越拒絕，就會有越多的夢產生出來。

所以，那些跑到山上去的人，那些拒絕生活的人，他們會充滿很多夢，他們的夢會變得很眞實，以致於他們無法分辨說這是夢或是眞相。

不要拒絕，否則你將會創造出更多的夢。接受，任何發生在你身上的，將它接受成你整個人的一部份，不要譴責它。

當你變成更接受的時候，夢就會消失。一個完全接受他的生命的人會變成無夢的，因爲作夢的基礎已經被切斷了。這是第一件要了解的事。

第二件事：整體就是自然——我說整體，不只是樹木，也不只是雲，是整體。任何發生的，它之所以發生都是因爲自然，沒有什麼東西是不自然的——不可能有，否則它怎麼會發生？每一樣東西都是自然的。

所以，不要創造出分裂：不要說這是自然的，這是不自然的。任何存在的都是自然的，但是頭腦依照區分和劃分來生活。不要允許劃分，要接受任何存在的，不要有任何分析地接受。

不管你是在市場裡，或是在山上，你都是處於同樣的自然之中，某些地方自然變成了山和樹木，某些地方它變成市場裡的商店。一旦你知道了接受的奧秘，即使市場也會變得很美。市場有它本身的美，在那裡有生活、有活動、有很美的瘋狂在進行著，它具有它本身的美！記住，如果沒有市場，山上就不會那麼美；山上之所以顯得那麼美、那麼寧靜，是因爲有市場存在，市場將寧靜給予山上。

所以，任何地方，不管你是在市場裡，或是在「歌頌克里虛納」，或是靜靜地坐在樹下——將它們看成同樣的一片，不要去劃分它。當你在跳舞、在歌頌克里虛納，你就去享受它！在這個片刻，你開花的方式就是這樣。

「歌頌克里虛納」能夠變成你裡面的一個開花，它已經變成很多人的開花。當柴坦雅在孟加拉的村子裡跳舞和歌頌克里虛納，那是一種開花，那是曾經發生過的最美的事情之一，不只是佛陀坐在菩提樹下才是美的，一個柴坦雅在街上跳舞歌頌克里虛納也很美——它們是一樣的……那是另外一極。

你可以坐在一棵樹下，完全忘掉你自己，以致於你消失了，你可以在街上跳舞，完全投入你的唱歌和舞蹈，投入到你變成消失了——不管它發生在那裡。

它以不同的方式發生在不同的人身上。我們無法想像佛陀在跳舞，他不是那種類型的人，他不是跳舞那一類型的人，但你或許是跳舞類型的人。所以，不要強迫你自己，否則，靜靜地坐在菩提樹下，你將會有麻煩。強迫你自己使你自己寧靜，那是暴力的，這樣的話，你的臉將不會變成像佛陀一樣，它將會被折磨，它將會是一種自我折磨。你或許會像柴坦雅一樣，你也可能像蜜拉一樣。

找出你自己的雲移動的方式，它飄向何方？允許它完全的自由去移動和飄浮，不管它去那裡，它將會達到那神性的，只要你不抗爭，只要你隨著它流動。不要推河流，要跟著它流。

跳舞是很美的，但是你必須完全投入，那就是要點。

不要拒絕任何東西，拒絕是非宗教的，要完全接受，接受就是祈禱。

第二個早晨

一九七四年五月十一日

超出頭腦之外的奧秘

鍾愛的師父——美麗的白雲，我們為什麼那麼幸運能夠有你跟我們在一起，而又為什麼我們會跟你在一起？

「爲什麼」總是不能回答的。對頭腦而言，似乎每當你問爲什麼，它就能夠被回答，但這是一個錯誤的假設，沒有「爲什麼」曾經被回答過，或是可以被回答。整個存在存在著（existence is），它並沒有爲什麼。

如果你問，如果你堅持，那麼你或許可以創造出一個答案，但那個答案是創造出來的，它並不是一個眞正的答案，發問本身基本上就是荒謬的。

樹木存在，你不能夠問爲什麼；天空存在，你不能夠問爲什麼。整個存在存在，河流在流，雲在飄，你不能夠問爲什麼。

頭腦會問爲什麼，我知道。頭腦很好奇，它對每一件事都想要知道爲什麼，但這是頭腦的病，除非能夠給你一個最終的答案，否則頭腦無法被滿足，但是不可能有最終的答案。我說最終的答案，我的意思是說當你有了這個答案，你就不會再問任何爲什麼了，但是不可能有這樣的一個狀態。不論什麼東西被說出來，「爲什麼」就會再度升起。這一直都是各家哲學整個荒謬的努力：爲什麼有這個世界？因此他們就去思考，然後他們就創造出一個關於它的理論：是神創造它的。但是神爲什麼要創造它？然後又有更多的理論產生……到了最後：爲什麼有神存在？

所以第一件要了解的事就是這個一直在問「爲什麼」的頭腦品質。就好像樹葉從樹木生長出來，「爲什麼」也從頭腦生出來，你剪掉一個，就有更多會生長出來。你或許可以搜集很多答案，但眞正的答案是不存在的。除非眞正的答案存在，否則頭腦會繼續不停地找尋。

所以這是第一件我想告訴你們的事：不要堅持問「爲什麼」。

我們爲什麼會堅持呢？爲什麼我們想要知道原因？爲什麼我們想要深入一件事，然後來到它的基礎？為什麼？因為如果你能夠知道每一個為什麼，如果你知道一樣東西的每一個答案，你就變成了它的主人，然後那個東西就可以被操縱，然後那個東西就不是一個奧秘，那麼你對它就不會有驚奇，你已經知道了它——你已經扼殺了那個奧秘。

頭腦是一個謀殺者——所有奧秘的謀殺者。頭腦跟任何死的東西在一起總是覺得很安心，而跟任何活的東西在一起，頭腦就會覺得不安，因為你無法成為它全然的主人。活的東西總是不能預測，活的東西不可能有固定的未來，你不知道它將會走到那裡，而對於一件死的東西，每一件事都是確定的、固定的，因此你會覺得很安心，你不會擔心，你會很確定。

使每一樣東西都變得很確定是頭腦一個很深的衝動，因為頭腦害怕生命，頭腦創造出科學為的是要扼殺每一個生命的可能性。頭腦會試著去找尋解釋，一旦解釋被找到，那個奧秘就消失了。

你問了一個為什麼，它被回答了，然後頭腦就放心了，透過這個回答，你有達成什麼嗎？你並沒有達成什麼，你反而失去了某些東西，那個奧秘失去了。

奧秘使你覺得不安，因為它是某種比你更大的東西，它是某種你無法操縱的東西，它是某種你無法以一件物品來使用的東西，某種把你壓倒的東西，某種當你站在它的面前，你會變成赤裸裸的，你會變成無能的東西，某種你在它面前，你就會消失的東西。

奧秘給你一種死亡的感覺，因此才會問那麼多的「爲什麼」——爲什麼是這樣？爲什麼是那樣？——這是第一件必須記住的事。

請不要認爲我在逃避你的問題，我並沒有在逃避它，我是在告訴你一些關於頭腦的事——爲什麼它會發問。如果你能夠保持那個神秘的感覺，我將會回答。如果那個神秘的感覺被保持，那麼回答就不會有危險，它可能會有用，那麼每一個回答都會引導你進入更深的神秘，那麼整個事情在品質上就會變得不同，那麼你的發問並不是要得到一個解釋，你的發問是要進入更深的神秘，那麼那個好奇就不是心理上的，它變成一個探詢，是你整個人一個很深的探詢。

你有了解到那個不同嗎？如果你在渴望一個解釋，那麼那是不好的，我非常不願意去滿足它，因爲這樣的話，我會變成你的敵人，這樣的話，我會把圍繞在你周圍的事情弄死掉。神學家甚至把神都弄成一個死的東西——他們解釋太多，他們回答很多關於神的事，所以神就變成死的。人類並沒有殺死祂，是教士們殺死了祂，他們對祂解釋太多了，所以沒有留下任何奧秘。

如果沒有奧秘在它裡面，那麼神是什麼？如果它只是一個理論，那麼你可以討論；

如果它只是一個教義，那麼你可以分析；如果它只是一個信念，那麼你可以接受或拒絕，這麼一來，你就比祂更大，而這個神就只是你頭腦裡面知識的一部份，它是一個死的東西。

每當我在跟你講話，永遠都要記住這一點：任何我所說的並不是要扼殺你的探詢，並不是要給你解釋。我對給你答案沒有興趣，相反地，我是要使你更深入去探詢，深深地穿透進入那些奧秘。

我的回答將會給你更深的問題，有一個片刻會來臨，到時候所有的發問都會消失，並不是因爲你已經得到所有的答案，而是因爲每一個答案都沒有用，那麼那個奧秘就是全然的，那麼它就到處都是，裡裡外外都是，那麼你就變成它的一部份，那麼你就在它裡面飄浮，那麼你也會變成一個奧秘的人，唯有到那個時候，門才會打開。

現在我無法回答爲什麼我跟你們在一起，以及爲什麼你們會在這裡跟我在一起。

第一件事：你們的跟我在一起並不只是這個時候在這裡而已，你們以前也曾經跟我在一起。生命非常地互相關連，它是一個像河流一樣的流，我們將它劃分爲過去、現在、和未來，但是那個劃分只是爲了實用上的需要，其實生命並不是分開的，生命之流是同時存在的。

在源頭部份的恆河，經過喜馬拉雅山那個部份的恆河，在平原上的恆河，以及流入大海那個部份的恆河，它們都是同一條恆河！它們是同時存在的。起點和終點並不是兩樣分開的東西，它是同一個流，它並不是過去和未來，它是永恆的現在，這一點必須被深入了解。

你曾經跟我在一起，你現在跟我在一起，那不是一個過去的問題。如果你能夠寧靜下來，如果你能夠將你的頭腦稍微擺在一旁，如果你能夠變成一朵懸在山上的白雲，沒有思想，只是存在，那麼你將會感覺到它。

你曾經跟我在一起，你現在跟我在一起，以後你也會跟我在一起，這個跟我在一起是沒有時間性的。

有人問耶穌說：你談論希伯來人的祖先亞伯拉罕，你是怎麼知道的？因為亞伯拉罕的時代跟耶穌的時代相隔了好幾千年，那是一個很長的差距。耶穌講了一段非常神秘的話，那是耶穌曾經講過的最神秘的話，他說：在亞伯拉罕存在之前，我就存在了……時間消失了。

生命是永恆的現在，我們一直都是在此時此地——永遠永遠。不同的形狀，不同的形式，當然；不同的情況——但是我們一直一直都存在。

個人是虛構的東西，生命並不是分開的，我們並不是像很多島嶼一樣，我們是一體的，這個一體必須被感覺到。一旦你能夠感覺到這個一體，時間就消失了，空間就變得沒有意義，突然間你就從時間和空間被移開，那麼你是存在的，你只是存在。

有人問佛陀說：你是誰？佛陀說：我不屬於任何階級，我只是存在。我存在，但是我不屬於任何階級。就在現在，你能夠有那個瞥見。如果你不思想，那麼你是誰？時間在那裡？有任何過去嗎？有任何未來嗎？那麼這個片刻就變成永恆。整個時間的過程只是一個延伸得很長的現在，整個空間只是擴展開來的這裡。

所以當你問說爲什麼我在這裡，或者爲什麼你在這裡，那是因爲這是存在唯一的方式。我不可能在其他任何地方，你也不可能在其他任何地方，我們就是這樣結合在一起。

現在你或許還看不出來，那個連結對你來講還沒有那麼清楚，因爲你的無意識對你來講還不清楚，因爲你還不是全然知道你自己。你知道你整個存在的十分之一，而有十分之九還在黑暗之中。

你就好像一個森林，只有一小部份被開墾出來，有一些樹木被砍掉，有一小塊地方被開墾出來居住，但是除了這一小塊地方之外，其他的地方都是黑暗的森林，你不知道它的界線，你非常害怕黑暗和野獸，所以你從來不敢離開你所住的地方，但是你所住的地方只是這個黑暗森林的一部份——你只知道你整體存在的一部份。

我以你的整個黑暗、整個森林來看你。一旦你能夠全然地看到一個人，你就能夠全然地看到每一個人，因爲那個森林並不是分開的，在那個黑暗之中，界線跟界線會合在一起、混合在一起而成爲一體。

你在這裡，如果我變得太注意在一個人，那麼我是在集中精神，但即使我是在集中精神，我還是繼續感覺到你的界線和別人的界線混合在一起，所以，爲了某些目的，我或許可以把你看成一個人，但是事實上它並非如此，當我不集中的時候，我只是看著你，但是沒有眞正看著你——只是一個看，那麼你就不復存在了，你的界線跟其他每一個人的界線會合，不只是跟人或人類的界線會合，同時也跟樹木、跟石頭、跟天空，以及其他每一樣東西的界線會合。界線是虛構的，因此個人也是虛構的。

我在這裡，因爲我無法在其他任何地方，生命就是這樣在發生。你在這裡，因爲你無法在其他任何地方，生命就是這樣發生在你身上。

但是這個很難接受，爲什麼它很難接受呢？因爲這樣的話你就無法操縱它，那麼生命就變得比你更大。

如果我說你之所以在這裡是因為你是一個偉大的眞理追求者，你聽起來會覺得很舒服。如果你在這裡，因為你是一個偉大的追求者，那麼你的自我就被滿足了，那麼如果你選擇，你也可以不在這裡，那麼你就是一個可以選擇的人，那麼就是你在控制生命，而不是生命在控制你。

但是我不這樣說，我說你之所以在這裡是因為生命這樣發生，你無法選擇——它不是你的選擇，即使你離開，那也不是你的選擇，那也是生命這樣發生在你身上。如果你選擇繼續待在這裡，那也不是一個選擇，選擇是不可能的，只有自我才能夠選擇。

每當自我沒有被滿足，你就會覺得不安或不舒服，所以，有兩種使你安心的方法，其中一種就是繼續滿足你的自我，另外一種就是乾脆放棄自我。記住，第一種方式是暫時性的，你越去滿足你的自我，它就會要求越多，沒完沒了。

所以我告訴你：我在這裡，你也在這裡，生命就是以這樣的方式在發生，它以前就發生過很多次，以後也將會繼續以同樣的方式發生。

如果你能夠了解到這個，將有很多事會立刻變得可能；如果你了解這個，你將會變得更敞開、更不封閉、更敏感、更具有接受性，那麼你就不害怕，那麼生命就可以經過你，然後生命就變成只是一陣微風，而你變成一個空的房間，生命來了又去……你讓它發生。那個秘密就是「讓它發生」(allowing)——那是所有秘密中的秘密。

因此我強調、我堅持說你之所以在這裡並不是因爲你的選擇，我之所以在這裡也不是因爲我的選擇，對我而言，不可能有任何選擇，因爲我不存在；對你而言，你或許處於妄念之中，認爲你之所以在這裡是因爲你的選擇，但那並不是一個事實。

我不打算去滿足你的自我，因爲自我必須被摧毀，那就是我的整個努力：如何摧毀你——因爲一旦你的界線被摧毀，你就變成無限的，就在這個片刻，這件事就可以發生，它沒有障礙，只有你的執著。

有很多人來我這裡問說：我們以前有跟你在一起過嗎？如果我說有，他們會覺得很好，如果我說沒有，他們會覺得很沮喪，爲什麼呢？因爲我們生活在虛構的情況下。現在你在這裡跟我在一起，那似乎並沒有那麼重要，你以前曾經跟我在一起，那似乎更重要，你錯過了當下這個片刻，而這是你可以眞正跟我在一起的片刻，因爲跟我在一起並不是一個身體的現象，你可以坐在我的旁邊，而你或許並沒有跟我在一起，你可以粘在我身邊好幾年，而你或許連一個片刻都沒有跟我在一起，因爲跟我在一起只是意味著你不存在。

我不存在，如果即使只有一個片刻，你也不存在，那麼就會有一個會合——兩個空可以會合在一起。記住，只有兩個空可以會合，不可能有其他的會合，每當你有一個會合，它意味著兩個空在融合。

自我很堅硬，它具有太多的內容物而無法融合，所以你可以奮鬥、衝突，但是你無法會合，你或許可以認爲這兩個自我的衝突是一種會合，它也是一種會合，你們在一起，但是你們從來不在一起，你們會面，但是你們並沒有會合，你們互相碰觸對方，但是你們仍然保持不被碰觸，你們內在的空仍然保持是一塊處女地，它並沒有被穿透。

但是當自我不存在，當你不覺得有很多我，當你根本不會想到你自己，當沒有自己……那就是佛陀所說的阿那塔——沒有自己。他遭到很大的誤解，在印度，人們都在談論「阿特瑪」——自己，至高無上的自己，每一個人都在找尋至高無上的自己——如何變成最終的自己，而佛陀卻說：沒有自己要被達成。相反地，請你成爲一個「沒有自己」，他的教導無法被接受，他被趕出這個國家，他到處都不被接受，一個佛總是被趕出去，不管他去到那裡，他都將會被趕出去，因爲他深深地打擊你，使你無法忍受，他說你不存在。

當你是空的，當只有一個空存在，會合就發生了，任何一個有能力成爲空的人都將會融合，這就是跟存在合而爲一的唯一方式，你或許可以稱之爲愛，你或許可以稱之爲祈禱，你或許可以稱之為靜心——或者你喜歡怎麼稱呼它就怎麼稱呼它。

你之所以在這裡是因為生命就是這樣發生，我之所以在這裡是因為生命就是這樣發生在我身上。

你靠近我的這個可能性可以被使用，也可以被誤用，也可以被錯過。如果你錯過，那麼那也不是第一次，你已經跟我在一起很多次，它或許並不是剛好跟我在一起。有很多次你都跟一個佛在一起，那就是跟我在一起；有很多次你都跟一個卡比兒、或是一個馬哈維亞在一起，那就是跟我在一起；有很多次你都在耶穌、摩西、或老子的周圍，那就是跟我在一起，因為一個老子或一個佛無法以任何方式來定義，他們是兩個空，而兩個空並沒有什麼品質上的不同。

你或許曾經跟一個老子在一起，而我說你跟我在一起，因為沒有什麼東西可以來作出任何區別。一個老子是一個空，兩個空是一樣的，你無法作出任何區別。但是你錯過了，你一直錯過很多次，因此你有可能會再錯過。

記住，你是聰明的、狡猾的、算計的，即使你錯過，你也會很聰明地錯過，你會將它合理化，你會說根本不能得到什麼，所以你錯過了，或者你會找一些說辭看看要如何錯過，以及如何隱藏那個事實。

如果你對這個錯過的可能性保持警覺，那麼也許立刻就可以會合，我說立刻——不需要去延緩它。

生命的發生讓你在這裡，這是很有意義的；有無數的人在那裡，而生命並沒有以這樣的方式發生，你是幸運的，但是不要使那一點成爲自我的食物，因爲如果你的自我從那裡取得一切而變得更強，那麼你就錯過了那個幸運。

你是幸運的，但它還是一個未定的可能性，你可以成長而進入它，你也可以離開它。這個機會是稀有的，它之所以稀有有很多原因。

首先，很難被一個空的人所吸引——非常難，因爲空並不是一個具有磁性的力量。你會被一個具有某些東西的人所吸引，爲什麼我們會被一個具有某些東西的人所吸引？因爲我們有慾望，我們也想要得到一些東西。

你被一個有權力的政客所吸引，因爲你是權力指向的，你想要權力，所以任何有權力的人都變成偶像、變成英雄；你被一個非常富有的人所吸引，因爲你是貧窮的，在內心深處，你渴望財富，所以任何有財富的人都變成理想，但一個人爲什麼要被一個什麼都沒有的人吸引呢？

這是很幸運的，這是一個很稀有的可能性，有時候生命以這樣的方式發生，你會被一個什麼都沒有的人，被一個空的人所吸引，你不會從他那裡得到任何東西，反而當你跟他在一起時，你必須失去每一樣東西，那是一個賭博，所以你們都是賭徒，所以你們在這裡。

除非你完全賭下去，否則你將會錯過，因為這個賭博不可能只是部份的，部份無法被接受，那不是這個遊戲的規則，所以不要保留，將你所有的東西都賭下去，它是很冒險，而且很危險的，所以我說被一個佛陀或一個耶穌所吸引是很稀有的，只有少數人會被吸引。

你知道關於耶穌的故事，耶穌的門徒很少，只有十二個門徒，他們都是很平凡的人：有一些是漁夫，有一些是木匠，有一些是農夫。就任何方面而言，他們都不是重要人物，只是普通人，為什麼這麼普通的人會被佛陀或耶穌所吸引？

成為平凡的是一種非常不平凡的品質，因為那些不平凡的人，他們是在追求某種自我的旅程——財富、權力、或地位。然而一個農夫、一個漁夫、或一個木匠，他們是不重要的人，完全平凡，不追求任何成就，這些人會被耶穌所吸引。

成為平凡的是很稀有的，成為完全平凡眞的是非常不平凡。據說禪師們一直在說：

變成平凡的，那麼你就會變得不平凡。因為每一個平凡的人都試圖要成為不平凡的——那是一件非常平凡的事。只要保持平凡，那意味著不要找尋任何東西，不要找尋任何成就，不要有任何目標指向，只要一個片刻接著一個片刻去生活，飄浮。那就是我告訴過你們的，要像白雲一樣地飄浮。

我說你在這裡是稀有的還有另外的原因，因為人類的頭腦總是害怕死亡，它執著於生命，它對生命有強烈的慾望。即使處於痛苦之中，它也會執著於生命……對死亡有一個很深的恐懼。當一個人來到我這裡，事實上他是要來死的，他是要來消失的。

我對他來講將會是一個深淵、一個無底的深淵，而他會在那個深淵裡一直往下掉、一直往下掉、一直往下掉，什麼地方都到不了……如果你深入地看我，你將會覺得暈眩；如果你凝視著我的眼睛，你將會看到深淵，然後那個恐懼將會抓住你——以及那個往下掉，又往下掉……

只要想想一片葉子掉進一個深淵，而那個深淵是無限的，它没有底，所以它什麼地方都到不了，它只能夠消失；往下掉、往下掉、又往下掉，它將會消失。

宗教的旅程有開始，但是從來没有結束。你來到我這裡，你掉進我裡面，你將會消失，你將永遠無法到達任何地方，但那個消失就是喜悅，没有其他的喜悅曾經被知道過，沒有其他的喜悅存在，完全消失的喜悅！就好像早晨太陽出來的時候，露珠就消失一樣，或者是好像夜晚的時候，油燈在燃燒，然後一陣風吹過來，那個火焰就熄滅一樣……那個火焰消失了，你無法在任何地方找到它，你也是以同樣的方式消失。

追求自殺是很稀有的，而這就是自殺——眞正的自殺！你到處都可以殺死身體，但是你無法到處都殺死「自己」。在此你準備好要作最後的自殺——殺死「自己」。

但是不要把所有這些東西都看成解釋，它們不是，我一直都反對解釋。

如果所有這些都使你變得更神秘，如果所有這些都使你變得更模糊，那很好。如果你的頭腦進入煙霧裡，而你變得不知道什麼是什麼，那是最佳的狀況。

不管風帶領你到那裡

鍾愛的師父，跟所有的雲一樣，白雲也是被風所引導，目前的風向如何？在這個時代有沒有特別的潛力。

白雲並不是由風來引導，唯有當有抗拒，才會有那個引導的現象存在。如果白雲想要走到東邊，而風吹向西邊，那麼就會有一個引導，因爲有抗拒存在，但是如果雲什麼地方都不去，東方或西方對他來講都一樣，沒有抗拒，如果雲本身沒有意志，那麼風就無法引導它。

唯有當某人沒有準備好要飄浮、要放鬆、要放開來，你才能夠引導，但是雲的現象意味著它就是放開來。如果風說東方，雲已經準備好，它已經準備移向東方，連一絲「不」的思想都沒有，連一絲抗拒都沒有；如果雲移到西方，而風開始吹向東方，那麼雲就會移向東方。

風並沒有在引導，唯有當某人在反對的時候才需要引導。

人們來到我這裡，他們說：指引我們。我知道他們是在說：引導我們。我知道他們在說什麼——他們並沒有準備好，否則爲什麼需要被引導？

你跟我一起在這裡就夠了，每一件事都將會發生——風吹向東方，你就開始飄向東方，但是你說「引導」，你說「指引」，你是在說你在反對，你有抗拒，你有拒絕，你將會抗爭，這是一件事。如果雲本身沒有意志，你怎麼能夠作出一個區別——那一個是雲，那一個是風？界線是隨著意志而存在的。

記住這個，這必須變成你的基本洞見：你我之間的界線之所以存在是因爲你的意志。你在那裡，被一個意志所包圍，然後我來，那麼就有衝突。

雲沒有意志，所以界線在那裡？雲在那裡結束，而風在那裡開始？風和雲是一體的，雲是風的一部份，風是雲的一部份，那個現象是同一的，分不開的。

風繼續吹向每一個方向，所以問題並不在於選擇方向，問題是如何去變成雲。風繼續吹向每一個方向，它移動，它改變，它一直從這個角落跑到另一個角落，事實上是沒有方向的。沒有地圖，整個事情是沒有地圖的，沒有一個人在引導它說：現在走到東方，現在走到西方，整個存在都在使它波動，它是一個波動的存在，所有的方向都屬於它。

當我說所有的方向，我的意思是說好的和壞的兩者，道德的和不道德的兩者。當我說所有的方向，我眞的是說所有的。風吹向每一個方向，它一直都是如此。

所以，記住：沒有一個特別的宗教時代，也沒有一個反宗教的時代，不可能有。人們之所以這樣想是因爲那也能夠使他們的自我滿足。

在印度，人們認爲說，在古時候，地球上有一個宗教的時代，而現在每一件事都被腐化了，這是最黑暗的時代，這完全都是胡說。沒有一個時代是宗教的，也沒有一個時代是反宗教的，宗教性跟時間無關，它跟頭腦的品質有關。

所以，問題不在於雲是否走向東方，那麼它就是宗教的，或者走向西方，那麼它就是反宗教的，不，如果雲沒有意志，那麼不管它走到那裡，它都是具有宗教性的，而如果雲有意志，那麼不管它走到那裡，它都是不具宗教性的。

有兩種類型的雲，很少有沒有意志的，而有無數的雲都有它們的意志、投射、慾望、和概念，他們會跟風抗爭。它們越抗爭，就會產生越多的痛苦。抗爭無法引導你到什麼地方，因爲你是沒有辦法怎麼樣的，不論你是否抗爭，風都將會走到東方，那麼你就必須走到東方，你只能夠有一個概念說你一直在抗爭，你是一個偉大的戰士，就這樣而已。

一個了解的人會停止抗爭，他甚至不會試著去游泳，他只是隨著那個「流」流動，他使用這個流來當成一個工具，他變成跟它合而為一而跟著它流動，這就是我所說的「臣服」，這就是古老的經典所說的「獻身者的態度」。臣服之後，你就不存在了，如此一來，不論風引導你到那裡，你都會去，你沒有任何你自己的意志。

事情一直都是如此，在過去有一些佛，一些飄浮的白雲，在現在也有一些佛，一些飄浮的白雲；在過去有一些瘋狂的黑雲，充滿了意志、慾望、和未來，現在這些也存在。

帶著意志和慾望，你就是一朵黑雲——很重，沒有意志、沒有慾望，你就是一朵白雲——很輕，這兩個可能性一直都是未定的，是否允許那個放開來要依你而定。

不要去想時間和時代，時間和時代是無關的，它們不會強迫任何人去變成一個佛，它們也不會阻止一個人去變成一個佛，時間和時代是無關的。

如果你讓你自己成為空的，這就是黃金時代；如果你讓你自己太過於充滿慾望，這就是最黑暗的時代。你在你的周圍創造出你自己的時間和時代，你生活在你自己的時間和時代。

記住，我們並不是以那種方式生活在同一個時代。一個像耶穌這樣的人是古代的！

他或許是在這裡，但他是古代的，他是那麼永恆地活著，你不能夠稱他爲現代的，他生活得那麼全然，所以你不能夠說他屬於某一個時間片斷，他不是來來去去的流行世界的一部份。

跟那絶對的生活在一起，你就變成絶對的；跟那永恆的生活在一起，你就變成永恆的；跟那無時間性的生活在一起，你就變成無時間性的。

但是就另外一個意義而言，那個問題仍然是有關的。全世界的人都有那個感覺說某一個時代、某一個時間、某一個頂峯、或某一個高潮，正在接近，有某些東西即將爆炸，就好像我們正在接近人類進化某一個特別的點，但是我要告訴你，這也是自我對時代的感覺，每一個時代的人都這樣想。在我們這個時代有某種東西會到達頂點，我們在這裡，某種特別的東西將會發生在這個地球上，這種事一直都是如此！

據說當亞當和夏娃被逐出伊甸園，就在他們要通過那個門的時候，亞當跟夏娃說，我們正在經歷歷史上空前最大的蛻變。第一個人居然是這樣說和這樣想的：最大的蛻變……

然後每一個時代都一直在想說事情正在到達一個高潮，到達一個最終的點，在那裡每一樣東西都會爆炸，新的人將會被生出來，但這些都是希望，都是自我的旅程，並不很有意義。你將會在這裡幾年，然後會換別人來這裡，他們將會同樣這樣想。沒有時代的高潮，只有個人的高潮，頂點的到達一直都是一個意識在到達，而不是一個集體的無意識在到達。

你可以變成一個宗教人士，這個時間是好的，時間永遠都是好的，不要太去想別人，因爲這或許只是在逃避你自己。不要去想時代，也不要去想人類，因爲頭腦非常狡猾，人們的頭腦非常狡猾，你不知道……

我在讀一個朋友的來信，他說他在愛情方面遭到很多挫折，每當他墜入情網，他就很痛苦，因此他停止去愛任何個人，而開始愛整個人類。要愛整個人類很容易，那些不能夠愛的人，他們永遠都能夠愛整個人類，沒有問題。去愛一個個人非常困難，它可能成爲地獄。它可能成爲地獄，因爲它也可能成爲天堂。

我們一直在逃避，人們開始去想別人只是爲了要避免去想自己，他們開始去想時代、時間、星球，以及人類的意識將會怎麼樣，這只是在避免接觸那個基本的問題：我的意識將會怎麼樣？

你的意識應該成爲目標，每一個時間都是好的，所有的時間對這個目標來講都是好的。

第三個早晨

要成爲痛苦的或是狂喜的?

一九七四年五月十二日

鍾愛的師父，你曾經告訴過我們關於一個老人的故事，他已經超過一百歲了，有一天，在他的生日宴會上，有人問他，為什麼他一直都很快樂。他回答說：每天早上，當我醒來，我可以選擇快樂或不快樂，而我總是選擇快樂。

為什麼我們通常都會選擇不快樂？

為什麼我們並不覺得有覺知到那個選擇？

這是人類最複雜的問題之一，它必須很深地加以考慮，它不是理論的，它關係到你。

每一個人都這樣在做——總是選擇錯誤的，總是選擇悲傷的、沮喪的、痛苦的，它一定有很深的理由，它的確有。

第一件事：人被帶大的方式扮演一個非常具有決定性的角色。如果你表現得不高興，你就可以從它得到一些東西，你總是會得到一些什麼；如果你表現得很高興，你總是會失去什麼。

打從一開始，一個警覺的小孩就會感覺出那個差別。每當他不快樂，每一個人都會同情他，他可以獲得同情，每一個人都會試著去愛他，他可以得到愛，更有甚之，每當他不快樂，每一個人都會注意他，他就得到注意，注意是自我的食物，它是一種令人著迷的刺激物，它會給你能量，你會覺得你是某號人物，因此有那麼多的需要和那麼多的慾望想要得到注意。

如果每一個人都注意看著你，你就變得很重要，如果沒有人注意你，你就覺得好像你不在那裡，你不復存在，你是一個非實體。當人們注意看著你，關心你，那會給你能量。

自我存在於人與人的關係之中。有越多人注意你，你就會得到更多的自我；如果沒有人注意你，自我就消失了。如果每一個人都完全忘掉你，自我怎麼能夠存在？你怎麼能夠感覺到你的存在？因此才需要社會、協會、或俱樂部。全世界都有俱樂部存在——扶輪社、獅子會等等——有無數的俱樂部和社會。這些社會和俱樂部的存在只是要給予那些無法以其他方式得到注意的人一些注意。

很難變成一個國家的總統，很難變成一個公司的董事長，但是要變成獅子會的會長比較容易。而一個特定的團體會給你注意，使你覺得自己很重要——雖然你並沒有做什麼！獅子會或扶輪社，他們根本沒有在做什麼，但是他們仍然覺得他們是重要的。會長一直在換人，今年是這一個，明年又換另一個，所以每一個人都能夠得到注意，這是一種相互約定，讓每一個人都覺得自己很重要。

打從一開始，小孩子就在學習政治手腕，那個政治手腕就是：要看起來很悲慘，然後你就會得到同情，每一個人都會注意你；要看起來好像生病一樣，然後你就會變得很重要。一個生病的小孩會變得很獨裁，全部的家人都必須聽他的，任何他所說的就是規則。

當他很快樂的時候，沒有人聽他的，當他很健康的時候，沒有人會關心他，當他完美無缺時，沒有人會注意他，打從最開始，我們就去選擇那個痛苦的、悲傷的、悲觀的，那個人生的黑暗面，這是一個原因。

第二，跟這個有關的一件事是：每當你很快樂，每當你很高興，每當你覺得很狂喜、很喜樂，每一個人都會嫉妒你，嫉妒意味著每一個人都是敵對的，沒有人會在那個時候表示友善，每一個人都變成敵人，所以你就學習不要表現得太高興，以免別人對你懷有敵意，你學習不要表現你的快樂，不要笑。

當人們在笑的時候你注意看，他們都不敢笑得太過份，他們不敢捧腹大笑，他們的笑都不是來自他們存在的最深處。他們先看看你，然後他們判斷……之後他們才笑，他們會笑到某一個限度，笑到你能夠忍受的限度，笑到你不會見怪的程度，笑到每一個人都不會感到嫉妒的程度。

甚至連我們的笑都有政治手腕的意味，因此眞正的笑就消失了，人們變得完全不知道什麼叫做喜樂，要成爲狂喜的，那幾乎不可能，因爲它不被允許。如果你很悲慘，沒有人會認爲你是瘋狂的；如果你很狂喜，而且手舞足蹈，每一個人都會認爲你是瘋狂的。跳舞被拒絕，歌唱不被接受；對於一個快樂的人，我們就認爲有什麼地方不對勁。

這到底是什麼樣的社會？如果某人是悲慘的，每一樣東西都沒有問題，他會變得很適合，因爲整個社會多多少少都是悲慘的，他是一個會員，他屬於我們；如果某人變得很狂喜，我們就認爲他發瘋了，他不屬於我們，我們會覺得嫉妒。因爲嫉妒的關係，所以我們譴責他；因爲嫉妒的關係，我們用盡各種辦法使他退回到舊有的狀態，而我們把那個舊有的狀態稱爲「正常的」。心理分析學家或心理治療家將會幫助你，把你帶回到正常的痛苦狀態。

在西方，整個社會都反對迷幻藥，政府、法律、法學專家、高等法院、立法委員、教士、和教皇，每一個人都反對，他們並不是眞正反對迷幻藥，他們是在反對人們的狂喜，他們不反對酒，他們也不反對其他藥物，但是他們反對迷幻藥，因爲迷幻藥能夠在你裡面創造出化學的改變，如此一來，社會在你的周圍所創造出來的舊有的硬殼，換句話說，那個把你監禁在痛苦之中的硬殼，可能會破掉，可能會有一個突破。你可能會走出它——即使只有幾個片刻——而成爲狂喜的。

社會不能夠允許狂喜，狂喜是最大的革命，我要重複：狂喜是最大的革命。如果人們變得很狂喜，整個社會將必須改變，因爲這個社會以痛苦爲基礎。

如果人們是喜樂的，你無法引導他們去戰爭——去越南、去埃及、或是去以色列，不，一個喜樂的人會笑，然後說：這是荒謬的！

如果人們是喜樂的，你無法使他們執著於金錢，他們不會浪費他們的整個生命，只爲了累積金錢，這對他們來講將會看起來好像是發了瘋似的——一個人摧毀了他的整個生命，只是用他的生命來換取死的錢，人都已經快死了還在累積金錢，當他死了之後，那些錢將會留下來，這是徹底的瘋狂！但除非你是狂喜的，否則你看不出這個瘋狂。

如果人們很狂喜，那麼這個社會的整個模式將必須改變。這個社會是靠痛苦而存在的。對這個社會來講，痛苦是一項很大的投資，所以我們從一開始在教養小孩子的時候，我們就使他們傾向於痛苦，那就是爲什麼他們總是選擇痛苦。

早上的時候，每一個人都有一個選擇，不僅在早上，事實上，每一個片刻都有一個選擇要成爲痛苦的，或是成爲快樂的，而你總是選擇要成爲痛苦的，因爲有一個投資在那裡，你總是選擇成爲痛苦的，因爲那已經變成了一個習慣、一個模式，你一直都是這樣在做，你已經做它做得很熟練，它已經變成一個固定的軌道，當你的頭腦必須去選擇，它就立刻流向痛苦。

痛苦似乎是在下坡，狂喜似乎是在上坡，狂喜看起來很難到達，但是它並非如此，眞正的情況是完全相反的：狂喜是下坡，痛苦是上坡。痛苦是一件很難達成的事，但是你已經達成了它，你已經做出那個不可能的，因爲痛苦是那麼地違反自然。沒有人想要痛苦，但每一個人卻都是痛苦的。

社會做了一件偉大的工作，教育、文化、文化機構、父母、和老師，他們做了一件偉大的工作，他們從很狂喜的造物者的傑作做出一些很悲慘的劣質人。每一個小孩生下來都是狂喜的，每一個小孩生下來都是一個神，但是每一個人死的時候卻都是一個瘋子。

除非你恢復，除非你重新喚回你的天眞，否則你將無法變成我所說的白雲。這就是你所要做的整個工作，這就是你所要做的整個訓練——如何再度恢復小孩子的天眞。如果你能夠再度變成小孩子，那麼就不會有痛苦。

我不是說小孩子不會有痛苦的片刻，他們也會有痛苦的片刻，但還是沒有痛苦，試著去了解這一點。

小孩子可能變痛苦，他可能不快樂，在某一個片刻很強烈地不快樂，但是他在那個不快樂當中非常全然，他跟那個不快樂是那麼地合一，完全分不開。小孩不會跟不快樂分開，小孩子不會分裂地看著那個不快樂。當小孩子不快樂的時候，他就是那個不快樂，他非常涉入它。當你跟不快樂合而爲一，不快樂就不是不快樂；如果你變得跟它非常合一，即使那樣也有它本身的美。

所以，注意看一個小孩，我是指没有被污染的小孩。如果他在生氣，他的整個能量會變成那個生氣，没有留下任何東西，没有保留，他完全變成那個憤怒，没有人在操縱或控制它，没有頭腦介入，那個小孩變成了憤怒——並不是他在憤怒，而是他已經變成了那個憤怒，然後你可以看看那個美，那個憤怒的開花。小孩子從來不會看起來很醜，即使在憤怒當中，他看起來也很美，他只是看起來更強烈、更有生命力、更活生生，就好像一座準備要爆發的火山。這麼小的一個小孩，這麼大的一個能量，這麼一個如原子彈一般的人，幾乎要跟整個宇宙一起爆炸。

在這個憤怒之後，小孩子會變得很寧靜，在這個憤怒之後，小孩子會變得非常和平，在這個憤怒之後，小孩子會放鬆，你或許會認爲處於那樣的痛苦之中很痛苦，但是那個小孩並不覺得痛苦，他在享受它。

如果你跟任何東西合一，你就變得很喜樂；如果你跟任何東西分開，即使它是快樂，你也會變痛苦。

所以這就是鑰匙：分開成爲一個自我就是所有痛苦的根源。跟任何生命帶給你的合而爲一，而且跟著它流動，很強烈而且很全然地處於它裡面，以致於你不復存在，你消失了……那麼每一件事就都是喜樂的。

那個選擇是存在的，但是你已經變得沒有覺知到那個選擇，你一直繼續在選擇那個錯誤的，它已經變成了一個死的習慣，你就很自動地會選擇它，因此它看起來好像沒有選擇。

要變得警覺一點，每一個片刻，當你在選擇成爲痛苦的，記住：這是你的選擇。即使這個提醒也會有所幫助，這個警覺說這是我的選擇，我要負責任，這是我對我自己在這樣做，這是我的作爲，你也會立刻感覺到一個不同，頭腦的品質將會改變，你將會變得比較容易移向快樂。

一旦你知道說這是你的選擇，那麼整個事情就變成一個遊戲，那麼如果你喜歡成爲痛苦的，你就成爲痛苦的，但是要記住，這是你的選擇，不要抱怨，其他沒有人必須爲它負責。這是你的戲，如果你想要這樣，如果你想要它以痛苦的方式，如果你想要在痛苦之中經歷生活，那麼這是你的選擇、你的遊戲，是你在玩的，那麼你就將它玩好一點！

但是這樣的話就不要去問別人說要如何才能夠不痛苦，那是荒謬的，不要問師父說要如何成爲快樂的。所謂的師父之所以存在是因爲你是愚蠢的。你創造出痛苦，然後你再去問別人說要如何解除它。你將會繼續製造痛苦，因爲你並沒有覺知到你在做什麼。

就從這個片刻開始，試試看，試著去成爲快樂和喜樂的。

我將告訴你生命最深的法則之一，你或許從來没有去想過它。你曾經聽過，整個科學都根據因果律，它是科學的基礎。你創造出因，然後果就會隨之而來，生命是一個因果的連結，你將種子放在土壤裡，它就會發芽。如果有原因存在，那麼樹木就會長出來。火在那裡，你將你的手放進去，它就會被燒傷，有因存在的話，果就會跟著來。你吃了毒藥，你就會死；你安排了那個因，然後果就隨之而來。

因果關係是所有生命過程最內在的連結，這是最基本的科學法則之一，然而宗教知道一個第二法則，它比這個因果律來得更深，但是如果你不知道而用它來實驗，那麼這個較深的第二法則將會看起來很荒謬。

宗教說：製造果，然後因就會跟著來。這個在科學上來講是絶對荒謬的。科學說：如果有因存在，果就會跟著來。而宗教說，反過來也是對的：你創造出果，然後看……那個因就會跟著來。

有一個你會覺得快樂的情況。一個朋友來，一個愛人打電話給你，那個情況是因，然後你覺得快樂，快樂是果，愛人的來臨是因。宗教說：要成爲快樂的，愛人就會來。

製造那個果，然後因就會跟著來。我的經驗是：第二個法則比第一個更基本。我一直在做它，而它一直在發生，你只要成爲快樂的，那麼愛人就會來；你只要成爲快樂的，就會有朋友；你只要成爲快樂的，每一件事都會隨之而來。

耶穌也曾經以不同的話來講同樣這件事：你先找尋神的王國，那麼其他的一切就會隨之而來。但是神的王國是終點，是果。先找終點——終點就是果——然後因就會隨之而來，它就是會如此。

不只是你將一顆種子種在土壤裡，然後樹木就會隨之而來，先讓樹木存在，然後就會有無數的種子。如果因被果所跟隨，果也會再被因所跟隨，這是一個連鎖！那麼它就變成一個循環，你可以從任何一點開始，不管你是先創造因或是先創造果……

我要告訴你，創造果比較容易，因爲那個果完全要仰賴你；因或許沒有那麼仰賴你。如果我說，唯有當某一個朋友在的時候，我才能夠快樂，那麼不管那個朋友在不在，你都必須依靠他；如果我說，直到我得到這麼多財富之前，我無法快樂，那麼它就是依靠整個世界、依靠經濟情況，以及其他每一件事。它或許不會發生，那麼我就無法快樂。

因是超乎我的，而果就在我裡面。因在周遭，在各種情況裡，因是外在的，而果就是我！如果我能夠創造出那個果，因就會隨之而來。

選擇快樂——那意味著你在選擇果——然後看看會發生什麼；選擇狂喜，然後看看會發生什麼；選擇成爲喜樂的，然後看看會發生什麼。你的整個人生將會立刻改變，你將會看到奇蹟發生在你周圍，因爲現在你已經創造出那個果，所以因一定會隨之而來。

這將會看起來如魔術般的，你甚至可以稱之爲「魔術法則」。第一個是科學法則，第二個是魔術法則。宗教是魔術般的，你可以成爲那個魔術師，那就是我所教給你的：成爲那個魔術師，去知道魔術的奧秘。

試試看！你一生都在嘗試另外一個，不僅這一世，其他很多世也都是如此，現在聽我的！試試這個魔術公式，試試這個我給你的咒語：創造出果，然後看看會發生什麼……因立刻會圍繞著你，它們將會隨之而來。不要等待因，你已經等得夠久了。選擇快樂，你就會快樂。

問題出在那裡？爲什麼你不能夠選擇？爲什麼你不能夠用這個法則來運作？——因爲你的頭腦，因爲你的整個頭腦，它一直都以科學的思考方式被訓練，它說，如果你不快樂，而你試著去成爲快樂的，那麼那個快樂是人造的；如果你不快樂，而你試著要成爲快樂的，那將只是在造作，那不是眞實的，這就是科學思考所說的——那將不會是眞實的，你只是在演戲。

但是你不知道，生命的能量有它自己的運作方式，如果你能夠全然行動，它將會變成眞實的，唯一要注意的是，那個表演者必須不存在。完全進入它，那麼就不會有差別。如果你只是用一半的心去做，那麼它將會保持是人造的。

如果我叫你去跳舞、唱歌、成爲喜樂的，而你只用一半的心去嘗試，只是在看看會發生什麼，而你仍然停留在後面……而且你繼續想說：這是人造的，我有嘗試，但是它並沒有發生，這不是自發性的……那麼它將會保持是一種演戲，浪費時間。

如果你嘗試，全心全意去嘗試，不要停留在後面，全然投入它，變成那個演戲——演員消失而融入那個演戲，然後看看會發生什麼，它將會變成眞實的，然後你將會覺得它是自發性的，並不是你在做它——你將會知道它發生了，但是除非你是全然的，否則它不可能如此。創造出果，完全投入它，然後看看那個結果。

我能夠使你成爲國王，而不要有王國，但是你必須舉止像國王，你扮演得很全然，以致於在你面前甚至連一個眞實的國王也會看起來好像他只是在演戲。當整個能量都投入它，它就變成眞實的存在！能量使每一件事變成眞實的。如果你等待王國，它們將永遠不會來。

即使對一個擁有大王國的拿破崙或亞歷山大，它們也永遠不會來。他們保持痛苦，因爲他們不了解第二個法則——更基本、更原始的生命法則。亞歷山大試著要創造出一個更大的王國，要變成一個更大的國王。他的整個人生都浪費在創造王國，而沒有留下時間讓他成爲國王，他在王國還沒有完成之前就死了。

這種事發生在很多人身上，王國從來就不可能完成。世界是無限的，你的王國一定會保持只是部份的，只有一個部份的王國，你怎麼能夠成爲一個完全的國王？你的王國一定會是有限的，用一個有限的王國，你怎麼能夠成爲國王，那是不可能的。

但是你能夠成爲國王……只要創造出那個果。

男門徒南姆（Ram），他是這個世紀的神秘家，他去到美國，他習慣稱他自己爲「國王南姆」，而事實上他是一個乞丐！有人告訴他說：你只是一個乞丐，但是你一直稱你自己爲國王。所以南姆說：不要看我的東西，要看我。他是對的，因爲如果你看東西，那麼每一個人都是乞丐，即使國王也是一個乞丐，他或許是一個較大的乞丐，就這樣而已。當南姆說：注意看我！就在那個片刻，南姆是國王，或許你看了，那個國王就在那裡。

創造出果，變成國王，成爲一個魔術師，從當下這個片刻就開始，因爲不需要等待。如果王國必須先來，那麼一個人必須等待；如果因必須先被創造出來，那麼一個人必須等待、等待、又等待，一直延緩，但是要創造果不需要等待，你能夠在當下這個片刻就成爲國王。

當我說：去！只要成爲國王，然後看，王國將會隨之而來，這個我是由經驗得知的，我不是在跟你談一個理論或一個學說。成爲快樂的，在那個快樂的頂峯之中，你將會看到整個世界都跟著你快樂。

有一句古老的諺語：當你哭的時候，就只有你一個人在哭，當你笑的時候，整個世界都會跟著你笑。如果你能夠創造出果，而成爲狂喜的，甚至連樹木、石頭、沙、和雲都會跟著你一起歡舞，然後整個存在就變成一個歡舞、一個慶祝。

但是它依你而定——依你是否能夠創造出那個果而定。我要告訴你，你可以創造它，它是最容易的事。它看起來很難，因爲你還沒有去嘗試它，試試看吧！

鵝就在外面！

鍾愛的師父，我們聽到了你所說的，但是在西方，我們習慣把資訊裝在頭腦裡。

要如何跳出頭腦？我們能夠用什麼方法？意志力能夠幫助我們嗎？

不，意志力無法幫助你，事實上，意志力根本就不是一種力量，因爲意志要依靠自我，它是一個非常渺小的現象，它無法創造出很多力量。當你是沒有意志的，那麼你是強而有力的，因爲這樣的話，你就跟整體合而爲一。

在內在深處，意志力是一種無能。爲了要隱藏我們的無能這個事實，我們創造出了意志力，我們創造出相反之物來欺騙我們自己和欺騙別人。

自覺愚蠢的人試著要表現出他們是聰明的。他們經常覺知到說他們是愚蠢的，所以他們就做盡一切能夠使他們看起來聰明的事。醜的人，或是自己覺得醜的人，總是試圖要美化他們自己——即使是一個畫出來的美，只是一張臉，或是一個面具。脆弱的人總是試著要使自己看起來很強壯。相反之物被創造出來了，那是唯一能夠把眞相隱藏在裡面的方式。

一個希特勒是一個弱者，因此他創造出很多意志力在他的周圍，只是爲了要去隱藏那個事實。一個眞正的強者將不會覺知到他是強者，他的力量會流動、會存在，但是他甚至不會去意識到它。

老子說：一個具有眞正美德的人從來不會知道說他是具有美德的；一個眞正有道德的人從來不會覺知到他是有道德的。一個覺知到他是有道德的人，有不道德隱藏在他的內在深處；一個認爲他是好的、他是聖潔的、他是一個聖人的人，是一個罪人——他知道！爲了要隱藏那個事實，他創造出相反的東西。

意志力並非眞正的力量，而是脆弱。一個眞正強而有力的人沒有他自己的意志，整體就是他的意志，他像一朵白雲一樣地飄浮，他跟宇宙合而爲一，他跟它保持同一個步調。

你的意志一直都會產生衝突，它會使你變小，使你成爲一個孤島，然後奮鬥就開始了。

一個沒有意志的人很自然地就會成爲沒有頭腦的，記住，你無法跳出你的頭腦，你可以切掉它，那反而比較容易，要跳出它幾乎不可能，因爲即使這個想要跳出它的觀念也是它的一部份。

頭腦是一團糟，它是一個混亂狀態，你思想，而你又用思想來反對思想，那個用來反對思想的思想也是思想，你並沒有跳出它。你可以譴責你的思想，但是這個譴責也是一個思想，你並沒有達成什麼，你只是在一個惡性循環裡面打轉，你可以繼續打轉，但你還是走不出來。

所以要怎麼辦呢？要怎麼跳出頭腦？

只有一件事是可能的：不要在內在製造任何抗爭，不要作任何努力想要跳出來，因爲每一個努力都將會是自我毀滅的，那麼能夠做什麼呢？只要觀照，在它裡面觀照，不要試著想跳出來，只要在它裡面觀照。

如果你能夠觀照，在那些觀照的片刻將不會有頭腦，突然間你就超越了，不是出來，而是超越，突然間你將會在超出你的地方盤旋。

有一個禪宗的故事，非常荒謬，就跟所有禪宗的故事一樣，它們必須荒謬，因爲生命就是如此，他們是按照生命本然的樣子來描繪它。

有一個禪師問他的門徒說：前一些日子，我將一隻鵝放進一個瓶子裡，現在那隻鵝已經長大了，瓶口很小，所以那隻鵝出不來，那個瓶子很珍貴，我不想將它打破，所以現在有一個危機，如果那隻鵝不出來，她將會死在裡面，但是我又不想打破那個瓶子，因爲那個瓶子很珍貴，而我也不想殺死那隻鵝，所以你要怎麼辦？

這就是那個難題！鵝在頭腦裡，而那個瓶口非常小，你可以打破頭，但它是珍貴的，或者你可以讓鵝死，但那也是不被允許的，因爲你就是那隻鵝。

那個老禪師繼續問他的門徒，而且打他們，他告訴他們說：找出一個方法！因爲已經沒有時間了，而他只允許回答一次，有一個門徒說：鵝就在外面！

有很多門徒試了很多回答，但他總是打那個人，然後說：不。有人會建議說從瓶子下手，但是師父會再說：那個瓶子會被打破，或者什麼事會被弄錯，那是不被允許的。或者有人會說：如果那個瓶子那麼珍貴，那麼就讓鵝死好了。這是僅有的兩個方式，沒有其他的方式，而師父不給任何暗示。

但是對這個門徒，他彎下身子向他頂禮，然後說：他是對的——鵝就在外面！她從來就不曾在裡面過。

你就在外面！你從來不曾在裡面，那個你在裡面的感覺只是一個虛假的觀念。所以實際上並沒有如何將你帶出你的頭腦的問題，只要觀照。當你觀照的時候，有什麼事發生？——觀照的現象發生。只要閉起你的眼睛來觀照思想，有什麼事發生？思想存在，在裡面，但是你並不在裡面，那個觀照者一直都是超越的，那個觀照者一直都站在山上。每一樣東西都在那裡繞來繞去，但觀照者是超出這個之外的。

那個觀照者永遠不可能在裡面，永遠不可能是內部的一個東西，他一直都在外面。觀照意味著在外面，你可以稱之爲目睹、覺知、或注意，或者你喜歡怎麼稱呼它就怎麼稱呼它，但那個奧秘是——觀照！

所以每當你覺得頭腦太多了，只要坐在一棵樹下，然後觀照，不要想出來，誰要出來呢？——沒有人曾經在裡面，整個努力都是沒有用的，因爲如果你從來不曾在裡面，那麼你怎麼能夠出來？你可以繼續嘗試又嘗試，涉入它，你或許會發瘋，但是你將永遠都出不來。

一旦你知道，那麼在一個觀照的片刻當中，你就在彼岸了，你就超越了——你就在外面了。從那個片刻開始，你將會是沒有頭的，頭屬於身體，不屬於你。

頭是身體的一部份，它屬於身體，它在身體裡有一個功能，它是很美的，它是很好的。那個瓶子很珍貴，如果你知道它的方法、它的奧秘，它可以被使用。當我在跟你講話，我在做什麼？我在使用那個瓶子。當佛陀在講道，他在做什麼？他在使用那個瓶子，那個瓶子的確很珍貴，值得保存，但是進入它，陷住在它裡面，然後又努力要出來，而使整個生命變成一團混亂，這並不是保存它的方式。

一旦你知道那個觀點，你就在外面了，你就變成沒有頭的，那麼你會在這個地球上移動，但是沒有頭，這是一個多麼美的現象！——一個人沒有頭在移動，那就是我說變成一朵白雲的意思——一個沒有頭的現象。

你甚至無法想像，當頭不在的時候，有多少寧靜可以降臨到你身上。你肉身的頭還是會存在，但是那個涉入、那個執著已經不在了。

這個頭並不是一個難題！它是很美的，它是一個很棒的設計，它是到目前爲止所發明出來的最偉大的電腦——這麼複雜、這麼有效率的一個運作機構。它是很美的，它可以被使用，你可以在使用它當中享受，但是你從那裡來的概念說你在它裡面？它似乎是一種虛假的教導。

你或許不知道，在古代的日本，或者是現在日本的一些老年人，如果你問他們：你從那裡在思考？他們會指著他們的肚子，因爲在日本，他們被教導說肚子是思考的中心，所以當歐洲人首度到達日本，他們無法相信說整個國家都認爲頭腦是在肚子裡面，而不是在頭裡面。

認爲你是在頭裡面，這是一種西方的態度。在古時候的日本，從肚子想眞的是可以的，但是現在他們已經從肚子轉變到頭。有其他的傳統，他們從身體的其他部份來想。老子說，你是從你的脚跟來想的，所以有一些道家的瑜伽技巧可以使你離開你的脚跟，但是思想仍然在那裡繼續進行。

眞實的情況是怎麼樣？眞實的情況是：你是超越的。但是你可能會執著於身體的任何部份——西方人執著於頭，東方人執著於肚子。你一定聽過關於勞倫斯所說的，他認爲一個人是從性中心來思考的，他認爲那是眞正的思考中心，沒有其他的中心。

事實上，所有這些主張都一樣——一樣地錯，也一樣地對，沒有什麼好選擇的，因爲觀照是超越的，它存在於整個身體，同時超越身體。你可能會執著於身體的任何部位，而開始認爲就是這個部位。

不需要出來，因爲你從來就不曾在裡面過，鵝就在外面——已經在外面！

觀照……當你在觀照的時候，你必須記住，當你在觀照的時候，不要判斷，如果你判斷，那個觀照就喪失了；當你在觀照的時候，不要去評價，如果你去評價，那個觀照就喪失了；當你在觀照的時候，不要評論，如果你評論，你就錯過了那個要點。

當你在觀照的時候，只要觀照……就好像一條河在流動——意識的河流在流動，有很多思想在那裡漂浮，好像泡沫一樣，而你坐在岸邊觀看，河流一直流、一直流，你不說這是好的，你也不說這是壞的，你不說這個不應該如此，你也不說這個應該如此，你什麼都不說，你只是觀照，你不評論，你不是一個裁判，你只是一個觀照者，然後看看會發生什麼。

看著河流，突然間你就超越了……鵝就在外面了。

一旦你知道這個，一旦你知道說你就在外面，那麼你就可以保持在外面，那麼你就可以不要有一個頭而在地球上移動。

所以，這就是切掉頭的方式。每一個人都有興趣於切掉別人的頭，那是不會有所幫助的，你已經那樣在做，而且做得太多了，現在要切掉你自己的頭。

成爲沒有頭的就是處於深深的靜心之中。

第四個早晨

一九七四年五月十三日

所有的希望都是假的

鍾愛的師父，你一直在告訴我們說，放棄自我，而跟白雲合而為一是多麼地容易。

你同時告訴我們說，我們已經活過了好幾百萬世，而在這其中有很多世，我們都曾經跟很多佛、很多克里虛納、很多基督在一起過，但是我們還沒有辦法放棄自我。

你是不是在我們裡面創造虛假的希望？

所有的希望都是假的，去希望就是處於虛假之中，所以問題不在於創造虛假的希望，任何你所能夠希望的都將會是虛假的。

希望來自你存在的虛假，如果你很眞實，那麼就不需要有任何希望，那麼你就永遠不會想到未來，永遠不會想到將會發生什麼。你是那麼地眞實、那麼地實實在在，所以未來就消失了。

當你是不眞實的，未來就變得非常重要，那麼你就生活在未來，那麼你眞實的存在就不是在此時此地，你眞實的存在就是在夢中的某一個地方，你使那些夢看起來好像很眞實，因爲透過那些夢，你獲得了你眞實的存在。

就你現在的樣子，你是不眞實的，那就是爲什麼有那麼多的希望在進行。所有的希望都是假的……而你是眞實的，我的整個努力就是如何把你推回你自己。自我就是所有虛假的希望加在一起，自我並不是一個眞實的存在，它是你所有的夢、所有那不眞實的、以及所有「那虛假的」的集合。

自我無法存在於現在。注意看這個現象，自我總是存在於過去或存在於未來，它從來不在此時此地——從來不。那是不可能的，每當你想到過去，自我就出現了，那個我就出現了；每當你想到未來，那個我就出現了，但是當你在這裡，不想過去，也不想未來，那麼你的我在那裡呢？

坐在樹下，不想過去，也不想未來，只要在那裡，這樣的話，你在那裡呢？那個我在那裡呢？你無法感覺到它，它是不存在的，自我從來不存在於現在。

過去已經不復存在，未來也尚未存在，這兩者都不存在。過去已經消失了，未來尚未出現，這兩者都不存在，只有現在「在」。在現在從來找不到任何像自我的東西。

所以當我說放棄自我，我是意味著什麼呢？我並不是在給你一個新的希望。我是在帶走你所有的希望，那就是困難之所在，因為你是透過希望來生活的，所以你覺得如果所有的希望都被帶走，你將會死掉。

然後就有問題會升起：為什麼要活下去？……為了什麼而活？為什麼要從一個片刻走到下一個片刻？為了什麼？隨著希望的消失，目標也就消失了。所以如果沒有什麼地方要到達，為什麼要一再地繼續下去？你無法沒有希望而生活，那就是為什麼很難拋棄自我，希望已經變成了生活的同義詞。

所以每當一個人在希望，他就顯得更有生命力、更活生生、更強壯，而當他沒有希望，他就顯得很脆弱、很沮喪，被推回他自己，不知道要做什麼？不知道要走到那裡？

每當沒有希望，你就會覺得很沒有意義，然後你會立刻創造出另一個希望，一個代替品就被創造出來了。如果一個希望遭到挫折，立刻就會由另外一個來取代，因為你沒有辦法生活在空隙裡，你沒有辦法不希望而生活。

而我要告訴你，那是唯一的生活方式。當你沒有任何希望，生命是眞實的，它首度變得很眞實，所以第二件要了解的事是：當我說放棄自我是很容易的，我並不意味著說它對你來講是容易的，我只是意味著說要放棄它是很容易的，因爲那個自我的現象是那麼地不眞實。

如果自我是虛假的，爲什麼要放棄它是那麼地困難？如果它是眞實的，那麼就一定會有困難。

如果一個夢只是一個夢，那麼要走出它有什麼困難？你本來就可以走出來！夢無法抓住你，夢無法阻止你，夢無法變成一個障礙，夢沒有力量，所以我們才稱之爲夢。很容易就可以走出夢境，那就是當我說很容易就可以放棄自我的意思。

但我並不是說它對你將會很容易，因爲夢對你來講仍然是一個眞實的存在，它並不是一個夢，自我對你來講並不是虛假的，那是唯一眞實的存在，其他每一樣東西都是虛假的。

我們生活在自我的周圍，我們在追求越來越多自我的旅程，有人透過財富，有人透過地位、權力、和聲望，有人透過政治，也有人透過宗教來追求自我的旅程。有無數的方式，但是那個結果、那個最終的目標是一樣的，它們都是在追求越來越多的「我」、越來越多的自我。

它對你來講是一個眞實的存在，我說，它對你來講是唯一眞實的存在，那虛假的已經變成那眞實的，影子已經變成了實質，那就是爲什麼它是困難的——並不是因爲自我非常強而有力，所以它才是困難的，不，它之所以困難是因爲你仍然相信它，你仍然相信它的力量。

如果你相信它，它將會很困難，因爲就一方面來講，你會想要放棄它，而就另外一方面來講，你會繼續執著於它，所以它將會是困難的。

當我告訴你說它是一個夢，你想要相信它，因爲你透過它受過很多苦，而並不是因爲你感覺到我話中的眞理。如果你能夠感覺到我話中的眞理，你將能夠立刻拋棄它，你將不會問要如何拋棄它，已經沒有如何這個問題，只要你看到那個要點，你就能夠拋棄它。

當我說自我是虛假的，可以被拋棄，你並不了解我話中的眞理；當我說自我是虛假的，可以被拋棄，你就從它創造出一個希望，因爲你一直透過它而受了很多苦，所以你創造出一個希望，如果自我能夠被拋棄，那麼所有的痛苦都將會被拋棄，你變得對這個希望感到高興。

我並沒有創造那個希望，是你在創造那個希望，我只是在陳述一個事實說，這就是自我的構成，自我就是這樣構成的，自我就是這樣被創造出來的，而它也可以這樣被拋棄！因爲它是虛假的，所以不需要努力，只要看清那個要點，它就消失了。

一個人在跑，他很害怕，他嚇死了，而他之所以在跑是因爲他自己的影子。你叫住他，然後告訴他說：你太愚蠢了！那是你自己的影子，沒有人在跟踪你，沒有人要殺你，除了你以外沒有別人，你只是在害怕你自己的影子。

但是一旦你開始跑，影子也會跟著跑，你跑得越快，影子就會跟得越快。然後邏輯的頭腦就會說，你處於危險之中，邏輯的頭腦會說，如果你想要逃走，那麼你就必須跑得越來越快，但是不論你跑得多快，影子都會跟隨著你，如果你無法擺脫它，你將會變得越來越害怕，這一切都是由你自己創造出來的。

但是如果我告訴你：這只是一個影子，沒有人在跟踪你，然後你了解到那個要點，你注意看那個影子，你感覺到了那個要點，你還會問我說要如何拋棄那個影子嗎？你還會問說要用什麼技巧、什麼方法、或什麼瑜伽來拋棄它嗎？你將只會笑，你已經拋棄了它！就在那個片刻，你就看清了它只是一個影子，並沒有人在跟踪你，那麼它就被拋棄了，那麼就没有要「如何抛棄」這個問題，你將會放聲一笑，你將會覺得這整個事情都很荒謬。

對於自我也是一樣，如果你能夠了解我話中的眞理，事情就發生了，就在那個了解當中，事情就發生了，就不會再有「如何」這個問題。

如果你還在問「如何」，那表示事情尚未發生，表示你還没有了解那個要點，但是你已經從它創造出一個希望，因爲你一直都透過這個自我在受苦，所以你一直想要抛棄它，但是這個想要抛棄的概念一直都只是你頭腦的一半。

你所有的痛苦都是來自自我，但你所有的快樂也都是來自自我。

羣衆對你喝采，他們感激你，你就覺得很好，那是你所知道的唯一喜樂，你的自我高高升起，到達了頂峰，變成了埃弗勒斯峯，你覺得很高興！然後群衆譴責你，你就覺得受傷，群衆覺得漠不關心，你就被粉碎了，你就掉進了谷底，你就變得很沮喪。

你一直都透過自我來得到快樂，你也一直都透過它來受苦，因爲受苦，所以你想要抛棄它，但是因爲快樂，所以你無法抛棄它。

因此當我説自我很容易就能夠被抛棄，在你裡面就升起了一個希望，那個希望並不是我所能創造出來的，而是由你的貪婪所創造出來的。它不是變成一個達成，它變成一個新的貪婪，它變成一個新的對滿足的追尋，你覺得說現在有一個方式，有一個人能夠幫助你拋棄自我，以及由自我產生出來的所有痛苦，但是你有準備好拋棄所有也是由自我所產生出來的快樂嗎？

如果你已經準備好，那麼它就非常容易，就好像你在拋棄一個影子一樣，但是你不能夠只拋棄一半，而携帶一半，要不然就是整個自我都被拋棄，要不然就是整個自我都依附在你身上，這是一個問題，這是一個困難，你所有的快樂和所有的痛苦都只跟一個現象有關——你想要保留快樂而拋棄痛苦。你是在要求那不可能的，因此它很困難，不只困難，而且是不可能，它將不會發生在你身上，任何你所做的都將會是沒有用的，不會有什麼結果產生。

你從它創造出一個希望，你從它創造出一個天堂、一個佛陀的強烈喜樂。當你聽我講，或是聽耶穌或佛陀講，然後你就產生了希望，那個希望並不是由我創造出來的，那個希望是由你自己創造出來的，你將你的希望投射在它上面。

這就是問題之所在，這就是整個複雜性之所在：每一個希望都再度成爲自我的食物，即使這個想要到達樂園或天堂的希望，即使這個想要成道的希望，也都是一個希望，而每一個希望都是自我的食物。

是誰想要成道的？那個想要成道的人就是問題之所在。從來沒有一個人成道過，成道發生，但是從來沒有一個人成道。當那個房間是空的，成道就發生了，當沒有一個人要來達到成道，成道就存在了。

因爲語言的關係，因爲語言的二分性，所以關於這種很深的事情，只要一說出來就變成虛假的。

我們說「佛陀成道」，這是虛假的，佛陀從來就沒有成道，佛陀就是那個不成道，當他不在那裡，當他變得不在，成道就發生了。當有一天，他突然了解到，他在遵循一個荒謬的模式，當他了解到：我就是那個困難之所在，所以任何我所做的都將會創造出更多的問題……問題不在於做對或做錯，問題不在於這個或那個，任何你所做的都將會增強你的自我。

一旦佛陀了解到這個——這個了解花了他很多的努力——當他了解到說：任何我所做的都將會幫助我的自我越來越多，因此他就放棄了所有的作爲，在那個了解的片刻當中，他就變成一個無爲的人——完全不活動。

記住，這就是問題之所在：你甚至可以由你的不活動創造出活動，或者你可以創造出活動來幫助不活動發生在你身上，但是這樣的話，你將會錯過。

你可以靜靜地站著，你也可以靜靜地坐著，但是你努力去靜靜地站著，你的站是虛假的，你並沒有站著，你是在活動。如果你靜靜地坐著，但是有一個努力，如果你試圖要成爲寧靜的，那麼那個寧靜是假的，你並不寧靜。

當佛陀了解到，他本身就是問題之所在，當他了解到，每一個來自他的活動都會給予自我更多的東西，他就將它拋棄，然後他就不做任何努力去創造一個不活動的狀態，他根本什麼事都不做，任何會發生的就發生了。

風在吹動，樹木一直在跳舞，然後滿月來到，整個存在都在慶祝，呼吸一進一出，血液在血管裡循環，心臟在跳動，脈膊在跳動，每一件事都在發生！但是他什麼事都沒有做，在那個無爲當中，喬達摩·悉達多消失了。

到了早上，沒有一個人可以來接受成道，但是成道就在那裡，在那棵菩提樹下，一個空的工具坐在那裡——呼吸照常，心臟依然在跳動，甚至比以前跳動得更好，每一件事都進行得很完美，但是沒有做者存在。血液在循環，整個周遭的存在都是活生生的，都在跳舞，佛陀身體裡面的每一個細胞都在跳舞，都是活生生的，它從來沒有這麼活生生過，現在能量自己移動，沒有人在推它，沒有人在操縱它。

佛陀變成一朵白雲，成道發生了。它也能夠發生在你身上，但是不要由它創造出希望，反而，當你看到那個要點，你就可以拋棄所有的希望，而變成沒有希望的，完全沒有希望。

要變得完全沒有希望是很困難的，你常常會達到沒有希望，但是它從來不完美，一個希望沒有了，你就覺得沒有希望，但是爲了要填補那個空隙，你又創造出另外一個希望，然後那個沒有希望就又消失了。

人們繼續從一個師父換到另外一個師父，這就是從一個希望換到另外一個希望，他們帶著一個希望去到一個師父那裡，他們希望說他將會透過他的恩典來給予，他們希望說透過他的能量，事情將會發生，然後他們會嘗試，他們會等待，他們會帶著非常緊張的頭腦，因爲一個帶著希望的頭腦永遠沒有辦法安逸；他們會帶著一個非常沒有耐心的頭腦，因爲一個充滿希望的頭腦是不能夠有耐心的。

然後他們會開始覺得不安，因爲事情並沒有發生，所以這個師父又是不對的，他們必須再去找另外一位師父，這並不是從一個師父換到另外一個師父，這是從一個希望換到另外一個希望。人們從一個宗教換到另外一個宗教，他們經常在轉變，因爲他們的希望在轉變，你可以很多世很多世都繼續這樣做，你一直都是這樣在做。

現在，試著來了解這個重點！它既不是師父的問題，也不是方法正不正確的問題，問題在於對那個正在發生的現象，對那個你爲什麼要希望，或是爲什麼你不能夠沒有希望的現象有一個直接的洞見和立即的穿透。從你所有的希望，你得到了什麼？

了解它，它就會自己消失，甚至不必要求你去拋棄它，那就是爲什麼我說它是容易的，而我知道得很清楚，它是非常困難的，它之所以困難是因爲你，而它之所以容易是因爲它本來就是容易的。那個現象是容易的，但你是困難的。

這種事隨時都可以發生，我的意思是說這個成道的現象、或是這個無我的現象並不是由任何東西所引起的，它不需要任何原因，它不是很多原因的一個結果，它不是一個副產物，它是一個單純的洞見，它可能發生在一個罪人身上，但是它或許不會發生在一個聖人身上。

所以眞正說起來並不需要任何條件，如果他能夠了解，它甚至可以發生在一個罪人身上。如果他變得沒有希望，如果他覺得沒有什麼東西要被得到或被達成，如果他了解到這整個事情只是一個荒謬的遊戲，那麼它就可能發生。

它或許不會發生在一個聖人身上，因爲聖人一直試著要去達成，他還不是沒有希望的。這個世界已經變得沒有用，但是另外一個世界卻變得很有意義。他了解到說他終究必須離開這個地球，但是在彼岸有天堂，他必須到那裡去。

甚至連在耶穌或佛陀身邊的人都一直在問這一類的事情。就在耶穌要被抓去釘死在十字架上的前一個晚上，他的門徒問他：師父，請你告訴我們，在神的王國裡，當你坐在神的寶座右邊，我們要坐在那裡？我們要以什麼樣的順序來坐？神坐在祂的寶座上，耶穌坐在祂的右邊，祂是神唯一的兒子，然後這十二個門徒，他們要坐在那裡？他們要以什麼樣的順序來坐？

在耶穌周圍的人居然問這些愚蠢的問題！但人類的頭腦就是如此，他們不問任何屬於這個世界的事；他們變成了乞丐，他們在問另外一個世界的事。他們並不是眞正的乞丐，他們是在希望，他們已經以這個世界爲賭注，但這是一個交易——我們在彼岸將會有什麼樣的地位？誰將會坐在你的旁邊？

在那十二個門徒之間一定有競爭，一定有政治或野心，有人在上面，有人在下面，有人變成領導者，一定有很多衝突，一定有很多內在的政治手腕，一定有很多暴力和侵略的暗流正在進行。

即使對耶穌，一個人也會開始希望，「希望」深深地根植在你裡面，任何被說出來的，你都將它轉變成希望，你是一個創造希望的機構，而這個創造希望的機構就是自我。

所以要怎麼做呢？事實上什麼事都不必做，你只需要很清澈的眼睛，你只需要更覺知的眼睛、更具有穿透力的眼睛，一切所需要的就是能夠有一個新鮮的眼光來看你、看你的整個存在、看一切你在做和在希望的——一個新鮮的看。

而我要告訴你，在那個新鮮的看當中，在那個天真的看當中，自我就會自己消失，它是最容易的現象，而同時也是最困難的。

但是你要記清楚，我並不是在你裡面創造出任何希望。

颱風眼

鍾愛的師父，關於你剛剛說過的，禪宗有一句諺語：不努力的努力。你是否能夠告訴我們關於這件事，以及它如何應用在你的「動態靜心」？

靜心是一種能量的現象，關於各種能量，有一件非常基本的事必須加以了解，這就是基本上必須加以了解的法則：能量在兩極之間流動，這就是它流動的唯一方式，沒有其他的方式，它在兩極之間流動。

任何能量要變得很動態的話，相反的那一極是需要的，它就好像電流在正極和負極之間流動。如果只有負極，電流將不會發生，或者如果只有正極，電流也不會發生，兩極都需要，當兩極會合，它們就創造出電，然後就產生出火花。

各種現象的情形都是如此，生命在男人和女人這兩極之間進行，女人是負極，男人是正極，他們都是帶電的，因此才有那麼多的吸引力。如果只有男人，生命將會消失，如果只有女人，也不可能有生命，只有死亡。男人和女人之間存在著一種平衡，在男人和女人之間——在這兩極之間，在這兩岸之間，生命的河流在流動著。

不管你在那裡看，你都將會找到同樣的能量流進兩極，自己取得一種平衡。

這個兩極性對靜心而言是非常有意義的，因爲頭腦是邏輯的，而生命是正反兩極交互運作進行的。當我說頭腦是邏輯的，它意味著頭腦在一條直線上移動；當我說生命是正反兩極交互運作的，它意味著生命在兩極之間移動，而不是在一條直線上移動，它彎來彎去，從負極走到正極，然後再從正極走到負極，然後負極到正極，彎來彎去，它使用相反的兩極。

頭腦在一條直線上活動，在一條簡單的直線上活動，它從來不會走向相反的那一極，它拒絕相反的那一極，它相信「一」，但是生命相信「二」。

所以不論頭腦創造出什麼，它總會選擇「一」。如果頭腦選擇寧靜，如果頭腦對生命中的噪音已經膩了，而決定要成爲寧靜的，它就會走到喜馬拉雅山上去，它想要成爲寧靜的，它不想要任何跟噪音有關的東西，即使只是小鳥的歌唱也會打擾它，甚至連微風吹過樹木也會是一個打擾，頭腦想要寧靜，它選擇了直線，如此一來，它相反的那一極就必須完全被拒絕。

但是這個生活在喜馬拉雅山上，追求寧靜，避免相反的那一極的人，將會變得死氣沈沈，他一定會變得很無趣，他越是選擇要成爲寧靜的，他就會變得越無趣，因爲生命需要相反的那一極，生命需要相反那一極的挑戰。

有一種不同類型的寧靜存在於兩極之間。

第一種是死的寧靜，是墳墓的寧靜。死人是寧靜的，但是你一定不會喜歡成爲一個死人，死人是完全寧靜的，沒有人能夠打擾他，他的集中精神是完美的，你無法做任何事來使他的頭腦分心，他的頭腦是完全固定的，即使周遭的世界都發瘋了，他也會停留在他的集中精神裡面，但你還是不喜歡成爲一個死人。寧靜、集中精神，或者不管你怎麼稱呼它，你一定會不喜歡成爲死人，因爲如果那個寧靜是死的，那麼那個寧靜是完全沒有意義的。

寧靜必須在你完全活生生的情況下發生，在你很有生命力、洋溢著生命能量的狀態下發生，那個寧靜才有意義，但是這樣的話，那個寧靜將會具有完全不同的品質，它將不會是無趣的，它將會是活生生的，它將會是兩極之間一個微妙的平衡。

那麼這種類型的人，這種追求活生生的平衡的人、追求活生生的寧靜的人，一定會喜歡到市場去，也喜歡到喜馬拉雅山上去，他一定會喜歡到市場去享受噪音，也會喜歡到喜馬拉雅山上去享受寧靜，他會在兩極之間創造出一個平衡，然後他會停留在那個平衡之中，那個平衡是無法透過直線的努力來達成的。

那就是禪宗所謂「不努力的努力」的技巧的意思，它使用矛盾的辭句——不努力的努力，或是無門之門，或是無路之路。禪宗一直在使用矛盾的辭句，爲的只是要暗示你說，那個過程是正反兩極交互運作的，而不是直線狀的，相反的那一極並不是要被拒絕，而是要被吸收，相反的那一極不要被擺在一旁，而必須被使用。如果它被擺在一旁，它將永遠都會成爲你的負擔；如果它被擺在一旁，它將會懸在你裡面；如果它沒有被使用，你將會錯過很多。

能量可以被轉變，而且被使用，當你使用它，你將會變得更有生命力、更活生生，相反的那一極必須被吸收，那個過程才能夠變成正反兩極交互運作。

不努力意味著什麼事都不做——不活動、「無業」；努力意味著做很多事——活動、「造業」，這兩者都必須存在。

做很多，但是不要成爲一個做者，那麼你就達成了兩者。進入世界，它是不要成爲它的一部份；生活在世界裡，但是不要讓世界生活在你裡面，那麼那個矛盾就被吸收了，那麼你就不排斥任何東西、不拒絕任何東西，那麼整個神就都被接受了。

那就是我正在做的。「動態靜心」是一種矛盾，動態意味著努力，很多努力，完全的努力，而靜心意味著寧靜，沒有努力。沒有活動，你可以稱之爲一種正反兩極交互運作的靜心。

要非常活躍，使你的整個能量都變成一個活動，在你裡面沒有能量是靜止的，整個能量都被用出來，毫無保留，所有凍結的能量都溶解，都開始流動，如此一來你就不是一個凍結的東西，你已經變成動態的，現在你已經不像植物，你比較像能量，你不是物質的，你變成電力的，將所有的能量都帶進來工作，成爲活躍的、流動的。

當每一樣東西都在流動，你變成一個颱風，然後你變得警覺。記住，要注意，然後在這個颱風裡，突然間你會找到一個完全寧靜的中心，這就是颱風眼，這就是你——是神性的你，是以一個神而存在的你。

在你的周遭是活動，你的身體變成一個活躍的颱風，每一樣東西都移動得很快，越來越快，所有凍結的部份都融解了，你在流動，你變成一座火山、一團火、一個電流，但是就在中間的部份，就在這一切活動的中間，有一個不動的點，一個靜止的點。

這個靜止的點並不是被創造出來的，它就在那裡！你不必對它做任何事，它一直都在那裡，它就是你的本質，它就是你本質的基礎，這就是印度人所稱的「阿特瑪」——靈魂。它就在那裡，但是除非你的身體和你物質的存在變得完全活躍，否則你將不會覺知到它。隨著完全的活躍，那個完全的不活動就變得很明顯，活動給你一個對照，它變成了黑板，而在黑板上的是一個白點。

在白色的牆壁上，你無法看到一個白點，在黑板上面，白色的點才會顯示給你，所以當你的身體變得很活躍、很動態，變成一個活動，突然間你就會覺知到那個靜止的點，那個完全靜止的點——整個活動世界唯一不動的中心。

那是不努力，對它沒有任何努力，不需要任何努力，它就這樣顯露出來。努力在周圍，不努力在中心，移動在周圍，靜止在中心；活動在周圍，完全不活動在中心，而在這兩者之間……

這將會有點困難，因爲你或許會跟那個印度人稱之爲靈魂的中心認同，如果你跟那個靜止的中心認同，你就是再度在兩者之間選擇，你就是再度選擇了某些東西，而拒絕某些東西。

東方有一個很微妙的發現，那就是：如果你跟那個靜止的點認同，你將永遠無法知道神，你將會知道自己，但是你將永遠無法知道神。有很多傳統，尤其是耆那教，他們變得太過於跟自己認同，所以他們說沒有神，自己就是唯一的神。

印度人眞的穿透得很深，當他們提到靜止的點，和這個周圍的活動，他們說，要不然就是你是兩者，要不然就是你兩者都不是！這兩者所指的是同樣的意思，這是兩極，這是正反交互運作的兩極——正論和反論。這是兩個岸，而你就在兩者之間的某一個地方，既不是動的，也不是不動的，這就是最終的超越，這就是印度所稱的梵天。

努力和不努力，動和不動，活動和不活動，物質和靈魂——這就是兩岸，在這兩岸之間流動著那個看不見的。這兩者是看得見的，而在這兩者之間流動著那看不見的，你就是那看不見的。

優婆尼沙經裡面說：塔特瓦瑪西，史維特凱圖。那個流在這兩岸之間的，那個看不到的，那個眞正是微妙平衡的，那個在兩者之間的，那就是你，它被稱爲梵天——至高無上的自己。

有一個平衡必須被達成，而唯有當你使用兩極，那個平衡才能夠被達成，如果你只使用其中的一個，你將會變成死的。有很多人都這樣做，甚至連整個社會都變成死的，這種事發生在印度，如果你選擇其中之一，那麼不平衡或偏頗的現象就會發生。

在印度或是在東方，人們選擇了那個寧靜的部份，那個靜止的點，而那個活躍的部份被拒絕了。所以整個東方都變得很無趣，那個敏銳喪失了。那個聰明才智的敏銳，那個身體活力的敏銳，每樣東西都喪失了，東方變得越來越無趣，越來越醜陋，好像生命就只是一個必須被攜帶然後放下來的重擔，好像生命是一個必須被履行的責任，一個必須受苦的「業」，不是一種享受，不是一個熱情有勁的跳舞，而是一個無趣、昏睡的活動。

它有它的結果，東方變得很弱，因爲帶著一個寧靜的點，你無法長久維持強壯，你無法永遠保持強壯。力量需要活動，力量需要移動，如果你拒絕活動，力量將會消失，東方已經完全失去了它的肌肉，身體變得很脆弱，所以任何想要的人，都可以征服東方。幾千年以來，奴隸制度一直都是東方唯一的命運，任何人具有想要使別人成爲奴隸的概念，就會跑到東方來。

東方總是準備要被征服，因爲東方的頭腦選擇了一個點，而拒絕相反的那一點。東方變得很寧靜，但同時也變得很無趣，而且死氣沈沈，這樣的寧靜並沒有什麼價值。

西方所發生的剛好相反，它也發生在其他的社會，他們選擇了活躍的部份，他們選擇了周圍，他們認爲沒有靈魂，他們認爲這個活動就是全部，所有的生命就是由活動、享受、達成、野心、和征服所構成的。

西方最終的結果就是會變得越來越瘋狂，因爲如果沒有那個靜止的點，你無法保持神智健全，你將會發瘋。如果只有靜止的點，你無法保持活生生的，你將會變得死氣沈沈；如果只有活躍，你將會發瘋，那些發瘋的人，他們到底怎麼了？他們已經跟他們靜止的點失去了連繫，那就是他們的瘋狂。

西方變成了一個大的瘋人院，越來越多的人接受心理分析，越來越多的人接受心理治療，越來越多的人住進瘋人院，而那些在外面的人，他們之所以在外面，並不是因爲他們是神智健全的，而只是因爲瘋人院容納不下那麼多人，否則整個社會都會被關進去。他們是正常的，他們可以正常地工作，但是西方的心理學說，現在很難說任何一個人是正常的。他們或許是對的，在西方，沒有一個人是正常的，只有活動會創造出瘋狂，它不可能平衡。

活躍的文化到了最後都會變成瘋狂的，而不活躍的文化到了最後都會變得死氣沈沈，這種情況可能發生在社會，也可能發生在個人。

對我來說，平衡就是全部，不要選擇，不要拒絕，接受兩者，然後創造出一個內在的平衡。動態靜心是走向那個平衡的一種努力。

活動——享受它，成爲狂喜的，完全進入它，然後寧靜——享受它，對它感到狂喜。

儘可能自由地在這兩者之間移動，不要有任何選擇，不要說我是這個或那個，不要跟其中之一認同。要說：我是兩者，不要害怕矛盾，讓它矛盾，要成爲兩者，在兩者之間自由移動。

當我這樣說，我是無條件地這樣說的——不只是對活動和不活動而已，任何被稱爲好的和壞的也都包括在裡面，任何被稱爲神和魔鬼的也都被包括在裡面。

永遠都要記住：到處都有兩岸，如果你想要成爲一條河流，你就必須使用兩岸——無條件地。不要說：因爲我是活躍的，所以我怎麼能夠不活躍？不要說：因爲我是不活躍的，所以現在我怎麼能夠是活躍的？不要說：我是這個，所以我怎麼能夠是那個？

你是兩者，不需要去加以選擇，唯一要記住的一件事是：要在兩者之間保持平衡，那麼你就會超越兩者，那麼神和魔鬼兩者都會被超越，當兩者都被超越，那就是梵天。梵天沒有與之相對的極，因爲它只是兩極之間的平衡，它沒有相反的那一極。

儘可能自由地在生命裡面移動，儘可能使用相反的兩極，儘可能兩岸都使用，不要創造出任何矛盾，它們並不是矛盾的，它們只是看起來矛盾，在內在深處，它們是同一的。

它們就好像你的脚，右脚和左脚，你使用右脚，也使用左脚，當你舉起右脚，左脚就在地面上等著，在幫助右脚，不要執著於任何一隻脚，不要成爲右脚主義者，或是左脚主義者，兩隻脚都是你的，都是你的能量，在兩隻脚裡面活動，它是分不開的！你是否曾經感覺到右脚有一個能量，而左脚有另外的能量？你在兩者裡面流動。閉起你的眼睛：左脚消失了，右脚也消失了，它們兩者都是你，當你在移動的時候，你可以使用兩者。

兩者都使用！如果你執著於右脚，有很多人這樣做，那麼你就會成爲殘廢的，你無法使用左脚，你可以站著，但你是殘廢的，漸漸地，你將會變得死氣沈沈。

移動，但是要經常記住那個不動的中心；做，但是要經常記住那個不做的人；努力，但是要保持不努力。

一旦你知道這個使用兩極和使用矛盾的秘密煉金術，你就自由了，否則你將會創造出內在的監禁。

有一些人來到我這裡，他們說：我怎麼能夠做這個？我從來没有做過這個。就在前幾天。有一個人在那裡，他告訴我說：我怎麼能夠做活躍的靜心？因爲很多年以來，我一直都靜靜地坐著。

他有了選擇，但是他並沒有到達任何地方，否則並不需要來找我。但是他無法做活動的靜心，因爲他已經跟不活動的姿勢認同，這是一種凍結的狀態。

要變得更活動一些，要讓生命流動。

一旦你知道說在兩極之間平衡是可能的，一旦你對它有一個瞥見，那麼你就知道了那個藝術，那麼在生命中的每一個地方、每一個層面，你都能夠很容易地達到那個平衡。

事實上，說你能夠達成，這樣說並不好，一旦你知道了那個竅門，不論你做什麼，那個平衡都會像影子一樣地跟隨著你。

內在兩極之間的平衡是能夠發生在一個人身上最重要的事。

第五個早晨

一九七四年五月十四日

抛棄自我——立即地！

鍾愛的師父，你說自我能夠立即被抛棄，自我也能夠漸漸地被抛棄嗎？

那個抛棄總是發生在一個片刻之間，它總是發生在這個片刻，它沒有漸進的過程，它不可能有，那個發生是在片刻之間。

你無法爲它作準備，任何你所做的——我說任何——都將會增強自我。任何漸進的過程都將會是一種努力，有某些東西是由你來做的，所以你將會透過它而越來越被增強，你將會變得更強，每一樣漸進的東西都會幫助自我。

只有完全非漸進的東西，只有某種像一個跳躍，而不像一個過程的東西，只有某種跟過去不連續的東西……只有這樣，自我才會消失。

問題之所以升起是因爲我們不了解這個自我是什麼。

自我是過去，是那個連續，是一切你所做的，是一切你所累積的，是所有的「業」、所有的制約、所有的慾望、和所有過去的夢。整個過去就是自我，而如果你以漸進的過程來思考，你就把過去帶進來了。

自我的拋棄是「非漸進」的，是突然的，它是一種不連續，過去不存在，未來也不存在，你被單獨留在此時此地，那麼自我就無法存在。

自我只能夠透過記憶而存在：你是誰，你來自那裡，你屬於誰，國家、種族、宗教、家庭、傳統，以及所有的創傷和快樂——一切發生在過去的。一切過去所發生的就是自我，而你就是這一切都發生在它上面的那個。

這個區別必須加以了解：你就是這一切都發生在它上面的那個，而自我就是那個所發生過的。自我在你的周圍，而你在中心，你是無我的。

小孩子生下來的時候完全新鮮和年輕，沒有過去，也沒有自我，那就是爲什麼小孩子會那麼美，他們沒有任何過去，他們非常年輕、非常新鮮，他們不能夠說「我」，因爲他們要從那裡把這個我帶出來？這個「我」必須漸漸被發展出來。他們會受教育，他們會得到獎賞或懲罰，他們會被賞識或被譴責，然後那個「我」就慢慢凝聚起來。

小孩子很美，因爲自我不存在。老年人變醜了，並不是因爲年老的關係，而是因爲有太多的過去、太多的自我。如果老年人可以拋棄自我的話，他也可以再度變美，甚至比小孩更美，那麼就有第二度的孩提時代，那是一個再生。

這就是耶穌復活的意思，它並不是一個歷史的事實，它是一個寓言。耶穌被釘死在十字架上，然後他復活了，那個被釘死在十字架上的人已經不復存在了——那是木匠的兒子耶穌。現在耶穌已經死了，已經被釘死了，然後一個新的實體從那個死升起，一個新的生命從這個死誕生出來，這是基督——不是伯利恆那個木匠的兒子，不是一個猶太人，甚至不是一個人，這是基督——一個新的存在，沒有自我。

同樣的情況也會發生在你身上，每當你的自我被放上十字架，每當你的自我被釘死在十字架上，就會有一個復活，就會有一個再生。你再度被生出來，這個小孩的狀態是永恆的，因爲這是靈魂的再生，而不是身體的再生。

如此一來，你將永遠不會變化，你將會一直一直都很年輕、很新鮮，就好像早晨的露珠一樣地新鮮，就好像夜晚的第一顆星星一樣地新鮮，你將會永遠保持新鮮、保持年輕、保持天眞、保持像一個小孩，因爲這是靈魂的復活。

這樣的事一直都發生在一個片刻之中。

自我是時間，時間越長，自我就越多，自我需要時間。如果你穿透得深一點，你或許甚至能夠想像說，時間的存在只是因爲自我。

時間並不是你周遭物質世界的一部份，它是在你裡面心靈世界的一部份，是頭腦世界的一部份，時間是一個自我可以在裡面發展和成長的空間。空間是需要的，時間給予那個空間。

如果你被告知說，這是你生命的最後一個片刻，下一個片刻你就會被殺死，突然間，時間就消失了，你就會覺得非常不安，你仍然活著，但是突然間你會覺得好像你在垂死，你無法思考說要做什麼，即使思考也變得很困難，因爲即使是思考，時間也是需要的，未來也是需要的。沒有明天，那麼要想什麼，要怎麼欲求，要怎麼希望？已經沒有時間，時間已經結束了。

可能發生在一個人身上最大的痛苦是發生在當他的死亡已經很確定，而他無法避開的時候。死亡已經確定了。一個被判死刑，或是被放進地獄裡面，而在等待死亡的人，他無法對它做任何事，死亡已經確定，在經過一段時間之後，他將會死。超出那個時間之外，對他來講已經沒有明天。如此一來，他變得無法欲求、無法思考、無法投射，他甚至無法作夢，那個障礙總是存在。

然後有很多痛苦會隨之而來，那個痛苦是自我的痛苦，因爲自我無法不要有時間而存在，自我在時間裡面呼吸，時間是自我的呼吸，所以，時間越多，自我就有越多的可能性。

在東方，他們已經有了相當好的成果，他們已經下了很多功夫去了解自我，他們已經做了很多的探索，而其中一個發現就是：除非時間從你身上被拋棄，否則自我無法被拋棄。

如果有明天存在，自我將會存在；如果沒有明天，你怎麼能夠拉著自我走？它將會好像在拉著一條船，但是沒有河流，它將會變成一個重擔。河流是需要的，有了河流，船才能夠發揮它的功能。

對自我來講，時間的河流是需要的，那就是爲什麼自我總是以「漸進」或「程度」來思考。自我會說：好，成道是可能的，但是需要時間，因爲你必須下功夫、必須準備。

這樣說是非常合乎邏輯的！對每一件事而言，時間是需要的。如果你播下一顆種子，那麼就需要時間來使樹木成長；如果一個小孩要被生下來，如果一個小孩要被創造出來，時間是需要的。子宮需要時間，小孩子需要時間來成長，每一樣東西都在你的周遭成長，對成長而言，時間是需要的，所以，如果靈性的成長也需要時間，那似乎是合乎邏輯的。

然而這是一個必須加以了解的要點：靈性的成長並不是眞的像種子的成長一樣。種子必須成長而變成一棵樹。在種子和樹之間有一個空隙，那個空隙必須被經過，有一個距離，你不像種子一樣地成長，你已經是那個長成的，問題只是在於將它顯露出來，現在的你跟將來的你之間沒有距離，沒有距離！那個理想的、那個完美的，已經存在。

所以它並非眞的是一個成長的問題，而只是一個將它揭開的問題，它是一個發現。某種東西是隱藏的，你將簾幕拉開，它就在那裡。它就好像你閉起眼睛坐著，太陽在地平線的那一端，但是你處於黑暗之中，突然間你將眼睛打開，但是已經變白天了，大地一片光明。

靈性的成長並非眞的是一個成長，那句話是錯的，靈性的成長是一種顯露，某種隱藏起來的東西現在顯露出來了；某種已經在那裡的東西，現在你變得知道說它就在那裡；某種從來沒有失去過，而只是被遺忘的東西，現在你記起來了。那就是爲什麼有很多神秘家一直在使用「記住」這個字，他們說「那神聖的」並不是一個達成，它只是一個記住，某種東西本來被你遺忘，現在你記起來。

事實上並不需要時間，但是頭腦會說，自我會說，每一件事都需要時間，每一樣東西要成長都需要時間。如果你變成這種邏輯思想的犧牲者，你將永遠無法達成它，那麼你將會繼續延緩，你將會說明天、明天、又明天，而它將永遠不會來臨，因爲明天永遠不會來臨。

如果你能夠了解我所說的，自我能夠在當下這個片刻就被抛棄，果眞如此的話，那麼就會有一個問題產生：爲什麼它沒有被抛棄？爲什麼你還無法抛棄它？如果沒有漸進成長的問題，那麼爲什麼你沒有抛棄它？因爲你不想抛棄它。

我這樣說一定會使你感到震驚，因爲你一直在想說你想要抛棄它，再想看看，你並不想要抛棄它，因此它才會繼續，它不是時間的問題，是因爲你不想抛棄它，所以才沒有辦法！

頭腦的方式很神秘，你認爲你想要抛棄它，但是在內在深處，你知道你並不想抛棄它，你或許會想要將它擦亮一點，你或許會想要變得更精煉，但是你並沒有眞的想要抛棄它。

如果你眞的想要抛棄它，沒有一個人會阻止你，沒有障礙存在，只要你眞的想要，它就能夠被拋棄，但是如果你不想拋棄它，那麼就沒有辦法，即使有一千個佛在你身上下功夫也將會失敗，因為從外在是沒有辦法做什麼的。

說眞的，你是不是有想過它，你是否曾經靜心冥想過它，你是否眞的想要拋棄它？你是否眞的想要變成一個「非存在」或「空無」？即使在你的宗教投射裡，你都想要成為什麼，你都想要去達成什麼，或是達到什麼地方，或是成為什麼，即使當你想要謙虛，你的謙虛也只不過是自我的一個秘密隱藏的地方，其他沒有。

注意看所謂謙虛的人，他們說他們很謙虛，他們會試著去證明說他們是他們那個鎮上、那個城市、或那個地方最謙虛的——最謙虛的！如果你跟他爭辯，如果你說：不，有別人比你更謙虛。他將會覺得受傷，是誰在覺得受傷呢？

我在讀關於一個基督教聖人的故事，他每次都在他的祈禱文裡面跟神講：我是世界上最邪惡的人、最大的罪人。表面上看起來，他是一個非常謙虛的人，但是事實上不然，他說：世界上「最大」的罪人，即使神出來反駁他，他也會爭辯。他的興趣、他內在深處的興趣是要成為最大的，而不是要成為罪人。

如果你被允許成為最大的罪人，你可以成為一個罪人，你可以享受它。最大的罪人——那麼你就變成一個頂峯，美德或罪惡是不重要的，你必須成為某號人物，不管是什麼原因，你的自我必須在頂端。

據說蕭伯納（George Bernard Shaw）曾經說過：我寧願在地獄裡排第一，也不願在天堂排第二。如果你是第一的，是最先的，那麼地獄並不是一個不好的地方；如果你只是站在一排人的中間，沒沒無聞，那麼即使天堂看起來也會覺得很無趣，蕭伯納是對的，人的頭腦就是這樣在運作。

沒有人想要拋棄自我，否則那是沒有問題的，你可以現在就拋棄它，如果你覺得需要時間，那麼這個時間的需要只是讓你了解說你還執著於它，一旦你能夠了解說那是你的執著，那麼事情將會發生。

你或許需要花上好幾世來了解這個簡單的事實。你已經花了很多世，但是你尚未了解。

這看起來很奇怪，有某些對你來講是一個重擔的東西，它給你一個地獄，一個持續的地獄，但是你仍然執著於它，它一定有很深的原因——一個很深的原因，關於這一點，我想要來談一些，或許你能夠因此而變得更覺知。

人類頭腦的方式是：它總是選擇被佔據，而不選擇不被佔據，即使那個被佔據是很痛苦的，即使它是一個受苦，頭腦也會選擇被佔據，而不選擇不被佔據，因爲當不被佔據的時候，你會開始覺得你在融解。

心理學家説，人在退休之後很快就會死，他們的性命立刻被減了差不多十年，在他們死亡之前，他們就已經開始在垂死了，已經不再有佔據，他們變成不被佔據的。

當你不被佔據，你會開始覺得没有意義、没有用，你會開始覺得你不被需要，你會開始覺得没有你的存在，世界也會照常進行得很順利。當你被佔據，你就覺得世界没有你就無法繼續下去，你是它非常主要的一部份，非常重要，如果没有你，每一件事都將會停止。

如果你不被佔據，突然間，你會覺知到説，如果没有你，世界也會進行得很美，没有東西在改變，你被拋棄了，你被丟進了垃圾堆，你是不被需要的。

在你覺得不被需要的那個片刻，自我就會變得不安，因爲唯有當你被需要，它才會存在，所以自我繼續在你的周圍對每一個人強行這種態度：你是一定要的，你是需要的，如果没有你，就没有什麼事會發生，如果没有你，世界將會融解。

當你不被佔據，你會了解到説，那個遊戲還會繼續，你並不是一個重要的部份，你可以很容易就被拋棄，没有人會管你，没有人會想到你，相反地，他們甚至會覺得釋懷，這樣的情況會粉碎自我，所以人們想要被佔據，不管什麼事情都好，他們就是必須保持被佔據，他們必須繼續保持那個幻象說他們是被需要的。

靜心是一個頭腦不被佔據的狀態，它是一個很深的隱退，它不只是一個表面的隱退，就好像去到喜馬拉雅山上一樣，那或許根本就不是一個隱退，因爲你可能再度被喜馬拉雅山所佔據，你可以在那裡創造出一些幻想說你在拯救世界。坐在喜馬拉雅山上靜心，你使世界免於第二次世界大戰，或者因爲你在創造出某些震動，所以世界會走向烏托邦——一個和平的社會。

你可以在那裡享受這個被佔據，沒有人會跟你爭辯，因爲只有你單獨在那裡，沒有人會去反駁說事實上你是處於幻想之中，你是處於一種幻覺的狀態。你可以非常涉入它，自我會再度以一種新的微妙方式來主張它自己。

靜心並不是一種表面上的隱退，它是一種很深的、很切身的、很眞實的隱退或撤退——從被佔據當中撤退下來，並不是說你將不會被佔據，而是你可以繼續做任何你正在做的事，但是你撤退你自己和你對那個被佔據的投資。

如此一來，你會開始覺得說這個經常渴望被需要是愚蠢的。世界可以不要你而繼續進行得很好，當你這樣感覺的時候並沒有沮喪的成分，你會覺得很好，世界可以不要你而繼續進行是很好的。

如果你能夠了解，那麼它可以變成一種自由；如果你不了解，你會覺得你被粉碎了，所以人們繼續保持被佔據，自我給他們最大的佔據，自我在一天二十四小時裡面都能夠給他們佔據。他們一直在想，要如何變成國會的一員，他們一直在想，要如何當上次長、部長，或院長，或是如何變成一個總統，自我一直一直繼續下去，它給你一個經常的佔據——如何創造出更多的財富，如何創造出一個王國。自我給了你一些夢——持續的內在佔據，你會覺得有很多事在進行。

當你不被佔據，你會突然覺知到內在的空虛，而這些夢可以塡補內在的空虛。現在心理學家說，人不要食物也可以至少活九十天，但是如果在九十天裡面他都不作夢，他無法活下去，他將會發瘋。如果作夢不被允許，在三個星期之內，你就會發瘋。如果沒有食物，三個星期還不會傷害到你，它甚至還會有益於你的健康；三個星期不吃東西，這是一個很好的斷食，它將會使你的整個系統恢復活力，你將會變得更活、更年輕，但是三個星期不作夢……你將會發瘋。

作夢一定是滿足了你某些根深蒂固的需要。那個需要就是：它使你被佔據，雖然不是眞的被佔據，但它還是使你被佔據，你可以坐下來夢想任何你所喜歡的事，整個世界都按照你來移動——至少在你的夢中是如此，沒有人會製造難題，你可以殺死任何人，你可以謀殺，你可以依照你所喜歡的來改變，在那裡，你是主人。

作夢的時候，自我覺得非常有活力，因爲沒有人能夠反對你，沒有人能夠說：不，這是錯的。你就是一切，而且是唯一的，任何你想要的，你都可以創造，任何你想要的，你都可以摧毀，你是絕對強而有力的，在你的夢中，你是全能的。

唯有當自我被拋棄，夢才能夠停止，所以這是一個跡象，在古時候的瑜伽經典上說，這是一個人成道的跡象：他不能夠作夢，夢停止，因爲已經不需要了，夢是自我的需要。

你想要被佔據，所以你無法拋棄自我，除非你準備成爲空的，不被佔據，除非你準備成爲什麼人都不是，除非，即使在你不被需要的時候，你都準備享受和慶祝生命，否則自我無法被拋棄。

你有一個被需要的需要，必須有人需要你，你才會覺得很好。如果越來越多人需要你，你就覺得越來越好，那就是爲什麼成爲領袖是一種很大的享受，因爲有很多人需要你。

一個領導者可以變得非常謙虛，不需要去主張他的自我，他的自我已經深深地被滿足，因爲有很多人需要他，很多人依靠他。他已經變成很多人的生命，他可以謙虛，他有足夠的本錢可以謙虛。

你一定知道這個事實：那些過份強調他們的自我的人就是那些無法影響別人的人。他們變得強調，因爲那是他們在說「不要小看我」的唯一方式。如果他們能夠影響別人，如果他們能夠説服，他們將永遠不會強調，他們將會變得很謙虛，至少在表面上是如此，他們將不會看起來好像是自我主義的，因爲，以一種微妙的方式，有很多人在依靠著他們，他們變得很重要，因爲他們的生命對那些依靠的人來講顯得很有意義。

如果你的自我是你的意義，如果你的自我是你的重要性，你怎麼能夠拋棄它？聽我講，你開始想要拋棄它，但只是藉著思想，你無法拋棄自我，你必須去了解它的根——它在那裡，它存在於那裡，它爲什麼會存在。

這些就是你所不知道的，在你裡面運作的無意識力量，它們必須被弄成有意識的，你必須將你自我所有的根都拔出地面，好讓你能夠看清。

如果你能夠保持不被佔據，如果你能夠在不被需要的情況下保持滿足，自我能夠在當下這個片刻就拋棄，但是這些「如果」是很大的如果。

靜心能夠爲這些很大的如果做準備，那個發生將會在一個片刻裡發生，但是那個了解需要時間。

它就好像當你將水加熱，它就變得越來越熱，越來越熱，然後在一個特定的熱度，在一百度的時候，它就開始蒸發，蒸發發生在一個片刻之中，它並不是漸進的，它是立即的。從水到蒸汽有一個「跳」，突然間，水消失了，但是它涉及時間，因爲水必須被加熱到沸點，蒸發能夠突然發生，但是加熱需要時間。

了解就好像加熱，它需要時間，而拋棄自我的現象就好像蒸發一樣，它是突然發生的。

所以，不要試著去拋棄自我，相反地，要試著去加深你的了解，不要試著使水改變成蒸汽，要先對它加熱，第二件事將會自動隨之而來，它將會發生。

你會成長而變得了解，使它變得更強烈、更集中，用盡你所有的能量來了解你的存在、你的自我、你的頭腦、和你的意識等現象，變得越來越警覺，不論發生什麼，你都同時將它了解。

某人侮辱你，而你覺得生氣，不要錯過那個機會，要試著去了解爲什麼，爲什麼會有這個憤怒產生，不要把它看成是一件哲學之類的事情，不要到圖書館去找有關憤怒的資料。憤怒發生在你身上，它是一個經驗，一個活生生的經驗，將你所有的注意力都集中在它上面，試著去了解爲什麼它會發生在你身上，它不是一個哲學的問題，不需要去問佛洛依德，不需要！當憤怒發生在你身上，去問別人是愚蠢的，你可以去碰觸它，你可以去嘗它，你會被它所燃燒。

試著去了解它爲什麼發生，它來自那裡，它的根在那裡，它是怎麼發生的，它是怎麼在運作的，它如何凌駕在你之上，你如何在憤怒當中變得瘋狂。憤怒以前發生過，現在它正在發生，但是現在加進一個新的因素——了解的因素，然後那個品質將會改變。

然後，漸漸地，你將會看到，你越了解憤怒，它就越少發生，當你完全了解它，它就消失了，了解就好像熱，當熱達到某一個特定的點——一百度——水就消失了。

性存在，試著去了解它，那個了解越多，你就越不會那麼色，有一個片刻會來臨，當那個了解很完美，性就消失了。

這是我的準則：任何內在能量的現象，如果了解之後它就消失，那麼它是一項罪惡；如果了解之後它加深，那麼它是美德。你了解越多，那個錯誤的就會消失，而那個正確的就會越深入。性將會消失，而愛將會加深；憤怒將會消失，而慈悲將會加深；貪婪將會消失，而分享將會加深。

所以，任何透過了解而消失的就是錯的，任何透過了解而加深的就是對的，那就是我對善和惡的定義，那就是我對美德和罪惡的定義。一個聖人是一個具有了解的人，而一個罪人就是一個沒有了解的人，就這樣而已。聖人和罪人之間的區別並不在於罪惡和神聖，而在於了解。

了解的運作就好像一個加熱的過程。有一個片刻會來臨，一個正當的片刻會來臨，當那個熱到達了沸點，自我就會突然消失，你無法直接抛棄它，但是你可以準備那個情況使它發生，要準備那個情況需要花一些時間。

有兩派一直都存在，其中一派主張立即成道，它說成道的發生是立即的，它是沒有時間性的，另外一派的主張與之相反，它說成道是漸進的，它說成道是漸漸來臨的，它不會突然發生。這兩者都對，因爲它們兩者都選擇了那個現象的一部份。

漸進派選擇了第一部份，那個了解的部份，他們說，它必須透過時間，了解的來臨必須透過時間，而他們是對的！他們說，你不需要去擔心那個立即，你只要遵循那個過程，如果水被正確地加熱，它將會蒸發，你不需要去擔心蒸發，你只要將它完全置之腦後，你只要對水加熱。

另外一派，完全相反的一派，它說成道是立即的，它採用了最後的部份，它說，第一部份並不非常重要，眞正重要的是那個爆發必須發生在一個沒有時間的空隙。第一件事只是在周圍，眞正的第二件事是在核心。

但是我要告訴你，這兩者都對，成道的發生是立即的，它總是突然發生，但是了解需要時間。

這兩者都對，但是這兩者也可能被錯誤地解釋，你可以對你自己耍詭計，你可以欺騙你自己。如果你什麼事都不想做，那麼相信立即成道是很美的，那麼你就說：不需要做什麼。如果它的發生是突然的，那麼它將會突然發生，我能夠做什麼呢？我可以只是等待，但那或許是一種自我欺騙。

就是因爲這樣，所以，在日本，宗教消失了，日本有一個很長的立即成道的傳統。禪宗說，成道是立即的，因爲這樣，所以整個國家都變成沒有宗教的。漸漸地，人們開始相信說立即成道是唯一的可能性，不能夠對它做什麼，每當它發生，它就發生了。如果它會發生，它就會發生，如果它不發生，它就不發生，我們無法做任何事，所以爲什麼要去麻煩？

在東方，日本是最物質主義的國家，在東方，日本以西方的一部份而存在，這是很奇怪的，因爲日本有一個非常美的傳統——禪的傳統，它爲什麼會消失？它之所以消失是因爲這個立即成道的觀念。人們開始欺騙自己。

在印度，另外一個現象發生了……那就是爲什麼我繼續一再一再地說，人類的頭腦非常狡猾和欺詐，你必須經常保持警覺，否則你將會被騙。

在印度，我們有另外一個傳統——漸漸成道的傳統，那就是「瑜伽」的意思，你必須對它下功夫，你必須在很多世裡面都努力下功夫。訓練是需要的，下功夫是需要的，除非你很努力下功夫，否則你無法達成它，所以，它是一個很長的過程，一個非常長的過程——太長了，所以印度人說，一世是不夠的，你需要很多世，這並沒有什麼不對，就了解而言，它是對的。

但是印度人因此而相信說，如果它是那麼長，那麼根本就不必急，爲什麼要急急忙忙呢？你就去享受這個世界，不需要匆忙，有足夠的時間。它是這麼長的一個過程，你無法今天就達成，如果你無法今天就達成，那麼那個興趣就喪失了，沒有人那麼熱心而可以等待很多世，他會將它忘掉。

那個漸進的觀念摧毀了印度，而那個立即的觀念摧毀了日本。對我而言，這兩者都對，因爲這兩者都是整個過程的一半，你必須經常保持警覺，才不會欺騙你自己。

它將會看起來很矛盾，但這就是我想要告訴你們的：它能夠在當下這個片刻就發生，但是這個片刻需要花好幾世才會來臨；它能夠在當下這個片刻就發生，但是你或許必須等待好幾世，這個片刻才會來臨。

所以要努力下功夫，就好像它在當下這個片刻就要發生，然後耐心等待……因爲它是不能預測的，沒有人能夠說它什麼時候會發生，它或許好幾世都不發生。

所以，要耐心等待，好像整個過程是一個很長的漸進發展，努力下功夫，儘可能地努力，好像它在當下這個片刻就能夠發生一樣。

性——到達神性的一個門

鍾愛的師父，是否能夠請你告訴我們關於如何使用性能量來成長，因為在西方，它似乎是最主要的佔據我們頭腦的東西之一。

性就是能量，所以我將不說性能量，因爲沒有其他的能量。

性是你唯一具有的能量，那個能量可以被蛻變，它可以變成一個較高的能量，當它走得越高，在它裡面性的成分就越來越少，有一個最終的頂峯，在那裡，它就變成愛和慈悲，那個最高的開花我們可以稱之爲神性的能量，但是在基礎的部份、在根基的部份，它仍然保持是性。

所以性是第一層的能量，也是最底下一層的能量，而神是最高一層的，但是是同樣的能量在流動。

第一件必須加以了解的事是：我不劃分能量。一旦你加以劃分，就會產生二分性，一旦你劃分，就會產生衝突和奮鬥，一旦你劃分能量，你就分裂了，那麼你就會贊成或反對性。

我既不贊成，也不反對，因爲我不劃分，我說性是能量，它是能量的名稱，如果你稱那個能量爲X，那麼當你只是使用它來作爲生物繁殖的力量，性就是那個X能量、那個未知能量的名稱。一旦它免於生物的枷鎖，一旦它變成非物質性的，它就變成神性的，那麼它就是耶穌的愛，或佛陀的慈悲。

今日的西方非常執著於性，那是因爲基督教的關係，兩千年來，基督教對性能量的壓抑使西方的頭腦過分執著於它。

首先，兩千年以來，那個執著就是要如何扼殺它，你無法扼殺它，沒有能量能夠被扼殺，能量只能夠被轉變，你無法摧毀能量。在這個世界上，沒有什麼東西能夠被摧毀，它只能夠被蛻變或是被改變，或是進入一個新的領域或層面，摧毀是不可能的。

你無法創造出一個新的能量，你也無法摧毀舊有的能量，創造和摧毀都超出你的能力範圍，這兩者都是你所做不到的，現在，即使科學家都同意說，甚至連一個原子都無法被摧毀。

兩千年以來，基督教一直試圖要摧毀性能量，宗教的構成變成完全沒有性，這種情況會創造出瘋狂，你越是抗爭和壓抑，你就變得越有性慾，然後性就進入無意識，而毒化了你整個人。

所以如果你閱讀基督教聖人的生平故事，你將會發現他們都執著於性，他們無法祈禱，他們無法靜心，不論他們做什麼事，性都會介入，他們認爲那是魔鬼在耍詭計，事實上並沒有人在耍詭計，如果你壓抑，你就是那個魔鬼。

在經過兩千年持續的性壓抑，西方人已經受夠了，它太過份了，然後整個輪子倒轉過來，現在他們不是壓抑，而是放縱，放縱在它裡面變成一個新的執著。從頭腦的一端移到另一端，那個病仍然保持一樣，從前它是壓抑，現在它是如何越來越放縱在它裡面，這兩種態度都是病態的。

性必須被蛻變——不是被壓抑，也不是被瘋狂地放縱，蛻變性唯一可能的方式就是：帶著很深的靜心的覺知進入性。

它剛好跟我在說憤怒的情況是一樣的。進入性，但是要帶著注意的、警覺的、有意識的存在狀態。不要讓它變成一種無意識的力量，不要被它推過來拉過去，要有知地、了解地、具有愛心地行動，使性的經驗成爲一種靜心的經驗，在它裡面靜心，那就是東方透過密宗譚崔在做的。

一旦你在性經驗的時候能夠是靜心的，它的品質就會開始改變，進入性經驗的同樣能量就開始走向意識。

你可以在性高潮的時候變得非常警覺，那或許是你在其他場合從來沒有經驗過的，因爲所有其他的經驗都沒有像性的經驗那麼深、那麼專注、那麼全然。在性高潮當中，你是全然地專注，從頭到脚，你的整個人都在震動，你的整個存在都涉入，身體和頭腦兩者都涉入，思想完全停止，即使只有一秒鐘的時間，當性高潮達到它的頂峯，思想完全停止，因爲你是那麼地全然，所以你無法思想。

在性高潮當中，你是（你存在）。你的本質存在，但是沒有任何思想，在這個片刻當中，如果你能夠變得很警覺、很有意識，那麼性就能夠變成走向神性之美。如果在這個片刻當中，你能夠變得很警覺，那個警覺也能被帶到其他的片刻，或是其他的經驗，它能夠變成你的一部份，那麼在吃東西、在走路、或是在工作，你都能夠攜帶著那個警覺。透過性，那個警覺碰觸到了你最深的核心，它已經穿透了你，如此一來，你就可以攜帶著它。

如果你變得很靜心，你將會了解到一個新的事實，那個事實是：並不是性在給你喜樂，並不是性在給你狂喜，而是那個沒有思想的狀態，和那個完全涉入行爲之中，使你產生一種喜樂的感覺。

一旦你了解到這個，性的需要就會變得越來越少，因爲那個無思想的狀態不要性也能夠被創造出來，那就是靜心的意思。那個存在的全然性不必性也能夠被創造出來，一旦你知道說那個同樣的現象不必性也能夠同樣地發生，那麼性的需要就會變得越來越少，有一個片刻會來臨，到時候性就根本不需要。

記住，性總是要依靠別人，所以在性裡面仍然保持是一種枷鎖和一種奴役。一旦你能夠不依靠其他任何人，而創造出這個全然的性高潮現象，一旦它變成一種內在的泉源，你就獨立了、你就自由了。

那就是在印度，我們說「唯有一個完全禁慾的人才能夠完全自由」的意思。因爲現在他已經不依靠其他任何人，他的狂喜是他自己的。

性透過靜心而消失，但這並不是摧毀那個能量，能量從來就無法被摧毀，只有形式被改變，如此一來，它就不再是屬於性的，當那個形式不再是屬於性的，你就會變得具有愛心。

所以眞正說起來，一個具有性的人無法愛，他的愛只能夠是一個展示，他的愛只是一個朝向性的工具，一個具有性的人只是使用愛來作爲朝向性的一個技巧，它是一種工具。一個具有性的人無法眞正地愛，他只能夠剝削對方，他的愛只是要去接近對方的一個方式。

一個已經變成沒有性，而且能量向內移的人，會變得自己就很喜樂，他的喜樂是他自己的，這樣的人才首度變得具有愛心，他的愛是一種經常的散發、經常的分享、經常的給予。

但是要達到這種狀態，你就不應該反對性，要達到這種狀態，你必須把性當成生命的一部份，當成自然的一部份，跟著它移動，但是要帶著更多的意識。

意識就是那個從這個世界到另一個世界、從地獄到天堂、從自我到神性的橋樑——黃金橋樑。

第六個早晨

一九七四年五月十五日

你還背著她嗎？

鍾愛的師父，有一個禪宗的故事，關於兩個和尚要回到他們的僧院。有一個年紀較老的和尚走在前面，他來到了一條河，在岸邊有一個漂亮的女孩，她一個人不敢過河，那個老和尚不敢看她，就自己一個人過河。當他到了對岸之後，他往回看，他很震驚地看到那個年輕的和尚背著那個女孩過河。

到了對岸之後，這兩個和尚就繼續上路。當他們走到僧院門口，那個老和尚終於忍不住對那個年輕的和尚說：這是不對的，這是違反戒規的，我們當和尚不可以碰女人。

那個年輕的和尚回答說：我已經把她留在岸邊，而你到現在還背著她嗎？

鍾愛的師父，是否能夠請你談論感情的壓抑和表達？

人是唯一能夠壓抑他的能量的動物，但他同時也是唯一能夠蛻變那些能量的動物，這是其他動物所做不到的。

壓抑和蛻變，它們以一個現象的兩面存在，而那個現象就是：人能夠對他自己做一些事。

樹木存在、動物存在、鳥兒存在；但是他們對他們的存在無法做任何事，他們是它的一部份，他們無法站在它的外面，他們無法成爲它的做者，他們完全溶入他們的能量，他們無法使他們自己分開來。

人能夠做到，他能夠對自己做一些事，他能夠保持一個距離來觀察他自己，他能夠看著他自己的能量，好像那些能量跟他是分開的。然後，或者他能夠壓抑它們，或者他能夠蛻變它們。

壓抑意味著要去隱藏某些存在的能量，而不是讓它們有它們自己的存在，不是讓它們有它們自己的展現；蛻變意味著改變能量，使它們走向一個新的層面。

比方說，性存在，性裡面有一些東西會使你覺得尷尬，這個尷尬並不只是因爲社會這樣教你，全世界有很多種類型的社會存在，或是曾經存在過，但是沒有一個社會，沒有一個人類的社會，能夠把性看得稀鬆平常。

在性的現象裡，有一些東西會使你覺得尷尬、使你覺得有罪惡感，使你變得有意識，那是什麼呢？即使沒有人教你任何關於性的知識，沒有人將它道德化而呈現給你，沒有人對它創造出任何觀念，在那個現象裡仍然有一些東西使你覺得不安，那是什麼？

第一件事：性顯露出你最深的依賴，它表示說你需要一個人來達到你的快樂，如果沒有別人，那個快樂就變得不可能，所以你依賴，你的獨立喪失了，這會傷到你的自我，所以一個人越是自我主義，他就越會反對性。

你們所謂的聖人都反對性，並不是因爲性是不好的，而是因爲他們的自我，他們無法想像他們自己在依靠別人，在從別人那裡乞討某些東西。性是最傷自我的。

第二，在性的現象裡有拒絕的可能性存在——別人可以拒絕你，你不能夠確定你將會被接受，或是被拒絕；別人可以說不。這是最深的拒絕——當你爲了愛去接近別人，而別人卻拒絕你。

這個拒絕會創造出恐懼，自我會說，最好不要去嘗試，免得遭到拒絕。依賴、拒絕——拒絕的可能性，而且，更深的，在性裡面，你變得好像動物一般。

那很傷一個人的自我，因爲這樣的話，狗在做愛和你在做愛之間就沒有什麼不同。有什麼不同呢？突然間，你就變得好像動物，而所有的傳道者和所有的道德家，他們都一直在對人說：不要成爲動物！不要像動物一樣！這是最大的譴責。

沒有其他任何一件事會像在性裡面一樣使你覺得那麼像動物，因爲你在其他任何事情裡面都沒有那麼自然，在其他任何事情裡面，你都可以不自然。

你在吃東西，你對吃東西已經變得很老練，所以你不像動物一樣。基本的東西像動物一樣，但是你在食物的周圍所創造出來的桌子、桌邊禮節、和整個文化，都使之有別於動物。

動物喜歡單獨吃東西，所以每一個社會都在每一個人的頭腦裡創造出一個概念說單獨一個人吃東西是不好的。要分享，要跟家人一起吃，跟朋友一起吃，或是邀請一些賓客。沒有其他動物會對賓客、朋友、或家庭有興趣。每當動物在吃東西，牠不希望其他動物靠近，牠會進入單獨。

如果有人想要單獨一個人吃東西，你會說他好像動物，他不想要分享。其實他吃東西的習慣是自然的，而不是老練的。

我們在食物的周圍創造出很多矯飾，以致於飢餓已經變得比較不重要，而味道變得更重要。沒有動物會去管味道，飢餓才是基本的需要，當飢餓被滿足，動物就被滿足了，但是人並非如此，好像飢餓並不是要點，其他的事才是要點。味道比較重要，禮節比較重要，你怎麼吃比較重要，至於你吃什麼反而不重要。

在其他每一件事，人也都在他的周遭創造出他自己的人造世界。動物是裸體的，那就是爲什麼我們不想裸體。如果某人裸體，他就會突然重重地打擊到我們的文化，他會切斷文化的根，那就是爲什麼全世界的人都對裸體有那麼多的反對。

如果你光著身子走到街上，你並沒有傷害到任何人，你並沒有對任何人行使任何暴力，你完全天眞，但是警察就會立刻來找你，整個周遭都會被震盪，你將會被抓起來拷打，你將會被關起來，但是你根本什麼事都沒有做！當你做了些什麼，才有罪惡的發生，但是你並沒有做什麼，你只是光著身子在走路！社會爲什麼會那麼生氣？社會對一個兇手甚至都還沒有那麼生氣，這眞的很奇怪，但是對一個裸體的人，社會卻那麼生氣。

那是因爲謀殺仍然是屬於人的，沒有動物會謀殺，牠們殺死其他的動物是爲了要吃，但是他們不會謀殺，而且，沒有動物會謀殺牠自己的種族，只有人會這樣做，所以那是屬於人的，社會能夠接受它。

但是社會無法接受裸體，因爲裸體的人會使你突然覺知到說你們都是動物，不論你們如何隱藏在衣服的背後，那個動物還是存在，那個裸體、那個沒有穿衣服的動物還是存在，那個裸猿還是存在。

你之所以反對裸體的人並不是因爲他是裸體的，而是因爲他使你覺知到你的裸體，因此你的自我會覺得受傷。

穿著衣服，人並不是一隻動物，有了吃東西的好習慣和禮節，人並不是一隻動物，有了語言、道德、哲學、和宗教，人並不是一隻動物。

最具有宗教性的事是上教堂或是去廟裡祈禱，爲什麼它那麼具有宗教性？因爲沒有動物會上教堂，沒有動物會祈禱，它完全是屬於人的。去到廟裡祈禱，這產生出一個明顯的差別——你不是動物。

但性是動物的行爲，不論你做什麼，不論你如何隱藏它，不論你在它的周圍創造出什麼，那個基本的事實仍然保持是動物的，當你進入它，你就變成好像動物一樣。

因爲有了這個事實，所以人們無法享受性，他們無法完全變成動物，他們的自我不允許這樣。

所以自我和性之間是一個衝突——「性」對「自我」。一個人越是自我主義，他就越反對性，一個人越不是自我主義，他就越涉入性，但是即使自我主義成分不多的人也會感覺到一種罪惡感，雖然他的感覺會比較少，但是仍然會感覺到有某些東西是不對勁的。

當一個人深入性，自我就喪失了，當那個片刻越來越接近，當自我在消失，會有恐懼抓住你。

所以人們在做愛和進入性的時候並沒有很深，也沒有很眞實，他們只是在做一個表面的展示說他們在做愛，因爲如果你眞的在做愛，所有的文明都必須被拋棄，你的頭腦將必須被擺在一旁，你的宗教、你的哲學、和每一樣東西都必須被擺在一旁，突然間你將會感覺到有一隻很野的動物在你裡面誕生，你會發出怒吼，你或許會開始眞的像野生動物一樣地怒吼——尖叫呻吟。如果你讓它發出來，語言將會消失，聲音將會存在，就好像小鳥或動物在發出聲音，突然間，一百萬年以來的整個文明都消失了，你再度變成像一隻動物，處於一個很野的世界裡。

有一個恐懼存在，因爲有了那個恐懼，所以愛變得幾乎不可能，而那個恐懼是眞實的，因爲當你失去自我，你幾乎就要發瘋，你會變得很野，然後任何事都可能發生，而你知道說任何事都可能發生，你或許甚至會殺死你的愛人，你或許會開始吃她的身體，因爲如此一來，那個控制已經沒有了。

壓抑似乎是避免所有這些最容易的方式。壓抑，或者只允許到不會有危險的程度，只允許那個可以經常保持控制的部份。你可以保持控制，你可以操縱，你只允許到某一個程度，之後你就不允許了，然後你就關閉你自己。

壓抑可以用來作爲保護、作爲防衛、或是作爲一個安全措施。有很多宗教使用這個安全措施，他們就你對性的恐懼來加以剝削，他們使你變得更害怕，他們創造出一種內在的顫抖，他們使性成爲基本的罪惡，他們說：除非性消失，否則你無法進入神的王國，就某方面而言，他們是對的，但他們仍然是錯的。

我也說，除非性消失，否則你無法進入神的王國，但是唯有當你完全接受性，它才會消失——不是壓抑，而是去蛻變它。

有很多宗教就人的恐懼和人成爲自我主義的傾向來剝削，他們創造出很多技巧來壓抑。壓抑並不很困難，但是它所要付出的代價非常高，因爲你的整個能量會分裂，而在內部自己爭鬥，那麼你的整個生命力就消散了。

性是最具有生命力的能量，是你所具有的唯一能量，不要跟它抗爭；它將會是一種生命和時間的浪費，相反地，要蛻變它，但是要怎麼做呢？要如何來蛻變它呢？我們能夠做什麼呢？如果你了解恐懼，那麼你就能夠了解那個線索——什麼事能夠做。

那個恐懼存在，因爲你覺得會失去控制，一旦你失去控制，你就無法做任何事。我教你一種新的控制：那個「觀照的自己」（witnessing self）的控制。不是操縱的頭腦的控制，而是「觀照的自己」的控制。我要告訴你，那個控制是可能發生的至高無上的控制，那個控制非常自然，你從來不會感覺到你在控制，那個控制隨著觀照而自然發生。

進入性，但是要成爲一個觀照，唯一要記住的一件事是：我必須跟整個過程面對面，我必須看透它，我必須保持是一個觀照，我不可以變得無意識，就這樣而已。變得野一點，但是不要變得無意識，那麼那個野就不會有危險，那麼那個野就會很美。事實上，唯有一個野的人才能夠很美，因爲當你越野，你就越活生生，那麼你就好像一隻野生老虎，或是一隻野生的麋鹿，在森林裡奔跑，牠是多麼地美！

但是困難在於：不能變成無意識。如果你變成無意識，那麼你就處於無意識的力量之下，那麼你就處於「業」的力量之下。任何你過去所做的都累積在那裡，那個累積的制約會抓住你，而使你移向某些對你或對別人有危險的方向，但是如果你保持是一個觀照，過去的制約就無法干涉。

所以，變成一個觀照的整個方法和整個過程就是蛻變性能量的過程。進入性，保持警覺，對於任何正在發生的，觀察它，看透它，一點都不要錯過。任何發生在你的身體、你的頭腦、和你內在能量的，有一個新的電流在形成，身體的電流在一個新的管道上移動，在一個新的循環途徑上移動，現在身體的電已經跟伴侶、跟太太、或是跟配偶合而爲一，現在，一個內在的圓圈被創造出來了，你可以感覺到它。如果你很警覺，你就可以感覺到它，你將會覺得你已經變成一個流動的生命力的工具。

保持警覺，很快地你將會覺知到，那個電流越形成起來，就有越多的思想會被拋棄，它們就好像黃葉子從樹上掉下來，思想消失，頭腦就變得越來越空。

保持警覺，很快地，你將會了解到，你存在，但是沒有自我，你無法說「我」，某種比你更大的東西已經發生在你身上，你和你的伴侶兩個人都融入那個較大的能量裡。

但是這個融合不應該變成無意識的，否則你就錯過了那個要點，那麼它是一個很美的性行爲，但不是蛻變，它是很美的，它並沒有什麼不對，但它不是蛻變。如果它是無意識的，那麼你將永遠走在舊有的軌道上，你會一再一再地想要有這個經驗。就這個經驗來講，它是很美的，但是它將會變成一個例行公事，每一次你有這個經驗，就會再度有這個慾望被創造出來，你越是去經驗它，你就越會去欲求它，那麼你就進入一種惡性循環，你不會成長，你只會在原地打轉。

在原地打轉是不好的，因爲這樣的話，成長不會發生，那麼能量就只是被浪費掉，即使那個經驗是好的，那個能量也會被浪費掉，因爲更多是可能的，而它就在角落那裡，只要稍微轉一下，就可能會有更多，用同樣的能量或許可以達到神性，用同樣的能量或許可以達到最終的狂喜，而你卻浪費那個能量在短暫的經驗上，那些經驗會漸漸變得無聊，因爲一再一再地重複，每一件事都會變得無聊，當那個新鮮度喪失了，無聊就會產生出來。

如果你能夠保持警覺，你將會看到：第一，在身體裡面能量的改變；第二，思想從頭腦被拋開；第三，自我從心被拋開。

這三件事必須被小心地觀察和觀照，當第三個發生，性能量就變成靜心的能量，如此一來，你就不再處於性之中，你或許跟你的愛人躺在一起，兩個身體靠在一起，但是你已經不再停留在那裡，你已經被移植到一個新的世界。

這就是濕婆在「奧秘之書」和其他密宗譚崔的書裡面一直在談論的，他一直在談論這個現象——你被改變了，有一個突變發生了。這個將會透過觀照而發生。

如果你用壓抑的方式，你可以變成所謂的「人」——虛假的、膚淺的、內在空虛的，只是人像模型，不眞實。如果你不用壓抑，而用放縱，你將會變成好像一隻動物——很美，甚至比所謂的文明人還來得美，但只不過是動物，沒有警覺，沒有覺知，沒有意識到成長的可能性，沒有意識到人類的潛能。

如果你蛻變能量，那麼你將會變成神性的，記住，當我說神性的，有兩件事隱含在它裡面——很野的動物帶著它全然的美在那裡，那個很野的動物並沒有被拒絕，牠就在那裡——更豐富，因爲牠現在更警覺，所以，所有的野以及它的美都在那裡，所有的文明一直試著要強加在我們身上的也在那裡，但是它會變得比較自然，而沒有強迫性。

一旦能量被蛻變，自然和神就在你裡面會合——自然帶著它的美，神帶著全然的恩典。

聖人就是意味著如此，聖人意味著自然和神性的會合、創造者和被創造者的會合、身體和靈魂的會合、那個在下的和那個在上的會合、地和天的會合。

老子說：當地和天會合，道就發生了——這就是那個會合。

觀照就是基本的源頭。但是如果你不試著在日常生活的其他行爲裡成爲一個觀照，那麼要在日常生活裡成爲一個觀照是很困難的，所以，整天都要去嘗試，否則你將會處於自我欺騙之中。如果你在走路的時候無法變成一個觀照，那麼，不要欺騙你自己，你也無法在做愛的時候成爲一個觀照。因爲只是走在路上，這麼簡單的一個過程你都無法成爲一個觀照——你在它裡面變得無意識——那麼你怎麼能夠在做愛的時候變成一個觀照？那個過程是那麼深……你會陷入無意識。

當你走在路上的時候，你會陷入無意識。試試看：你甚至連幾秒鐘都無法記住。試試看，當你走在路上的時候就試試看：我要記住我在走路，我在走路，我在走路，幾秒鐘之後，你就忘記了，其他事情會跳進你的頭腦，你就跑到其他方向去，而把走路完全忘記，突然間你會記起來：我忘記了。所以，如果像走路這麼小的行爲都無法被弄得有意識，那麼要使做愛成爲一個有意識的靜心將會很困難。

所以，由簡單的事情或簡單的活動開始，當你在吃東西的時候，試試看，當你在走路的時候，試試看，當你在講話或是在聽講時，試試看，從每一個地方來嘗試，使它成爲一個內在經常的鎚打，讓你的整個身體和頭腦都知道說你在努力成爲警覺的。

唯有如此，某一天，當你在做愛的時候，那個觀照就會發生，當它發生，狂喜就發生在你身上，神性的第一次瞥見已經降臨在你身上。

從那個片刻開始，性將變得根本不是性，遲早性將會消失，這個消失能夠帶給你自然的無慾，那麼你就變成一個無慾的人。

天主教僧院的修道士、傳統者那教的和尚、或其他宗教的和尚，他們都只有名義上是無慾的人，因爲他們的頭腦還繼續在做愛，比你的頭腦更有甚之。對他們來講，性已經變成大腦的，那是可能發生最糟糕的事情，因爲那是一種變態。如果你去想性，那是一種變態。做愛是自然的，但是去想它，經常在頭腦裡面涉入它，那是一種變態。所謂的和尚是變態的人，並不是因爲他們是和尚，而是因爲他們選擇了壓抑的途徑，那是一個錯誤的途徑，它無法引導你到什麼地方。

耶穌、馬哈維亞、或佛陀，他們都遵循觀照的途徑，然後自然的無慾就發生了。

自然無慾（brahmacharya）這個字很美，它意味著：神性躬行的方式。神性躬行的方式就是自然無慾，它並不反對性。就那個字本身而言，它根本不反對性，那個字只是意味著神性就是這樣在行動、在躬行、在移動、在走動。

一旦你知道藉著觀照性行爲所可能產生的三托歷，你的整個生命都將會被蛻變，你將會開始像神一樣地躬行，神的行爲特點是什麼？神性如何躬行？

有一件事：他不依靠；他完全獨立，他將他的愛給你，但這不是一個需要，他的給予是出自他的豐盛——他擁有太多了。如果你接受他的給予，那麼你是在幫他卸下一些重擔，但這並不是一種需要。

神是一個創造者，每當性變成一種蛻變的力量，你的生命就變成具有創造力的。性是一種創造的力量，現在它進入生物的層面，它創造出新的人，它生出新的人。當沒有性，而能量具有蛻變能力，它就會進入新的創造世界，然後有很多新的創造層面就會對你敞開。

並不是說你將會開始畫畫、作詩、或做其他的事，事情並不是那樣，它或許會發生、或許不會發生，但是不論你做什麼，它都會變成一個創造的行爲，任何你所做的事都將會變成藝術的。

甚至連佛陀坐在菩提樹下，什麼事都不做，也是創造的，他坐的方式，就他坐在那裡的那個方式。他就是在他的周遭創造出一個力量、一個能量、和震動。

最近有人對埃及的金字塔做了很多研究，他們知道了很多神秘的事實，其中一個事實就是金字塔的形狀，那個形狀本身是很神秘的。科學家們在一個偶然的情況下知道，如果你將一個死的身體放在金字塔裡面，它就可以不要任何化學物質而被保存得好好的，光是那個形狀就能夠幫助保存。

然後有一個德國的科學家想：如果那個形狀可以有那麼大的功用，使得身體能夠自動被保存——只是藉著那個形狀，只是那個形狀的壓力……所以他就用它來試驗他的刮鬍刀，他做了一個小小的金字塔，一個硬紙板做的金字塔，然後把用過的刮鬍刀片放在裡面，在幾個小時之內，那個刀片就可以恢復它的鋒利，那個形狀再度使刀片恢復鋒利，然後他就去申請專利。

一支刀片就可以使用一生，只要你將它放在金字塔裡。什麼事都不必做，只要那個形狀就可以使它再度變鋒利，一再一再地恢復鋒利。現在科學家說，每一種形狀都會創造出一種特別的環境。

一個佛坐在一棵菩提樹下，他坐的方式、那個姿勢、那個他在那裡而沒有自我的現象，會在周遭創造出無數的震動，那些震動將會繼續散佈開來，即使當這個佛離開這棵樹，那些震動也會一直一直繼續下去，它們將會碰觸到其他的星球和其他的星星。每當一個佛的震動碰觸到，它就是具有創造性的，它給你一種興奮，它給你一種新的微風。

當性能量被蛻變，你的整個生命就變成具有創造力的——獨立的、自由的、具有創造力的，不論你做什麼，你都透過它來創造，即使你什麼事都不做，那個無爲也變成具有創造力的，光是你的存在就會創造出很多很美的、很眞的、很好的事物。

現在我們來談那個故事。那個老和尚對那個年輕的和尚說：這違反我們的戒規，你不應該去碰那個女孩子。他之所以這樣說並非只是因爲戒規的緣故，有很多事隱含在它裡面，他是在將事情合理化，他是在嫉妒，人的頭腦就是會這樣運作——你不能夠直接說你在嫉妒。

那個漂亮的女孩站在河邊，太陽已經越來越西沈，那個女孩在害怕，然後這個老和尚來，他要到僧院去，他看著那個女孩，因爲和尚幾乎不可能錯過一個女孩，不可能不去看她，這對一個和尚來講是非常困難的，女人一直都在他的腦海裡繞來繞去！他抗爭得很激烈，他經常都覺知到敵人就在女人裡面。

你可能錯過一個朋友，但是你不可能錯過一個敵人，你一定會去看他。如果你走過一條街，而敵人在那裡，你不可能不去看他。如果有朋友經過，你或許會不覺知到他們的存在，但是敵人，不可能，因爲對敵人有一個恐懼。

一個漂亮的女孩，單獨一個人站在那裡，旁邊沒有人！那個女孩想要別人來幫助她

——河流深不可測，她不敢跨越它。

那個老和尚一定試著將他的眼睛閉起來，一定試著將他的心關閉起來，一定試著關閉他的性中心，因爲那是面對敵人唯一的保護，他一定匆匆忙忙，他一定不敢往回看，但是當你在避開的時候，事實上你是在看；當你試圖不要去看，你是在看。

他的整個頭腦都充滿了那個女孩，他的整個存在都圍繞著那個女孩，他在渡河，但是現在他已經沒有覺知到那個河流，他已經無法如此。他要去僧院，但是現在他已經對僧院沒有興趣，他對僧院的興趣已經被拋在腦後。

然後突然間他想起他的同伴，另外一個年輕的和尚，他正在走過來，他們是一塊去化緣的。他往回看，不僅看到那個年輕的和尚在那裡，他還看到那個年輕的和尚背著那個女孩！

這個情景一定使老和尚產生很深的嫉妒，他本身也想這樣做，但是因爲戒規的緣故，所以他不能夠這樣做，但是他必須報復！然後他們不講話走了好幾哩路，在僧院的門口，那個老和尚突然說：這是不對的，這違反了我們的戒規。

那個沈默是假的，在走那幾哩路的時候，那個老和尚一直在想要如何報復，要如何來譴責這個年輕的和尚，他一直在想這件事，否則一定不會突然這麼說——頭腦是一個連續。在這兩三哩路裡面，他一定一直在想要怎麼做，最後他終於開口了。

它並不是突然發生的，內在有一個流在流動，他說：這是不對的，這是違反戒規的，我必須回去稟報住持、稟報師父。你犯了戒規，而那是一個非常基本的戒規——和尚不能碰女人。而你不僅碰她，你還背她。

那個年輕的和尚一定感到很驚訝，老和尚的話來得那麼突然！——因爲現在已經沒有女孩了，也沒有河流，更沒有人在背著她，這整個事情的發生都已經過去了，在這三哩路裡面，他們完全保持沈默，那個年輕的和尚說：我已經在對岸就把那個女孩放下來了，而你居然到現在還背著她。

這是一個很深的洞見，你攜帶著你沒有攜帶的東西，你或許會被一些不存在的東西所重負，你或許會被一些不存在的東西壓扁。

那個老和尚是走壓抑的路線，那個年輕的和尚只是一個象徵說他已經在走向蛻變，因爲「蛻變」接受女人、接受男人，也接受其他的，因爲蛻變必須透過別人來發生，別人會參加進來，壓抑或拒絕別人是在反對別人，別人必須被摧毀。

這個故事很美，我們要的是年輕和尚的方式，不要當那個老和尚，要變成那個年輕的和尚。按照生命本然的樣子來接受它，試著成爲警覺的。

這個年輕和尚在背那個女孩子的時候一定能夠保持警覺，如果你是警覺的，那個女孩又能夠怎麼樣呢？

有一個小小的趣聞：有一個和尚要離開佛陀，他要到各地去散佈佛陀的訊息。所以他問佛陀說：我對女人要怎麼辦？因爲女人一直都是和尚的問題。佛陀說：不要看她們，這是最簡單的方法——只要把你自己封閉起來。不要看她們意味著把你自己封閉起來，忘記她們的存在。

但是問題並沒有那麼容易，如果它是那麼容易的話，那麼所有那些知道如何封閉他們自己的人，他們一定都已經被蛻變了。

佛陀的一個門徒，阿南達，他知道問題並沒有那麼容易……對佛陀來講，它或許非常容易，這是一個難題：你帶著一個問題來到我這裡，它對我來講或許很容易，但是那對你並不會有所幫助。阿南達知道說佛陀只是順口回答：不要看她們。這對佛陀來講非常容易。阿南達說：但是它並不那麼容易。他問說：如果那個情況是我們必須去看，我們無法避開，那麼要怎麼辦？

所以佛陀說：不要碰觸。一個看也是一個碰觸，它是透過眼睛來碰觸，你從眼睛伸出手去碰觸，那就是爲什麼如果你注視一個女人超過三秒鐘，她將會覺得不安。三秒鐘是最大的限度，三秒鐘之內是被允許的，它之所以被允許是因為在日常生活當中我們都必須互相看對方，但是如果超過三秒鐘，那個被看的女人就會變得不安，因為你在碰觸她，如此一來，你是在使用你的眼睛作為手。

所以佛陀說：不要碰觸。但是阿南達堅持，阿南達替整個人類做了一件非常偉大的事，因為他會一直堅持，他說：有時候有一些情況我們必須去碰觸，在這種情況下你要怎麼說？如果有一個女人在生病，或者是那個女人倒在地上，而其他沒有人可以幫忙，那麼我們就必須去碰觸，如果情形是這樣的話，那麼我們要怎麼辦？

佛陀笑著說：那麼就要保持警覺！

佛陀所說的最後一件事是最重要的。閉起眼睛將不會有所幫助，不去碰觸將不會有所幫助，因為你可以在想像中碰觸，你可以在想像中看，並不需要有一個眞正的女人或一個眞正的男人在那裡，只要閉起你的眼睛……你可以有一個假想的女人或男人的世界，你可以在想像中碰觸和看，最後，有一件事可以幫助——成為警覺的。

這個老和尚一定沒有聽過這整個故事，一定沒有聽過佛陀的所有三個答案，他仍然停留在前面兩個答案裡，那個年輕的和尚已經了解到要警覺。他一定有接近女孩……然後慾望升起……當慾望升起的時候要警覺。

問題不在於那個女孩，因為那個女孩怎麼可能是你的問題？她是她的問題，而不是你的問題。慾望是在你裡面升起——對女人的慾望，那才是問題。女人根本就不是問題，任何女孩、任何女人都一樣，她只是一個參考的點，看到女人，那個慾望就升起了。

成為警覺的意味著覺知到這個慾望，覺知到說慾望已經發生在我身上。一個走壓抑路線的人會壓抑這個慾望，他會對那個客體閉起他的眼睛，然後跑開，這是逃避的方法，但是你能夠逃到那裡去呢？因為你是在逃離你自己。

你可以逃離那個站在河邊的女人，但是你無法逃離在你裡面升起的慾望，不論你走到那裡，那個慾望都會跟著你，要覺知到說那個慾望在升起。

事實上，不必對女人怎麼樣，如果她要求說：幫助我！那麼你就去幫助她；如果她說：我害怕，我不敢過河，請你背我過河，那麼你就背她過河！她給你一個非常好的機會讓你警覺，要感謝她。要警覺，然後感覺在你裡面有什麼升起。有什麼事在你裡面發生？你背著一個女孩，在你裡面有什麼事發生？

如果你很警覺，那麼就沒有女人，只是在你的肩膀上多了一些重量而已。如果你不警覺，那麼就有一個女人；如果你很警覺，那麼它只是骨頭、壓力、和重量；如果你不警覺，那麼就會有慾望升起，就會有想像、有幻象。

背一個女人在你的肩膀上，這兩種情況都可能發生。如果你失去警覺，那麼那個幻象就會坐在你的肩膀上；如果你很警覺，那麼就只是增加一些重量而已，你只是在攜帶一個重量。

那個過河的年輕人在經歷一個很大的訓練，他不避開那個情況，而那個情況就是生活，他不避開生活，他帶著一個警覺的頭腦來經歷過它。有很多次他或許都錯過了，有很多次他或許都完全忘掉，然後整個幻象就會存在，有很多次他或許會重新恢復他的警覺——突然間會有光出現，然後黑暗就消失了。經歷過這個警覺一定是一種非常美的經驗。

然後他將那個女孩在對岸放下來，開始走向他的僧院，仍然保持覺知，因爲問題不在於那個女人是否在那裡，記憶會留下來。在渡河的時候，他或許並沒有去享受那個女人或是她的碰觸，但是他或許會在記憶中享受它。

他一定有保持警覺，他保持沈默，他的沈默是眞實的。眞正的寧靜總是透過警覺而來，那就是爲什麼他說：我已經把那個女人留在河邊，我根本就沒有背她，而你還背著她。在那個老和尚的頭腦裡，事情仍然在繼續著，而他什麼事都沒有做，他甚至沒有去碰那個女孩。

所以，有沒有做並不是問題，你的頭腦怎麼運作才是問題。要警覺，漸漸地，你的能量就會被蛻變，舊的將會消失，而新的會生出來。

第七個早晨

一九七四年五月十六日

男女關係的奧秘

是否能夠請你告訴我們關於生活伴侶——先生、太太、或愛人——的事。

在什麼時候我們必須跟伴侶廝守，在什麼時候我們必須放棄關係，將之視為沒有希望，或甚至是有害的？

我們的關係會受前世的影響嗎？

男女關係是一種奧秘。因爲它存在於兩個人之間，所以它依兩者而定。

當兩個人會合，一個新的世界就產生出來，只是藉著他們的會合，一個新的現象就進入存在，它是以前沒有的，它是以前從來不曾存在過的，透過那個新的現象，兩個人都被改變、被蛻變。

當你們沒有關連，你們是一個樣子，當你們關連在一起，你們立刻變成另外一個樣子，一件新的事情發生了。

當一個女人變成一個愛人，她就不再是同樣的女人；當一個男人變成一個父親，他就不再是同樣的男人。

一個小孩子被生下來，但是我們完全錯過一個要點，小孩子被生下來的那個片刻，母親也被生下來，這是以前從來沒有存在過的。那個女人存在過，但是那個母親從來沒有存在過，母親是某種全新的東西。

關係由你創造出來，但是之後反過來，關係也創造你。

兩個人會合，那意味著兩個世界會合，它並不是一件簡單的事情，它是非常複雜的，它是最複雜的。每一個人對他或她自己都是一個世界——一個複雜的奧秘，帶著一個很長的過去，和帶著永恆的未來。

在開始的時候，只有周圍互相會合，但是如果那個關係變得很親密、變得很親近、變得很深，那麼，漸漸地，中心的部份就開始會合，當中心會合，它就被稱爲愛。

當周圍會合，它是相識，你從外在碰觸那個人，只是從外圍的部份來接觸，那麼它就是相識，你常常會稱你相識的人爲愛人，那麼你就錯了，相識並不是愛。

愛是非常稀有的，在中心的部份跟一個人會合就是使你自己經歷一個革命，因爲如果你想要跟一個人在他的中心會合，你將必須讓那個人也達到你的中心，你必須變得很有接受性，完全接受、完全敞開。

它是冒險的。讓別人達到你的中心是冒險的、危險的，因爲你從來不知道那個人會對你怎麼樣，一旦你所有的秘密都被知道了，一旦你隱藏的東西變得不隱藏，一旦你完全暴露出來，那個人會怎麼做，你從來不知道。

那個恐懼是存在的，所以我們從來不敞開。

只是相識，我們就認爲愛已經發生了，外圍的部份會合，我們就認爲我們已經會合了，你並不是你的外圍，事實上，外圍是你以那裡爲終點的界線，它只是包圍在你四周的藩籬，它不是你！外圍是你終止而世界開始的地方。

即使先生和太太，他們生活在一起很多年，他們或許也只是相識而已，他們或許互相並不知道對方。你越是跟一個人生活在一起，你或許越會完全忘記說那個中心仍然保持是未知的。

所以第一件要了解的事是：不要把相識看成愛。你或許在做愛，你或許在性方面相關連，但性也只是在外圍，除非你們的中心互相會合，否則性也只不過是兩個身體的會合。兩個身體的會合並不是你的會合。性也是保持只是相識而已，它是物質的和身體的，但仍然只是相識而已。

唯有當你不害怕，唯有當你沒有恐懼，你才能夠讓別人進入你的中心。

所以，我要告訴你，有兩種生活方式，其中一種是恐懼指向的；另外一種是以愛爲指向的。

恐懼指向的生活永遠無法引導你進入很深的關係，你保持害怕，而別人是不被允許的，你不允許別人穿透到你的核心，你會允許別人到某一個程度，然後一道牆就出現了，然後每一件事都停止。

一個以愛爲指向的人是一個具有宗教性的人；一個以愛爲指向的人就是一個不害怕未來的人，一個不害怕結果、不害怕後果的人，他生活在此時此地。

那就是克里虛納在吉踏經裡面告訴阿朱納的：不要擔心結果。那是恐懼指向的頭腦，不要去想說它將會發生什麼，只要在這裡，全然地行動，不要計算。一個恐懼指向的人一直都在算計、計劃、安排、和防衛，他的整個生命就是以這種方式喪失了。

我聽過一個古代禪師的故事，他躺在即將過世的床上，最後的一天終於來到了，他宣佈說當天晚上他就不復存在了，所以他的跟隨者、門徒、和朋友們都來看他，他有很多愛人，他們都來看他，人們從遠近各地聚集過來。

其中有一個老門徒，當他聽到師父要過世，他就跑到市場上，有人問他說：師父即將要在這個茅屋過世，你爲什麼要跑到市場上去？那個老門徒說：我知道師父喜歡一種特殊的蛋糕，所以我要去買那種蛋糕。

很難找到那種蛋糕，因爲現在那種蛋糕已經不流行了，但是到了晚上，他終於找到了，他帶著蛋糕跑回來。

每一個人都在擔心，師父看起來好像是在等一個人，他會打開眼睛看一看，然後再閉起眼睛，當這個門徒來，他說：很好，你終於來了，蛋糕在那裡？那個門徒把蛋糕端出來，他很高興說師父有問到蛋糕。

在垂死的時候，師父將蛋糕拿在手中，但是他的手並沒有在顫抖，他已經非常老了，但是他的手並沒有在顫抖，所以有人問：你已經那麼老了，而且已經走在死亡的邊緣，最後一口氣很快就要離開你，但是你的手並沒有顫抖。

師父說，我從來不顫抖，因爲沒有恐懼，我的身體已經變老，但是我還年輕，即使當身體走了，我也會仍然保持年輕。

然後他咬了那個蛋糕一口，開始大吃起來，有人問他：師父，你最後的訊息是什麼？你即將要離開，你想要我們記住什麼？

師父笑著說：啊！這塊蛋糕眞好吃！

這就是一個生活在此時此地的人：這塊蛋糕眞好吃！即使死亡也是無關緊要的，下一個片刻是沒有意義的，在這個片刻，這塊蛋糕眞好吃！

唯有當你能夠生活在當下這個片刻、生活在「現在」這個片刻、生活在現在這個豐富裡，你才能夠愛。

愛是一種很稀有的開花，它只是有時候發生。有無數的人生活在虛假的態度裡，以爲他們是愛人，他們相信他們在愛，但那只是他們的相信而已。

愛是一種非常稀有的開花，它有時候會發生，它之所以稀有是因爲唯有當沒有恐懼，它才能夠發生，在這之前不可能發生，那意味著愛只能發生在一個具有很深的心靈和宗教性質的人身上。每一個人都可能有性，每一個人都可能跟別人相識，但是愛不一定會發生在每一個人身上。

當你不害怕，那麼就沒有什麼東西可以隱藏，那麼你就可以保持敞開，那麼你就可以撤回所有的界線，然後你就可以邀請別人來穿透你，穿透到你的核心。

記住：如果你允許別人穿透你穿透得很深，別人也會允許你穿透而進入他們，因爲當你允許別人穿透你，信任就產生出來了，當你不害怕，別人也會變成無懼的。

在你的愛裡面，恐懼一直都存在，先生害怕太太，太太害怕先生，愛人總是在害怕，那麼它就不是愛，那麼它就只是兩個害怕的人互相在依靠對方、互相抗爭、互相剝削、互相駕馭、互相控制、互相支配、和互相佔有的安排，它不是愛。

如果你能夠讓愛發生，那麼就不需要祈禱、不需要靜心，也不需要任何教堂或廟宇；如果你能夠愛，你能夠完全忘掉神，因爲透過愛，每一件事都會發生在你身上：靜心、祈禱、和神都會發生在你身上。每一件事都會發生在你身上，那就是耶穌說「愛就是神」的意思。

但愛是困難的，恐懼必須被拋開。這是一件很奇怪的事：你非常害怕，但是你並沒有什麼東西好失去的。

卡比兒(kabir：一個成道的神秘家)曾經說過：我洞察人們，他們非常害怕，但是我看不出爲什麼，因爲他們並沒有什麼好失去的。卡比兒說：他們就好像一個裸體的人，他從來不敢到河裡去洗澡，因爲他在害怕說，他要在那裡曬乾他的衣服？

這就是你所處的情況——裸體的，沒有衣服，但總是在害怕關於衣服的事。

你有什麼好失去的呢？什麼都沒有。這個身體將會被死亡帶走，在它被死亡帶走之前，將它給予愛。任何你會被帶走的東西，在它被帶走之前，爲什麼不分享它？那就是佔有它的唯一方式。如果你能夠分享和給予，你就是主人，它將不會被帶走，沒有什麼東西是你永遠可以保存的，死亡將會摧毀每一樣東西。

所以如果你有正確地了解我的話，那個奮鬥是在死亡和愛之間，如果你能夠給予，那麼就沒有死亡。在任何東西可以從你身上被帶走之前，你已經將它給出去，你已經使它成爲一項禮物，那麼就不可能有死亡。

對於一個愛人來講，沒有死亡，對於一個非愛人來講，每一個片刻都是一種死，因爲每一個片刻都有某些東西從他身上被抓走。身體在消失，他每一個片刻都在失去一些東西，然後會有死亡，每一樣東西都將會被化爲虛無。

那個恐懼是什麼，爲什麼你那麼害怕？即使關於你的每一件事都被知道，你變成一本被打開來的書，有什麼好害怕的？它會怎麼傷害你呢？只是虛假的觀念，只是一些社會給你的制約說你必須隱藏、你必須保護你自己，你必須經常處於抗爭的心情、每一個人都是敵人、每一個人都在反對你。

沒有人在反對你！即使你覺得某人在反對你，他也不是在反對你，因爲每一個人都是在顧慮他自己，而不是在顧慮你。

沒有什麼好害怕的，在眞正的關係能夠發生之前，這一點必須被了解：沒有什麼好害怕的。

靜心冥想它，然後讓別人進入你，邀請別人來進入你，不要在任何地方製造任何障礙，變成一個通道，永遠保持敞開，在你身上沒有鎖、沒有門、沒有關閉的門，那麼才可能有愛。

當兩個中心會合，就有愛的發生，愛是一種煉金術的現象，就好像氫和氧結合，然後一個新的東西——水——就產生了。你可以有氫氣，你可以有氧氣，但是如果你在口渴，它們是無濟於事的，你可以有很多氧氣和氫氣，看你要多少都可以，但它們還是無法解渴。

當兩個中心會合在一起，一個新的東西就產生了，那個新的東西就是愛，它就好像水一樣，很多很多世以來的口渴就被解決了，突然間，你就會變得很滿足。

那就是愛看得到的跡象——你變得很滿足，好像你達成了每一件事，現在已經沒有什麼東西要被達成了，你已經達到了目標，已經不再有目標，命運已經被滿足了，種子已經變成一朵花，種子已經達到了它全然的開花。

深深的滿足是愛看得到的跡象，每當一個人墜入愛河，他就處於深深的滿足之中。愛是看不到的，但是那個滿足，那個圍繞在他周圍深深的滿足，是看得到的，他的每一個呼吸、每一個移動、和他的存在都散發出滿足的味道。

當我告訴你說愛會使你變得沒有慾望，你或許會感到驚訝，因爲慾望是跟不滿足在一起的。你之所以欲求是因爲你沒有，你之所以欲求是因爲你認爲如果你擁有某些東西，它將會給你滿足。慾望來自不滿足。

當有愛的時候，當兩個中心會合在一起，然後融解、融合，一種新的品質就誕生了，那麼就會有滿足，它就好像整個存在都停止了──沒有移動，那麼現在這個片刻就是唯一的片刻，那麼你就能夠說：啊！這塊蛋糕眞好吃！對一個處於愛之中的人而言，甚至連死亡對他來講都不意味著什麼。

所以我要告訴你，愛將會使你變成沒有慾望的。

要成爲無懼的，將恐懼拋開，要成爲敞開的，允許一些中心來跟你裡面的中心會合，你將會透過它而再度被生出來，一種新的存在品質將會被創造出來。

這個存在的本質說：有神。神並不是一個論點，它是一種滿足，一種滿足的感覺。

你或許有觀察到，每當你是不滿足的，你就想要拒絕神；每當你是不滿足的，你的整個存在就想要說：沒有神。

無神論主義並不是來自邏輯，它是來自不滿足，你或許可以將它作合理化的解釋，那是另外一回事。你或許不會說因爲你不滿足，所以你是無神論主義者，你或許會說：沒有神，我握有證明，但那並不是眞正的原因。

如果你很滿足，突然間，你的整個人都會說：有神。突然間你會感覺到它！整個存在就變成神性的。如果有愛存在，你將會首度眞正處於一種感覺說存在是神性的，每一樣東西都是一種祝福。

但是在這個能夠發生之前，你必須下很多功夫，在這個能夠發生之前，有很多必須被摧毀，你必須摧毀在你裡面的一切障礙。

使愛成爲一種修行的途徑，不要讓它只是成爲一種輕浮的東西，不要讓它只是成爲一種頭腦的佔據，不要讓它只是成爲一種頭腦的滿足，使它成爲一種內在的追尋，將對方看成一個幫助，看成一個朋友。

如果你曾經聽過關於密宗譚崔的事，你將會知道譚崔所說的：如果你能夠找到一個伴侶，一個朋友，一個男人或一個女人，他準備要跟你一起進入內在的中心，他準備要跟你進入關係的最高頂峯，那麼這個關係將能夠變成靜心的，那麼透過這個關係，你將能夠達成最終的關係，那麼對方就變成只是一個門。

讓我來解釋：如果你愛一個人，漸漸地，那個人的周圍會消失，那個人的形式會消失，你就會越來越接觸到那個無形的、那個內在的。那個形式會漸漸變模糊，然後消失，如果你進入更深，那麼甚至連這個無形的個人也會開始消失和溶解，那麼彼岸就打開了，那麼那個特定的個人就只是一道門或是一個開口。透過你的愛人，你就找到了神性。

因爲我們無法愛，所以我們需要很多宗教儀式，它們是代替品，是非常可憐的代替品。

一個密拉（Meera）不需要去到廟宇，整個存在都是她的廟宇，她可以在一棵樹前面跳舞，然後那棵樹就變成克里虛納（Krishna：印度神）；她可以在一隻小鳥面前跳舞，然後那隻小鳥就變成克里虛納，她到處都可以在她的周圍創造出她的克里虛納。她的愛是如此地充滿，不論她往什麼地方看，那個門都會打開，然後克里虛納就顯露出來了，然後那個所鍾愛的就顯露出來了。

第一次的瞥見總是透過個人，很難跟宇宙接觸，它是那麼地大、那麼地廣、那麼地無始無終，要從那裡開始呢？要從那裡進入呢？個人就是那個門，要墜入愛河。

不要使它成爲一種奮鬥，使它成爲一種對別人深深的允許，只是一個邀請，讓別人穿透你，不要有任何條件，突然間別人就消失了，神就存在了。

如果你的愛人或是所鍾愛的無法變成神性的，那麼世界上就沒有什麼東西能夠變成神性的，那麼所有你那些宗教的談論都是無意義的。

這種事可以發生在跟一個小孩、跟一隻動物、或是跟一隻狗之間。如果你能夠跟一隻狗處於很深的關係之中，它也可能發生，那麼那隻狗就變成神性的！所以它不只能夠發生在男人和女人之間——那是神性最深的泉源之一，它能夠很自然地達到你，但是它也能夠在其他任何地方發生。那個基本的鑰匙就是：你必須讓別人穿透你，穿透到你最深處的核心，穿透到你本身的最基礎。

但是我們一直在欺騙我們自己，我們以爲我們在愛，如果你認爲你已經在愛，那麼愛就不可能發生，因爲如果你認爲你已經在愛，那麼每一件事都關閉了。

做一些新鮮的努力，試著去找出隱藏在別人裡面眞正的本質，不要將任何人視爲理所當然，每一個個人都是如此地神秘，如果你一直一直進入他，它是無止境的。

但是我們會對別人感到無聊，因爲我們只是停留在周圍，一直都只是在周圍。

我在讀一個故事：有一個人病得很重，他嘗試了各種療法，但是沒有一樣有效，然後他跑去找催眠師，那個催眠師給了他一個咒語、一個建議，叫他要重複念：我沒有生病，我是健康的。早上剛起床的十五分鐘和睡覺前十五分鐘，他必須重複念：我沒有生病，我是健康的。然後在一整天裡面，每當你想起來，你就再重複念它。

幾天之內他就開始變好了，幾個星期之內，他變得完全沒有問題。

然後他告訴他太太說：這眞的是一項奇蹟！我是不是應該到催眠師那裡再去跟他要另外一個奇蹟？因爲最近我覺得沒有性慾，我們之間的性關係幾乎已經停止了，一點慾望都沒有。

他太太覺得很高興，她說：你趕快去。因爲我也覺得蠻挫折的。

那個人又再度去找催眠師，他回來，他太太問他說：這一次他給你什麼咒語？什麼建議？他先生不肯告訴她，但是在幾個星期之內，他的性慾就開始恢復了，他開始再度感覺到那個慾望，所以他太太覺得非常困惑，她一直逼問，但是他先生總是笑一笑而什麼都不肯說，所以有一天，當他先生早上在洗手間做靜心、在念那十五分鐘的咒語時，她就在旁邊偷聽，看他在念什麼，他一直重複在念：她不是我太太、她不是我太太、她不是我太太。

我們把人視爲理所當然，某人是你的太太，然後那個關係就結束了，某人是你的先生，然後那個關係就結束了，如此一來，就沒有冒險，別人就變成一件東西或一件商品。別人就不再是一個你要去找尋的神秘，別人就不再是新的。

記住，每一樣東西都會隨著時間而變成死的，周圍總是舊的，而中心總是新的，周圍無法保持新鮮，因爲它每一個片刻都在變老、變舊，但中心一直都是新鮮的、年輕的。

你的靈魂既不是一個小孩，也不是一個年輕人，更不是一個老年人，你的靈魂永遠都是新鮮的，它沒有年紀。

你可以做實驗：你或許是年輕的，或許是年老的，只要閉起你的眼睛來找尋，試著去感覺看看你的中心是怎麼樣——是年老的？或是年輕的？你將會感覺到它兩者都不是，它永遠都是新的，它永遠都不會變老，爲什麼呢？因爲那個中心不屬於時間。

在時間的過程裡，每一樣東西都會變老，一個人生下來，那個身體就已經開始變老了！當我們說這個小孩已經被生下來一個星期，它意味著一個星期的「老」已經穿透了這個小孩，那個小孩已經走向死亡七天，他已經完成七天的死，他正在走向死亡，遲早他將會死。

任何以時間而來的東西都會變老，它一進入時間，它就已經變老了。你的身體是老的，你的周圍是老的，你無法永遠愛上它，但是你的中心一直都是新鮮的，它永遠都是新鮮的。一旦你跟它有了接觸，愛就是每一個片刻的發現，那麼那個蜜月就永遠不會結束。如果它會結束，那麼它根本就不是蜜月，它只是一個相識。

最後一件永遠要記住的事是：在愛的關係當中，如果什麼事情弄錯了，你總是會責怪對方，如果什麼事情沒有按照它所應該的方式發生，那麼別人必須負責，這將會摧毀成長的整個可能性。

記住：永遠都要由你來負責，要改變你自己，放棄那些會產生問題的品質，使愛成爲一種自我蛻變。

就好像他們在銷售員課程裡所講的：客户永遠都是對的。我要告訴你們：在關係和愛的世界裡，你永遠都是錯的，對方永遠都是對的。

愛人總是這樣感覺，如果有愛，他們總是會覺得：如果事情沒有按照它們應該的方式發生，那麼我一定有什麼不對，兩個人都同樣地這樣感覺！那麼事情就會成長、中心就會打開、界線就會融合。

如果你認爲對方是錯的，那麼你就把你自己和對方都關閉起來，別人也會認爲你是錯的，因爲思想具有傳染性，如果你認爲別人是錯的，即使你沒有將它說出來，即使你在微笑，而顯示說你不認爲對方是錯的，對方也會抓到那個要點……透過你的眼睛，透過你的姿勢，和透過你的臉。即使你是一個演員，一個偉大的演員，你能夠扮演你的臉和你的姿勢，你的無意識也會繼續送出訊號說：你是錯的。當你說對方是錯的，對方也會開始覺得你是錯的。

關係就是被這塊石頭所摧毀，然後人們就會變得封閉。如果你說某人是錯的，他就會開始保護、開始防衛，那個封閉就發生了。

永遠都要記住：在愛當中，你永遠都是錯的。然後那個可能性就會打開，對方也會有同樣的感覺，我們在對方身上創造出那個感覺。當愛人非常親近，思想就會繼續從一個人跳到另外一個人，即使他們什麼話都沒說，即使他們保持沈默，他們也有在溝通。

語言是非愛人在使用的，語言是那些沒有處於愛之中的人在使用的。對愛人來講，寧靜就已經是足夠的語言，雖然表面上什麼話都沒說，但內在的溝通是持續的。

如果你將愛視爲一種內在的訓練，那麼就不要說對方是錯的。只要試著去找出：在某個地方，有某些在你裡面的東西是錯的，然後拋開那個錯。

它將會很困難，因爲它跟自我相抵觸，它將會很困難，因爲它將會傷害到你的自尊；它將會很困難，因爲它將不能夠支配或佔有。透過佔有別人，你將不會變得更強而有力。這將會摧毀你的自我，那就是爲什麼它將會很困難。

但摧毀自我是要點、是目標。不論你喜歡從那裡來進入內在世界——從愛、從野心、從瑜伽、或是從祈禱——不論你選擇那一個途徑，那個目標都是一樣的：摧毀自我、拋棄自我。

透過愛，它能夠很容易就做到，它是那麼地自然！愛是自然的宗教，其他任何東西都比愛更不自然，如果你無法透過愛來運作，那麼要透過其他任何方式來運作將會更困難。

不要想太多關於前世的事，也不要想太多關於未來的事，只要現在就夠了。不要認爲說關係來自過去，它是來自過去，但是不要去想它，因爲這樣的話，你將會變得更複雜，要使事情變得容易一些。

事情在進行，事情從你的前世延續過來，我不否認那個事實，但是不要使它成爲你額外的負擔，它將會延續到未來，但是不要去想它，現在就已經有太多要解決了。

大咬一口蛋糕，然後說：這塊蛋糕眞好吃！不要去想過去，也不要去想未來，它們將會照顧它們自己。

沒有東西是不連續的，在過去你曾經處於關係之中，你曾經愛過，也曾經恨過，你曾經創造友誼，也曾經創造敵意，那些將會繼續，不論你知不知道，它都一直存在，但是如果你開始去沈思它，你將會錯過現在這個片刻。

所以，要好像沒有過去一樣來思考，要好像沒有未來一樣來思考，這個片刻就是你僅有的片刻，從這裡去發展，好像這個片刻就是全部。要好像這個片刻就是全部一樣來行動，從它去發展，看看你如何能夠把你的能量蛻變成一個愛的現象——就在當下這個片刻。

人們跑來問我說，他們想要知道他們的前世，他們有前世，但那是無關的，爲什麼要問這個問題？你要對過去怎麼樣？現在已經無法對過去做什麼，過去已經過去了，那個既成事實已經無法改變，你已經無法改變它，你已經無法退回去，那就是爲什麼自然以它的智慧不讓你記住前世，否則你一定會發瘋。

你或許會愛上一個女孩，如果你突然覺知到那個女孩前世是你的母親，事情將會變得非常複雜，那麼要怎麼辦呢？當那個女孩在前世是你的母親，那麼跟她做愛將會產生罪惡感，不跟她做愛也會產生罪惡感，因爲你愛她。

那就是爲什麼我說自然以它的智慧從來不讓你記住你的前世，除非你來到一個它能夠允許的點。當你變得非常靜心，沒有什麼東西會打擾你，那麼那個門就打開了，你所有的前世都會呈現在你的眼前。那是一個自動的運作過程，有時候那個運作過程會失常，由於某些意外事件，有一些小孩生下來就能夠記得前世，但是他們的人生將會因此而被摧毀。

幾年前，有人帶一個女孩來我這裡，她能夠記得她的兩個前世。當時她只有十三歲，但是如果你洞察她的眼睛，她的眼睛看起來將近七十歲，因爲她記得七十年前的事情，兩個前世的事情。

她的身體只有十三歲，但是她的頭腦已經有七十歲了，她沒有辦法跟其他的小孩玩，因爲一個七十歲的老太婆怎麼能夠跟小孩子玩？她的走路和舉止都像一個老太婆，她背負了一個重擔，在她的頭腦裡，她擔心著所有那些年代的事。

她的記憶非常清楚，所以她過去的兩個家庭都可以找到，有一個是在阿沙姆，另外一個是在普拉諜西，當她跟她原來的家庭連繫，她變得非常執著於原來的家庭，因此它變成一個困難，現在她到底應該住在那裡。

我告訴她的父母：將這個女孩留在這裡至少三個星期，我會努力幫助她忘記，因爲這個女孩的生命變成一個倒錯，她沒有辦法愛上一個人，因爲她非常老！你的老跟你的記憶有關，如果你記憶的幅度是七十年前，那麼你就會覺得好像你是七十歲。

她似乎覺得很痛苦，她的臉和她的樣子都顯得好像很痛苦，她的內心似乎在生病，她顯得很不安、很不舒服、每一件事似乎都不對勁。

但是她的父母對這整個事情覺得很高興，因爲有很多人來找他們，報紙也開始報導，他們對這整個事情都覺得很高興，他們不聽我的話，我告訴他們說：這個女孩將會發瘋。

從那一次以後，他們就沒有再帶那個女孩來看我，但是在七年之後，他們來了，那個女孩已經發瘋。他們說：現在請你想個辦法。我說：現在已經不可能有什麼辦法了，現在唯有死才能夠幫助她。

你無法記住前世，因爲它會使你變得很難安排，即使只有這一世，你都弄得一團糟，如果你能夠記住很多世的話，你一定會發瘋，所以不要去想它，事實上它跟你也是不相關的。

切題的要點是：要活在此時此地，從這裡來發展出你的路線。如果你能夠透過關係來運作，那很美，如果你無法透過關係來運作，那麼就單獨運作，這是兩個途徑。愛意味著透過關係來運作，而靜心意味著單獨運作。愛和靜心是兩個途徑。

感覺看看那一個途徑適合你，然後將你所有的能量都帶進來，進入那個途徑。

眞理是寧靜的開花

鍾愛的師父，你的話語非常美，然而我們覺得當你不講話的時候，還有另外一種溝通在發生。

是否可以請你告訴我們寧靜溝通的事情，以及我們要如何才能夠變得對它敞開。

當我在跟你們講話的時候，它一直都存在，對你們來講，我也是一個本質存在。談話是透過理智來跟你們連結，而我的本質存在對你們來講是用我的全部來跟你們連結。

當你們在聽我講話，如果你們眞的有在聽，那麼它就不只是在聽我的話語。當你們在聽我講話，你們的頭腦就停止了，當你們在聽我講話，你們並沒有在思考，當你們沒有在思考，你們就是敞開的。當你沒有在思考，你的頭腦就沒有在運作，那麼你就會開始去感覺，那麼我就可以淹沒你，我就可以充滿你。

語言只是用來作爲一個設計，我本身對語言並沒有太大的興趣，但是我必須講話，因爲我覺得，當我在講話的時候，你們會變寧靜，當我不講話的時候，你們就在你們裡面講話，你們無法保持寧靜。

如果我不講話，而你們可以保持寧靜，那麼我就不需要講話，我在等待你們可以坐在我的旁邊而不思考的那個片刻，那麼就不需要講話，因爲講話是部份的，那麼我就可以很全然、很直接地來到你身上，不需要任何媒介的話語。

但是我如果叫你靜靜地坐在我旁邊，你無法靜靜地坐著，你會繼續喋喋不休，你會繼續在你裡面講話，內在的講話將會繼續，爲了要停止你內在的講話，所以我必須講話，當我在講話的時候，你會忙著聽。

我的講話就好像給小孩的玩具，當他在玩那些玩具的時候，他會變得很專注、很安靜，我把我的話當作玩具給你們，你們就去玩它，當你們在玩的時候，你們會很專注，所以變得很安靜，每當那個安靜發生，我就可以流進你們裡面。

話語有可能很美，但是它們永遠無法是眞實的。美是一種美學的價值，你可以享受它，就好像你在享受一幅美麗的圖畫，但是從那個享受並不會有太多的事情發生，就它所能夠的，它很好，但是話語永遠不可能是眞實的，就它們的本質而言，它們就是不可能如此，眞實只能夠在寧靜當中被傳達。

但這是一個似非而是的眞理：所有那些堅持說眞理只能夠在寧靜當中被傳達的人，他們也都在使用語言，這是一件羞恥的事，但是沒有辦法，話語必須被使用來使你寧靜，當你們在聽我講的時候，你們就靜下來，那個寧靜是很重要的，那個寧靜可以使你瞥見眞理。

即使你是透過我的話語來瞥見眞理，那個瞥見也是透過你的寧靜，而不是透過我的話語。即使你完全確定說，任何我所說的都是眞實的，那個完全確定的感覺也是來自你的寧靜，而不是來自我的話語。

每當你是寧靜的，眞理就存在了，每當你內在喋喋不休，每當那個猴子般的喋喋不休在內在繼續著，你就錯過了那個一直都在現在的眞理。

任何我所說的——對你講話，幫助你跟我一起靜心，強迫你進入發洩，或是說服你去跳舞、去慶祝——任何我所做的，只有一個目標：幫助你變寧靜，因爲每當你變寧靜，那個門就打開了，你就進入了廟宇。

你以什麼樣的方式變寧靜是無關緊要的，當你變寧靜，我就在你裡面，你就在我裡面，寧靜是沒有界線的。

在寧靜當中，愛在發生，對你來講，我就變成一個愛人，對我來講，你也變成一個愛人。在寧靜當中，一切重要的事都會發生，但是要達到寧靜是很費力的，它是一個困難。

我對我告訴你什麼並沒有太大的興趣，我對我在談話時有什麼事發生在你身上比較有興趣，有時候我會一直矛盾，今天我說了某些事，明天我的說法又不同，因爲我說什麼並不是要點，我的談話就好像詩，我不是一個哲學家，我或許是一個詩人，但我不是一個哲學家。

明天我的說法將會不同，後天我的說法又會不同，那並不是要點，我的說法或許會矛盾，但是我並不矛盾，因爲今天我說了一些話，然後你就變寧靜，明天我又說了一些完全矛盾的話，你也變寧靜了，後天我又說了一些完全矛盾的話，任何我曾經說過的都跟它抵觸，但是你也變寧靜了，你的寧靜就是我的一致。

我是前後一致的，我經常都前後一致，表面上矛盾，但是內在的流經常保持一樣。記住，如果我每天都告訴你同樣的事情，你將無法保持寧靜，你將會變得無聊，你內在的談話將會開始，如果我繼續說同樣的事情，它將會變得很陳腐，當它是陳腐的，你就不需要去聽它，或者甚至不要聽，你也知道我在說什麼，所以你就可以繼續你內在的談話。

我必須很有創造力，我必須說一些事情，有時候要使你震驚一下，但是有一個內在的一致性繼續保持，那就是在你裡面創造寧靜，因爲這樣的話，我就能夠跟你在一起，你也能夠跟我在一起，那麼愛和眞理就能夠開花。

每當有寧靜，眞理就會開花，眞理是寧靜的開花。

第八個早晨

一九七四年五月十七日

只有成熟的果實會掉下來

鍾愛的師父，我覺得透過發展出一種對困難的堅忍態度，我變得比較聽天由命。

這種聽天由命的感覺削弱了我在靜心方面的努力，這是不是意味著我壓抑了我的自我，在我真正能夠失去它之前，我是不是必須重新找回它？

這是最大的困難之一，它看起來好像非常似是而非，但這是對的：在你能夠失去自我之前，你必須先得到它。只有成熟的果實會掉落在地面上。

成熟就是一切。一個不成熟的自我無法被拋棄、無法被摧毀。如果你用一個不成熟的自我在奮鬥，想要摧毀它、消滅它，那麼你的整個努力將會失敗，你不但無法摧毀它，你反而會覺得它以一種新的微妙方式被增強。

這是基本上必須加以了解的事：自我必須達到頂峯，它必須變得很強，它必須達到一個完整，唯有如此，你才能夠溶解它，一個微弱的自我無法被溶解，這變成了一個難題。

在東方，所有的宗教都在教導無我，所以在東方，每一個人從最開始就反對自我，因為有了這個反對的態度，所以自我從來沒有變得很強，從來沒有達到一個完整而可以被拋棄的點，它從來沒有成熟過，所以在東方很難使自我溶解——幾乎不可能。

在西方，整個西方的宗教和心理學的傳統都在主張、教導、和說服人們要有堅強的自我，因為除非你有一個很強的自我，否則你怎麼能夠活下去？人生是一個奮鬥，如果你沒有自我，你將會被摧毀。那麼要由誰來抵抗？要由誰來抗爭？要由誰來競爭？而人生是一個持續的競爭。西方的心理學說：要有堅強的自我。

但是在西方很容易就可以溶解那個自我，所以每當一個西方的追求者了解到自我就是一個難題，他很容易就能夠溶解它，比任何東方的追求者都來得更容易。

這是一個似非而是的眞理：在西方，他們教導自我，而在東方，他們教導無我，但是在西方，自我很容易就可以被溶解，而在東方，它卻非常困難。

這對你來講將會是一個很難的任務，你必須先得到它，然後再失去它，因爲你只能夠失去那些你所擁有的東西，如果你沒有擁有它，你怎麼可能失去它。

唯有當你是富有的，你才可能貧窮，如果你不富有，你的貧窮就不可能有那個耶穌所講的「要在精神上成爲貧窮的」那個美，你的貧窮就不可能有那個佛陀變成一個乞丐時的意義。

只有一個富有的人能夠變貧窮，因爲你只能夠失去那個你所擁有的！如果你從來不曾富有過，你怎麼能夠成爲貧窮的？你的貧窮將只是在表面上，它永遠不可能在精神上。表面上你會是貧窮的，但是在內在深處，你會渴望財富，你在精神上會渴望財富，它將會成爲一個野心，它將會成爲一個想要達到財富的經常性慾望，你的貧窮就只有在表面上，你或許甚至會安慰你自己說貧窮是好的。

但是你無法眞正貧窮，唯有一個富有的人，一個眞正富有的人，才能夠成爲眞正的貧窮。因爲只是擁有財富並不見得是眞正的富有，你或許仍然是貧窮的，如果野心仍然存在，你還是貧窮的。

你擁有什麼並不是要點，如果你所擁有的已經夠了，那麼慾望就會消失，當你擁有足夠的財富，慾望就會消失，慾望的消失與否就是衡量夠不夠的原則。如果你眞的富有，你就可以拋棄它，你可以變貧窮，你可以跟佛陀一樣，變成一個乞丐，那麼你的貧窮就是富有的，那麼你的貧窮就有一個它自己的王國。

同樣的原則適用在每一件事上面。優婆尼沙經、老子、耶穌、或佛陀，都教導說知識是沒有用的，只是變得越來越有知識，將不會有太多的幫助，它可能反而會成為障礙。

知識是不需要的，但是那並不意味著你必須保持無知，因爲你的無知將不會是眞實的。當你搜集了足夠的知識，而你能夠拋棄它，這樣你才能夠達到無知，這樣你才能夠眞正變得無知。就好像蘇格拉底一樣，他能夠說：我只知道一件事，那就是我什麼都不知道。

這個知識，或這個無知——不論你喜歡怎麼稱呼它，你就可以怎麼稱呼它——是完全不同的，那個品質是不同的，那個層面已經改變。

如果你只是無知的，因爲你從來沒有達到任何知識，那麼你的無知不可能是聰明的，它不可能是智慧，它只是知識的欠缺，你的內在會有渴望：要如何得到更多的知識？要如何獲得更多的訊息。

當你知道得太多了——你知道經典，你知道過去和傳統，你知道一切能夠被知道的——那麼突然間你就會覺知到，那一切都是沒有用的，突然間你就會覺知到這不是知識，這是借來的，這並不是你存在性的經驗，這並不算是你的眞知，它或許是別人所知道的，而你只是將它搜集過來。

你的搜集是機械式的，它不是從你自己裡面升起的，它不是一個成長，它只是從別的門那裡搜集而來的垃圾，它是借來的，它是死的。

記住，唯有當那眞的是你所知道的，當那是你立即的、直接的經驗，那個知才是活的，如果你是從別人那裡知道的，那麼它就只是記憶，而不是知識，記憶是死的。

當你搜集了很多——知識和經典的財富都圍繞著你，圖書館濃縮在你的頭腦裡，突然間你就會覺知到，你只是攜帶著別人的重擔，沒有什麼東西屬於你，你並不知道，那麼你就可能會拋棄它，你就可能會拋棄所有這些知識。

在那個拋棄當中，有一種新的無知就會在你裡面升起，這個無知並不是愚者的無知，一個聰明的人就是如此，一個有智慧的人就是如此。

只有一個聰明的人能夠說：我不知道。但是在說「我不知道」的時候，他不會渴望知識，他只是在陳述一項事實，你能夠用你全部的心說「我不知道」，就在那個片刻，

你的眼睛就打開了，那個眞知的門就打開了

在那個你能夠很全然地說「我不知道」的片刻，你就變得有能力知道。

這樣的無知是很美的，但它是透過知識而達成的，它是透過財富而達到的貧窮。同樣的情況也發生在自我，唯有當你擁有它，你才能夠失去它。

當佛陀從他的寶座下降而變成一個乞丐……佛陀爲什麼要這樣做？他是一個國王，他已經登上王位，他正處於他自我的頂峯，爲什麼要走上這個極端？爲什麼要從皇宮走到街上，變成一個乞丐？但是佛陀在他的乞討當中有一種美，地球上從來不曾知道過有這麼美的乞丐，這麼富有的乞丐，這麼像國王的乞丐，他是一個十足的國王。

當他從他的王位上走下來的時候，到底有什麼事發生了？他是從他的自我走下來，因爲王位只不過是一些象徵，是自我、權力、聲望、和地位的象徵，他從王位上走下來，然後無我就發生了。

無我並不是謙虛，也不是卑下，你或許可以找到很多謙虛的人，但是在他們的謙虛底下有微妙的自我在運作。

據說有一次戴奧眞尼斯去拜訪蘇格拉底。他的生活過得像一個乞丐，他總是穿著很髒的衣服，衣服上不但有好幾個洞，還補了好幾塊，即使你送他新衣服，他也不會穿，他會先把它弄髒、弄破、弄得很舊，然後再穿。

他來拜訪蘇格拉底，然後他開始談論無我，但是蘇格拉底那具有穿透力的眼睛一定知道說這個人並不是一個無我的人，他在談論謙虛的方式是非常自我主義的。

據說蘇格拉底說：透過你的髒衣服，透過你衣服上的那些破洞，我只看到自我。你在談論謙虛，但是那個談論來自一個很深的自我中心。

這種事很可能發生，僞君子就是如此，你具有自我，但是你透過它的相反來隱藏它，你在表面上變得很謙虛。

這種表面的謙虛無法欺騙任何人，它或許能夠欺騙你自己，但是它無法欺騙其他任何人，你的自我繼續透過那個髒衣服上面的破洞在偷看，它一直都存在，它是一種自我欺騙，除此之外沒有什麼，其他沒有人會被欺騙。如果你開始拋棄不成熟的自我，這種事就會發生。

我所教導的東西看起來會很矛盾，但眞正的生活就是如此，矛盾是生命固有的本質，所以我教你要成爲自我主義者，好讓你變得無我，我教你要成爲完美的自我主義者，不要隱藏它，否則會產生僞君子，不要跟那個不成熟的現象抗爭，要讓它成熟，要幫助它，將它帶到最高點！

不要害怕，沒有什麼東西好害怕，你就是必須以這樣的方式來了解自我的痛苦。當你的自我達到頂點，你就不需要佛陀或我來告訴你說自我就是地獄，你將會知道它。因爲自我的頂點就是你地獄經驗的頂點，它將會是一個惡夢，那麼就不需要任何人來告訴你說：拋棄它！要繼續攜帶著它將會很困難。

一個人只有透過受苦才能夠達到眞知，你無法只是透過邏輯的爭論而丟棄任何東西，唯有當它變得非常痛苦，而無法再繼續被攜帶，你才能夠拋棄它。

你的自我還沒有變得那麼痛苦，因此你還攜帶著它，那是很自然的！我無法說服你去拋棄它，即使你覺得已經被說服，你也會隱藏它，就是這樣。

不成熟的東西無法被拋棄，不成熟的果實會粘在樹上，樹木也會抓住不成熟的果實，如果你強迫它分開，它將會留下一個疤痕，那個疤痕將會繼續下去，那個傷痕將會一直保持，你將一直都會覺得受傷。

記住，每一樣東西都有一個成長和成熟的時間，它什麼時候要掉到地面上也有一定的時間，你的自我也有一個時間，它需要成熟。

所以不要害怕成爲自我主義者，你本來就是一個自我主義者，否則你老早就消失了，你無法存在……這就是生命的運作過程：你必須成爲自我主義者，你必須以你的方式來抗爭，你必須跟你周遭無數的慾望抗爭，你必須奮鬥，你必須存活。

自我是一個求生存的工具。如果一個小孩子生下來沒有自我，他將會死掉，他無法存活，那是不可能的。因爲如果他覺得餓，他將不會感覺說：我在餓。他會覺得有飢餓，但是那個飢餓與他無關。當飢餓被感覺到的那個片刻，小孩子會覺得：我在餓。他會開始哭，或是作一些努力來使別人餵他。小孩子會透過他自我的成長來成長。

所以對我來講，自我是自然成長的一部份，但是那並不意味著你必須永遠跟它在一起，它是一個自然成長，然後在第二步的時候，它必須被拋棄，那也是自然的，但是唯有當第一步到達了它的頂峯，當第一步到達了它的最高點，才能夠採取第二步。

所有我教導兩者，我教導自我，我也教導無我。

首先要成爲自我主義者、完美的自我主義者、絕對的自我主義者，就好像整個宇宙都爲你存在，就好像你是宇宙的中心。就好像所有的星星都繞著你旋轉，而太陽爲你升起，每一樣東西都爲你存在，每一樣東西都只是要幫助你在這裡。要成爲中心，不要害怕，因爲如果你害怕，那麼你就永遠無法成熟。接受它！它是成長的一部份，享受它！將它帶到頂點。

當它到達頂點，突然間你就會覺知到，你不是中心，這是一個謬誤，這是一個孩子氣的態度，但你是一個小孩，所以並沒有什麼不對，現在你已經成熟了，所以你了解你並不是中心。

眞正說起來，當你了解你並不是中心，你也同時會了解宇宙沒有中心，或者，到處都是中心。或者是沒有中心，整個宇宙以一個整體存在，沒有任何中心來作爲控制點，或者，每一個單一的原子都是中心。

波愛美曾經說過，整個世界都充滿了中心，每一個原子都是中心，沒有周圍，到處都是中心，沒有一個地方是周圍。

這是兩個可能性，這兩者都是意味著同樣的事情，只是措辭有所不同，首先要成爲一個中心。

它就好像：你處於夢中，如果夢到達了頂點，它將會破滅。它總是這樣在發生：每當一個夢到達了最高點，它就破滅了，什麼是夢的最高點呢？夢的最高點就是感覺到說這是眞實的，你感覺到說這是眞實的，而不是一個夢，你一再一再地繼續，然後走到最頂點，使得夢變成幾乎是眞實的。它永遠無法變眞實，它只是變成幾乎是眞實的。它變得非常接近眞實的存在，所以你已經無法再往前進一步，因爲再進一步，那個夢就會變成眞實的，而它無法變成眞實的，因爲它是一個夢！當它變得非常接近眞實的存在，睡覺就被打破了，夢就被粉碎了，你就變得完全清醒。

所有各種謬誤的情形也都一樣。自我是最大的夢，它具有它本身的美，以及它的痛苦；它具有它本身的狂喜，以及它的痛苦，它具有它本身的天堂和地獄——兩者都存在。夢有時候很美，有時候是惡夢，但兩者都是夢。

所以在時機還沒有成熟之前，我不會叫你離開你的夢，不，永遠不要在時機還沒有成熟之前做任何事，讓事情成長，讓事情按照它們的時間來發展，好讓每一件事都能夠很自然地發生。

自我將會消失，它也能夠自己消失，如果你讓它成長，幫助它成長，那麼就不需要去拋棄它。

這是一個非常深的現象，因爲如果由你主動去拋棄它，自我還會停留在裡面。要由誰來拋棄它呢？如果你認爲你可以拋棄它，那個「你」就是自我，所以任何你所拋棄的都將不是眞實的東西，眞實的東西會被保存起來，而你所拋棄的將會是其他的東西。

你無法使你自己成爲無我的，要由誰來做它呢？它是一種發生，而不是一個作爲。你發展自我，然後有一個點會來臨，到時候整個事情都變成如地獄般的，那個夢就破滅了。突然間你就看到鵝在外面，牠從來就不曾在瓶子裡面過。

你從來都不是一個自我，它只是圍繞在你周圍的夢，一個必要的夢，所以我並不譴責它，它是成長所必需的一部份。

在生命裡面，每一件事都是必要的，沒有一件事是不必要的，沒有一件事可以不要，任何所發生的都必須發生，任何所發生的事之所以發生是因爲某種很深的原因，你需要它，好讓你能夠停留在謬誤裡，它就好像一個蛹在保護你，在幫助你生存，但是一個人不需要永遠停留在蛹裡面，當你準備好的時候，就可以打破那個蛹而出來。

自我就好像蛋殼，它能夠保護你，但是當你準備好，你就必須打破那個殼，從蛋裡面走出來，那個自我就是殼。

但是要等待，匆匆忙忙是不會有太大幫助的，它或許還會有阻礙，要給它時間，不要譴責它，因爲要由誰來譴責它呢？

當你去到所謂的聖人那裡，他們會談論謙虛和謙卑，但是你洞察他們的眼睛，你無法在其他任何地方找到像他們這麼精煉的自我，他們的自我已經穿上了宗教、瑜伽、或聖人的外衣，但是那個自我仍然存在，他們或許沒有在聚集財富，但是他們或許有在收門徒——錢變成了另外一種形式，他們一直在計算他們有多少個門徒……

他們或許並沒有在追求這個世界的東西，但是他們在追求那個世界的東西，然而不管這個世界或那個世界，兩者都是世界。他們的貪婪或許更嚴重，因爲他們說：這些暫時性的東西，這些短暫的東西……這個世界是由短暫的歡樂所組成的，而他們要的是永恆的喜樂，他們的貪婪是至高無上的，它們無法由短暫的歡樂來滿足，他們想要永恆的喜樂。除非那個東西是永恆的，否則他們無法被滿足，他們的貪婪非常深，他們的貪婪是絕對的，而貪婪屬於自我，貪婪是自我的飢渴。

所以有時候聖人比罪人更是自我主義，這樣的話，他們就遠離神性，有時候罪人可以比所謂的聖人更容易達到神，因爲自我就是障礙。

我所經驗到的是，罪人能夠比聖人更容易放棄他們的自我，因爲罪人從來不反對自我，他們一直在培養它，他們一直都在享受它，它們完全跟它生活在一起。聖人一直都在跟自我抗爭，所以他們從來不讓它成熟。

所以我的態度是：自我必須被拋棄，但是它或許需要一個長時間的等待，唯有當你去培養它，你才能夠拋棄它。

這就是整個現象的困難之所在，因爲頭腦會說：如果你終究還是必須拋棄它，那麼爲什麼要培養它？頭腦會說：如果你必須摧毀它，那麼爲什麼要創造它？如果你聽命於頭腦，你將會陷入困難，頭腦總是合乎邏輯的，而生命總是不合邏輯的。它們從來不相會。

這是一個簡單的邏輯。這是很平常的數學，如果你要摧毀這個房子，那麼爲什麼要去建造它？爲什麼要去惹這整個麻煩？爲什麼要有這個努力來浪費時間和能量？那個房子並不存在！所以爲什麼要去建造它，然後再摧毀它？

那個房子並不是眞正的要點，「你」才是要點，在建造那個房子的當中，你將會改變，然後摧毀那個房子，你就會完全蛻變，你將不會再一樣，因爲當你在創造那個房子，它的整個過程是你的成長，然後當那個房子準備好，你再將它拆下來，這將會是一個突變。

頭腦是邏輯的，而生命是正反兩極交互運作的，頭腦在一條簡單的線上移動，而生命總是由一端跳到另一端，從一件事跳到它的相反。

生命是正反兩極交互運作進行的。創造，然後生命說：摧毀；被生下來，然後生命說：死掉；得到，然後生命說：失去！成爲富有的，然後生命說：變成貧窮的！成爲頂峯，成爲自我的埃弗勒斯峯，然後變成深淵，變成無我，那麼你就知道了兩者，你就知道了幻象和眞象，你就知道了馬亞和梵天。

它幾乎每天都在發生，有人要來被點化成爲門徒，然後他的頭腦就開始思考，他告訴我說：穿橘紅色的衣服將使我變得更自我主義，因爲這樣的話，我會覺得我是不同的，我會覺得我是獨特的，我會覺得我是一個已經棄俗的門徒，所以穿著橘紅色的衣服將會使我變得更自我主義，他會這樣說。然後我告訴他：那麼你就讓它變成自我主義的！但是要有意識。

如果你對你的自我是無意識的，如果你將它隱藏在無意識裡面，那麼它就是一種病。如果你對你的自我有意識，那麼它就是一個遊戲，你可以享受它，你可以用它來把玩，要有意識地、有覺知地去玩那個遊戲。如果你忘掉它是一個遊戲，而變得太嚴肅，那麼就會有問題產生。

所以我說門徒是不嚴肅的，它是一個遊戲，當然，它是一個宗教的遊戲，它有它本身的規則，因爲每一個遊戲都必須有規則，如果沒有規則，遊戲就玩不成了，生命可以沒有規則，但是遊戲不能沒有規則。

如果有人說：我不遵循那些規則，那麼你就無法玩那個遊戲。當你在玩牌的時候，你必須遵循某些規則，你不能夠說：這些規則是任憑私意的、是人造的，所以我們爲什麼不能改變它？你可以改變它，但是這樣的話，那個遊戲就會變得很困難，而如果每一個人都遵循他自己的規則，那麼那個遊戲是不可能的。

生命是可能的，你可以按照你所喜歡的方式來把玩它，因爲生命從來就不相信規則，它是超越規則的，但是遊戲必須有規則。

記住：不論你在什麼地方看到規則，你就可以立刻知道說這是一個遊戲。那個準則就是：不論你在什麼地方看到規則，你就立刻知道說這是一個遊戲，因爲遊戲是透過規則而存在的。

所以如果我說：穿橘紅色的衣服，並且戴上串珠——很明顯地，這是一個遊戲，盡你的可能玩得高興一點，不要對它太嚴肅，否則你將會錯過那個要點。

要成爲自我主義的，要成爲很完美的、很精煉的自我主義者，繼續培養你的自我，繼續在你的自我上面下功夫，使它成爲一座很美的雕像，因爲在你將它歸還給神之前，它必須是某種值得歸還的東西，它必須是一項禮物。

無限海洋裡面的一個波浪

鍾愛的師父，你曾經說過，要達成內在的煉金術需要很多能量，是否能夠請你告訴我們關於能量的事——要如何累積能量？要如何保存它？我是以什麼樣的方式在失去它？我們是否能夠從外在的泉源得到它？

第一件事：你是無限能量的一部份，你是無限海洋裡面的一個波浪。如果你能夠記住這一點，你就永遠不會失去能量，因爲那無限的泉源一直都在，你只是一個波浪，海洋隱藏在內在深處。

你被生下來，是誰給你這個出生？是誰給你能量，使你進入這個身體？是誰把能量給這個身體，使它變成一個自動的、精緻的運作機構，使它變成一個有機體？身體繼續存活七十年、八十年、或甚至一百年，現在科學家說死亡是一個意外事件，身體可以無限制地延續下去，科學家說死亡不需要存在，它之所以存在是因爲我們一直不能夠使用圍繞在我們周圍的無限能量。

所以第一件要記住的事是：你是無限能量的一部份。要一直記住它，而且感覺它。當你在移動、在走路、在吃東西、或是在睡覺時，要感覺你是無限的，這就是優婆尼沙經所說的：永遠都要覺得你就是梵天，你就是那永恆的。

如果你能夠越來越感覺到這一點，你就會覺知到你並沒有在失去任何能量，那個泉源會變得隨時可取，你變成一個工具。

然後做任何你想要做的事，沒有人會藉著做而失去能量。認爲當你做任何事的時候，你就會失去能量，這是人類頭腦的謬誤之一。不，如果你具有這個概念說「當我在做什麼事的時候，我就會失去能量」，那麼你就會失去能量，那個失去並不是因爲你去做，而是因爲你有那個概念，否則如果你有相反的概念，你將會透過那個做而得到能量。如果你沒有任何概念，那麼也不會失去能量。

當人們退休，他們就開始想說他們的能量變少了，所以他們必須放鬆和休息更多，他們不應該做任何事，否則他們的能量會失去，然後他們就死得更早。統計學上顯示，退休會使一個人的壽命減少十年，一個繼續工作的人或許可以活到七十歲，但是當他退休，他將會在六十歲就過世。

你的身體是一個發電機，你越使用它，就有越多的能量會從無限的泉源供給過來，如果你不使用它，那麼就不需要有任何供給，那麼漸漸地，那個供給就會停止。要變得更活躍，那麼你就會有更多的能量，如果你變得比較不活躍，你就會失去很多能量。透過活動，能量並沒有失去，透過活動，你是在更新能量。你使用能量，然後從那個泉源就會有更多的能量可以取用。

注意看樹木。太陽升起，水開始從樹葉蒸發，當樹葉的水份開始蒸發，新的水就從根部開始循環，它是一個很長的過程。樹葉將水份散發出來，在靠近樹葉的地方就變乾了，那個乾會立刻從細枝吸取水份，然後細枝就變乾了，細枝又從樹枝吸取水份，然後向下達到根部，根部就從土壤吸取水份。

如果葉子想：如果我們將水份蒸發，我們將會死掉，我們將會覺得口渴──那麼這棵樹將會死掉，因為這樣的話，新的泉源將無法被使用，那麼根部就無法發揮功能。

你也有根伸入那無限的，當你使用能量，你就從「那無限的」吸取能量，你的根就開始發揮作用。

人類的頭腦有一個非常錯誤的觀念，認為透過活動我們會失去能量，不，你越活躍，你就會有越多的能量，你越不活躍，能量就越少，生命裡面的所有活動都是如此，愛得更多，你就會有更多的愛可以給予，如果你變成一個吝嗇鬼，然後想：如果我愛得更多，那麼我的愛將會散發掉，遲早我的愛將會用光，所以最好將它儲存起來——那麼你的愛將會枯竭，你將不能夠愛。

愛，然後就有更多的愛可以被運用。使用更多，那麼你就會有更多，這就是生命的法則，你能夠吃蛋糕，同時又擁有它。慈悲、愛、活動、或是不管那一個層面，同樣的規則都可以適用，不論你想要有更多的什麼東西，你就按照這樣去做。如果你想變成一個無限的愛的泉源，那麼你就盡你的可能繼續去分享愛，不要成爲一個吝嗇鬼，只有吝嗇鬼會失去能量。我們都是吝嗇鬼，因此我們總是覺得能量被發散掉。

這樣的概念很可能是危險的、有毒的，如果你具有這樣的概念，那個概念會從你裡面產生作用，頭腦會透過催眠來運作。

比方說，在幾十年前，全世界的人都被教導說，你的性能量是有限的，當你做愛，能量就喪失了，那個觀念在全世界創造出性的吝嗇鬼，這整個觀念是謬誤的，但是如果你的頭腦裡有這樣的觀念，那麼每當你在做愛，你就會繼續催眠你自己說你在損失能量，那麼能量就被浪費掉了。

這個概念變成印在你的腦海裡。當你在做愛的時候，你非常脆弱，非常具有接受性，非常柔軟。任何你所想的都會深入你，然後那個結果就會隨之而來，你就會覺得能量被發散掉，你會覺得能量失去了，當你覺得能量被發散掉，你就會覺得你的能量喪失了，舊有的觀念進一步被加強，這會變成一個惡性循環。

現在科學家和生物學家都說性是無限的能量，你不可能失去它，因爲它每天都由你的食物、你的呼吸，和你的活動被創造出來。它是被創造出來的，它不是一件儲存起來的東西，它不是說如果你從它拿出一定量，那麼那個部份就喪失了，你就變得更少，它並不是那樣。

它並不是某種儲存起來的東西，它每一個片刻都被創造出來，如果你不使用它，它就變得陳腐，它就變成一潭死水，那麼那個流就停止了，但是如果你繼續流動，就有越來越多可以被你取用。

耶穌曾經說過——這是最基本的事情之一——他說：如果你試圖去執著於生命，你將會失去它；如果你準備失去它，你將會很豐富地擁有它。

直到這個世紀爲止，全世界的小孩都被教導說，任何方式的精液漏出都是非常有害的，你或許會發瘋，你或許會變得殘廢，至少你的智力會減低，變成發瘋、古怪、和虛弱的可能性會增加。

這是全然的錯誤！但是這個教導的確使很多人發瘋、使很多人變得虛弱，使很多人變得愚蠢、變得平庸，就是因爲有那個概念……這是一個非常危險的概念，當一個小孩長大成人，在十四、五歲的時候……他會開始失去精液！他沒有辦法不這樣，他會自慰，而如果他的道德觀太強，他將不會自慰，但是將會有夢遺，在晚上，他會損失精液，而到處都在宣傳說：如果你失去精液，你就失去了每一樣東西。

在印度，他們慣常說——如果你去到一些年老的聖人和他們的追隨者那裡，他們仍然繼續在說——一滴精液相當於四十天在身體上所下的功夫。身體必須工作四十天才會創造出一滴精液，所以，如果一滴精液喪失了，四十天的生命就被浪費掉了。

小孩子什麼事都不知道，而他們非常具有接受性，當整個社會都這樣教導，他們就被它所催眠，而他們也沒有辦法怎麼樣——精液會流出，因爲當身體準備好，精液就一定會流出。到處都給予這樣的教導，他們無法告訴任何人說他們的精液在流失，他們會隱藏它，他們會在內在受苦，他們會經常受折磨。他們認爲他們是例外，因爲他們不知道說其他每一個人也都在經歷同樣的事情，因爲沒有人在談論它，而那些談論它的人，他們都在反對它。

因此每一個人都認爲他是例外，認爲只有他在經歷這件事，不久他將會開始覺得暈眩，不久他將會開始覺得智力在衰退，不久他將會開始覺得他即將發瘋，覺得他的生命都浪費掉了。有很多人一直寫信給我說，他們的生命被浪費掉了，因爲他們損失了太多的精液，他們損失了太多的性能量。

但那個概念是非常危險的，如果有那個概念存在，事情將會發生，它透過催眠而發生。

任何概念都可以變成一個幫助或一個阻礙，很難生活在沒有概念的情況下，所以，在你達到一個無思想的頭腦之前——無思想的時候，每一樣東西都會變得很自然地隨時可取——在這之前，最好存有這樣的概念：你是無限能量的一部份，藉著你的做，你是在獲得，而不是在失去；藉著給予，你是在得到，而不是在失去。

愛、性、活動——不管是什麼，永遠都要記住，永遠都要充滿這樣的概念：每當你給予什麼東西，你就可以從根部吸收更多，就有更多可以給你，神是一個給予者，一個無條件的給予者。

如果你也是一個給予者，你的手將永遠都是空的，神就可以給你更多；如果你是一個吝嗇鬼，你跟神性的關係將會被切斷，那麼你就會以一個小小的波浪來生活，永遠都害怕失去。

要以一個海洋來生活，要成爲海洋般的！對於任何東西都不要去想說會失去，沒有什麼東西會失去，沒有什麼東西可以失去，你並不是一個個人，你只是看起來好像是一個個人。整體都加入你裡面，你只是整體的一個面，只是整體發生的一個方式，不必去擔心它，它是無窮盡的，這個存在是無始無終的。

享受、慶祝、成爲活躍的，永遠都要成爲一個給予者，成爲一個全然的給予者，永遠不需要保留任何東西，這是唯一眞正的祈禱。給予就是祈禱，給予就是愛，那些能夠給予的，他們總是會被給得更多。

第九個早晨

一九七四年五月十八日

臣服，剩下的由我來做

鍾愛的師父，你曾經說過：在幾千年裡面都很難碰到像現在這個大好機會；你也說過：這個時代跟其他任何時代一樣。

你曾經說過：臣服於一個石頭，它就會發生；你也說過：走在這個危險的途徑上，由一個真正的師父來引導是非常重要的。

你曾經說過：臣服，剩下的由我來做；你也說過：我什麼事都沒有做。

為了在此時此地的我們，以及為了西方的讀者，是否能夠請你告訴我們更多關於師父與門徒之間的現象。

我的話前後矛盾，這是我故意要這樣做的。眞理是那麼地廣大、那麼地無限，所有部份的描述都無法包含它，它相反的部份也必須被包括進去。整體永遠都是矛盾的，只有部份可以是前後一致的，因爲整體也必須考慮相反的東西，相反的東西就在那裡，它是存在的。

哲學家可以前後一致，因爲他們的了解是部份的，他們可以弄得乾乾淨淨、漂漂亮亮的，他們可以合乎邏輯，但是我不行，因爲如果我試著要去成爲前後一致的，整個事情就會立刻變得不眞實，相反之物必須被包括進去，相反之物必須被吸收。

比方說，當我說「臣服，剩下的由我來做」，這只是一部份。爲什麼我要這樣說呢？我之所以這樣說爲的是要使你能夠完全臣服，如果你能夠感覺到這一點，而且能夠信任說其餘的部份將會被完成，那麼你的臣服就會很完整。

如果你有恐懼和不信任，那麼即使在臣服之後，你還必須做些什麼，這樣的話，那個臣服就不可能完整。如果在臣服之後，你還必須做些什麼，那麼你就是還有所保留，你仍然在控制你自己，那麼那個臣服就不可能是全然的。當那個臣服不全然，它就根本不是臣服，臣服只能夠是全然的，你不能夠只是部份臣服。

你不能夠說：我臣服一半，因爲那個被保留的一半將會反對臣服，唯有當它反對臣服，它才能夠被保留，因此臣服只能夠是全然的。

它就好像一個圓圈，一個幾何圖形的圓圈，它不能夠是一半的，你不能夠畫一個半圓圈，如果你這樣畫，你就不能夠稱它爲一個圓圈，一個圓圈必須是完整的，如果它只是一半，那麼它是另外的東西，而不是圓圈。

臣服只能夠是全然的，它也是一個靈性的圓圈，你從一個盡頭到另一個盡頭，全然臣服，毫無保留。

爲了要幫助你達到這樣，所以我說：你臣服，然後剩下的由我來做。我之所以這樣強調是爲了要使你的臣服能夠全然。

但是我知道說，如果你臣服了，那麼就不需要再做任何事，即使在我的部份也不需要做任何事，臣服本身就夠了，其他都不需要。光是那個臣服的現象就夠了，不需要再有任何幫助，每一件事都將會由臣服本身來做。

臣服意味著你不復存在，臣服意味著自我已經被拋棄，臣服意味著現在那個中心已經散掉了——你存在，但是沒有一個中心，如果沒有中心，就沒有什麼東西必須加以保護，圍牆就自己倒下來。如果沒有一個人，你的整個防衛機構就會漸漸消失，它會變得沒有用，你變成一個敞開的空間。

這個敞開的空間可以成就一切，這個敞開可以成就一切。神將會毫無阻礙地經過你，神能夠徹頭徹尾地經過你，沒有人會創造任何障礙。當你臣服，你就對神聖的力量敞開，臣服之後，每一件事都會自然發生。

問題在於臣服，臣服之後就沒有問題，所以我不需要幫助你，什麼都不需要，那就是爲什麼我一直在自我矛盾，我說我什麼事都沒有做，根本沒有這個需要！現在你可以就整體來看。

如果我說我什麼事都不做，我不能夠做，沒有這個需要——如果我只是這樣說，你的臣服將會變得不可能，你將會害怕——單獨一個人進入未知的領域，沒有人幫助，沒有人引導，而這個人說：我將不做任何事——你怎麼能夠完全臣服？它對你來講將會很困難。

如果我只是說我將會做每一件事，一點都不矛盾，那是不眞實的，因爲，事實上，我什麼事都沒有做，所以現在要怎麼辦？要如何來說出這個整體？只有一個方式——經常矛盾。

師父與門徒之間的關係是一個非常複雜的現象。就某方面而言，它非常簡單，但是就另外的方面而言卻非常複雜。

它很簡單，因為那個關係只存在於門徒的部份，在師父的部份沒有關係，因爲師父不存在，他已經不復存在了，他是一個「無人」。在你看起來好像他存在，除非你臣服，否則這個表象將會繼續保持。一旦你臣服了，一旦你變成了一個「不存在」，突然間你就會了解到師父從來不曾存在過。

師父是一個「不在」，但是唯有當你也變成一個「不在」，師父的不在才能夠被看到，只有兩個不在能夠會合在一起。

如果你「在」，而你繼續投射到師父身上說他「在」，那是你的投射，因爲你的自我看不到無我，只有類似的能夠對類似的反應，你的自我只能夠到處看到自我，那是保護你自己的唯一方式，不論你往那裡看，你都會立刻將你的自我投射出去，所以甚至連師父也會看起來好像是某一個顯赫的人物，好像是某一個自我。

你將會找出很多方式來爲你自己證明說，他也是一個自我，你的合理化解釋或許十分合乎邏輯，但是我說它們是荒謬的，因爲你看不到無我的現象。當你眞的臣服，你就會突然了解到，師父是不存在的。

如果你在現在這個片刻就臣服，你將會了解說這個椅子是空的，這個在對你們講話的人並不存在，這個人只是一個空，但是唯有當你「不在」，你才能夠看到這個不在。

就師父這一方面而言，關係不可能存在，如果它存在，那麼他就根本不是一個師父——他仍然在那裡。他不能夠引導你，他只會誤導你。他的教導或許很美，但他還是會誤導你，因爲任何他所做的都將會是錯的——當我說「任何」，我是無條件地說出的。問題不在於這件事是錯的，而那件事是對的，任何來自自我的東西都是錯的，它或許是美德，或許是非暴力，或許是愛，但是任何來自自我的東西都是錯的，自我會歪曲每一件事，自我是最大的歪曲者。

如果師父愛你，而那個愛是出自他的自我，他的愛將會變成佔有的，他將會摧毀你，他將會扼殺你，那個關係將會是有毒的，一般愛的關係將會存在，他不會允許你去找其他的師父，他將會爭鬥，他將會創造出一些障礙，使你無法離開他，因爲他依靠你，他的自我依靠你。

如果師父仍然帶著自我，他無法沒有追隨者而存在，他需要追隨者的滋養，追隨者越多，他就會覺得越好。如果每一個人都離開他，他將會死掉，他的自我將會受傷，所以一般所謂的師父都會繼續抗爭，都會跟其他所謂的師父競爭，它變成一個市場，整個市場的競爭就介入了。

如果師父有一個自我，那意味著他並非眞的是一位師父，他只是在假裝，那麼他的慈悲將只是名義上的，他將會很殘忍，他將會折磨你，當然，他折磨的方式將會讓你覺得那是一種規範，他會強迫你去做一些痛苦而不必要的事，但是他會去享受那個痛苦，他會將它合理化，他會說：斷食！——因爲沒有斷食你無法到達，當你斷食，而你在受折磨，他將會覺得很高興。

他的慈悲只是一種隱藏的殘酷，表面上他以慈悲爲名，事實上他是在虐待，當他在折磨別人，他就會覺得很高興。看到你很悲傷、很沮喪、被折磨，他會說：太好了，你已經變得不執著。

你越悲傷，他就會越高興，如果他在你的臉上看到一個微笑，他就會立刻譴責它，如果你覺得很喜樂，他就會立刻發覺有什麼東西弄錯了，因爲你在這個世界裡怎麼可能喜樂？在這個錯誤的世界裡怎麼可能喜樂？你怎麼可能快樂？人生是苦海，你怎麼可能那麼狂喜？那麼你一定在什麼地方用什麼方法在享受感官的快樂。如果你看起來很年輕、很新鮮，而且活生生，那麼你一定是太執著於身體。

他會開始摧毀你的身體，他是一個虐待狂，一個非常微妙的虐待狂，比希特勒或墨索里尼都來得更微妙，他們的殺人是立即的，他們的謀殺很簡單。這個人也會謀殺你，但是是以分期的方式——漸漸地、慢慢地。環顧這個國家，你將會發現有很多一直在謀殺別人的人。

記住：唯有當他本身也在自殺，他才能夠殺你，否則他沒有辦法殺你，如果他在享受美食，他無法強迫你斷食，那是不可能的，如果他住在一棟很漂亮的房子裡，他不能夠叫你住在茅屋裡。

所以這是絕對合乎邏輯的：如果他想要摧毀你，他將必須摧毀他自己，他越是摧毀他自己，他就越能夠控制你來折磨你。他會斷食，他會摧毀他的身體，他越是摧毀他的身體，他就越能夠勒住你的脖子來控制你，如此一來，他就能夠完全粉碎你，帶著一種好像很善良的心來粉碎你。

這就是所發生的現象。跟著一個錯誤的師父、跟著一個自我主義的師父，任何發生的事都會變得不對勁，他的規範會變成一種虐待，他自己的生活會變成被虐待，他的整個人會變成具有破壞性的，自我就是具有破壞性的。

這樣的話，關係就能夠存在。跟一個錯誤的師父在一起，關係能夠存在，因爲在師父那一邊也有自我，自我想要關連，如果沒有關連，自我無法存在。

但是如果是一位眞正的師父，那麼關係就只存在於門徒這一邊。你愛他，你服從他，他不會去顧慮你的服從，他不會去顧慮你的愛，但是那並不意味著他不關心，他是無限地關心，但是沒有一個人可以來關連。

他的關心是很自然的，他的關心流向你，就好像水在往下流，即使你不在那裡，他的關心也會繼續流。

不論怎麼樣，我都會在此跟你在一起，甚至當你不在這裡，我也會一樣，我的存在會繼續以同樣的方式流動，當沒有人在的時候，我也會保持一樣，當你在的時候，我也是一樣。

如果我改變，那麼就是有自我存在，因爲自我存在於關係之中。當你來，自我就介入，而變得很活躍，變得活生生；當你走掉，自我就懶下來，就睡著了，那麼就有一個改變。

不管有沒有你，我的空都保持一樣，那個關心繼續流動，那個愛繼續流動，但是沒有愛人，我無法選擇要愛或不要愛，如果我能夠選擇，那表示我還存在。

關係存在於你的部份，而它將會繼續存在，除非你臣服。

所以臣服就是最大和最深的關係，它同時也是關係的結束。如果你臣服，那麼你已經來到了可能的最深的關係，超出那個，關係就消失了。當你臣服，你就不復存在了，而師父是從來就不存在的。

如此一來，兩個空的空間不可能是兩個，你無法在兩個空的空間之間劃出一條線，你無法在空的周圍劃出界線，兩個空會合而爲「一」，那麼關係就無法存在，因爲要有關係的話，「二」是需要的。

所以，在臣服的最後片刻——試著去了解這個——在臣服的最後片刻，存在著可能的最大關係。最深的、最親密的關係存在，當然，那是在你的部份。下一個片刻，當你臣服，每一樣東西就都消失了，如此一來就既沒有師父，也沒有門徒，現在師父和門徒兩個人都可以笑，他們能夠捧腹大笑，他們能夠對就在一個片刻之前的那整個荒謬開懷暢笑。

那個想要去幫助的努力，那個想要去得到幫助的努力，那個臣服，那個不想臣服而經常在奮鬥的自我，所有的解釋，所有的教導——這整個事情都變得很荒謬，你的很多很多世也就變得好像是夢一樣，這麼一來，你就可以笑了，因爲你本來隨時都可以醒悟的，你本來在任何一世的任何一個片刻都可以成道，都可以走出你的夢。

但是一旦你成道……因爲在這一邊的臣服是一面，而在另一邊的成道是同一個銅板的另一面，它是同一個門，當你要進入，門上會寫著：臣服；當你已經進入而往回看，門上會寫著：成道。它是同一個門！它的一邊是入口，另外一邊是出口，那就是爲什麼

有那麼多的堅持說一定要臣服，

那個關係非常複雜，因爲只有一個存在，另外一個不存在。

所有跟師父的遊戲都是你的遊戲，那個遊戲都是你在玩的，那是

所以眞正說起來，對方只是在看著你玩那個遊戲，你可以改變策略，你可以嘗試這個方一個耐心的遊戲，對方只是在看著你玩那個遊戲，你可以改變策略，你可以嘗試這個方式或那個方式，你可以用很多方式來嘗試，但那些都不必要，因爲唯一能夠有所幫助的努力就是臣服，其他一切都只是在準備，使你能夠達到了解的點，使你能夠看清所有努力的荒謬，然後將它們拋棄。

有很多技巧被使用，那些技巧並非眞的有所幫助，它們只是幫助你了解說你必須臣服，它們只是在證明所有努力的沒有用。

但是你在玩遊戲，你繼續在改變你的策略，自我會使用各種策略，對自我來講，它是一個生和死的問題，它將會欺騙你，它將會繼續欺騙你，自我是一個完美的合理化解釋者，當它欺騙你的時候，它會給你很多的理由，你無法跟它爭辯，如果你試圖跟它爭辯，你將會遭到挫敗。

因此信任和信心具有非常高的價值，唯有一個具有信心的人能夠臣服，唯有一個具有信心的人能夠到達存在的頂峯，能夠到達喜樂的最高點。

在這個世紀西方最深入的心理學家之一是馬斯洛，他一生都在研究高潮經驗的現象，他的一生都奉獻在某些經驗的現象上，他稱那些經驗爲高潮經驗、最終的經驗、或最後的經驗，比方說像佛陀的成道，或者拉瑪克里虛納的明亮的無意識，或者是蜜拉、波愛美、和愛克哈特的狂喜——那個可能發生在人類意識上的最高峯經驗。

在探索這個現象當中，馬斯洛覺知到說有兩種類型的人，其中一種他稱之爲「能夠有高峯經驗的人」，另外一種他稱之爲「不能夠有高峯經驗的人」。「能夠有高峯經驗的人」是那些已經準備好、能夠敞開、而且具有接受性的人；「不能夠有高峯經驗的人」是那些相信不可能有高峯經驗的人。

他認爲不能夠有高峯經驗的人包括科學家、理性專家、邏輯家、物質主義者、生意人、和政客，以及所有這些類型的人，他們都很實際，他們就是所謂的實際的人，結果對他們來講是無意義的，他們是手段指向的，這些人在他們的周圍築起一道牆，因爲有了那些牆，所以他們無法有任何狂喜。當他們無法有任何狂喜，他們原來的觀點就被確認了，然後他們就築起更多的牆，那變成一個惡性循環。

有一些能夠有高峯經驗的人，比方說詩人、舞蹈家、音樂家、瘋子、不實際的人、冒險家等，他們是能夠有高峯經驗的人，他們不會去管他們的頭腦，他們不會去跟他們的頭腦爭論，他們只是讓事情發生，然後甚至在日常生活當中，某些時候他們也能夠達到高峯經驗。

我聽說一個心理分析學家在被另外一個心理分析學家分析，這個被分析的心理分析學家去渡假，他從渡假勝地打電話給那個心理分析學家說：我覺得很高興，爲什麼？這一類型的人甚至連快樂都無法接受，他們會問：爲什麼？爲什麼我會覺得快樂？一定有什麼東西弄錯了，他們有一個概念說快樂是不可能的。

偉大的心理學家佛洛依德說：人類不可能快樂。他說人類頭腦的結構就是不可能快樂，最多你只能忍受不快樂。

如果這是你的態度——佛洛依德很相信他自己的看法，他有很多論點來支持他自己的看法——如果這是你的觀念、你的概念，那麼快樂是不可能的，那麼你就封閉了，你就不可能有快樂，而當你不可能有快樂，你原來的觀念又會被增強，你會認爲你原來的想法沒有錯，那麼快樂的可能性就更少了，如此一來，你原來的觀念又會更被增強，然後那個快樂的可能性又會變得更少，最後有一個片刻會來臨，到時候你會說不快樂是唯一的可能性。

如果你是敞開的……一個門徒就是必須如此，他必須是一個能夠有高峯經驗的人，而最大的敞開是隨著臣服而來的。一個能夠有高峯經驗的人應該具有什麼呢？他的頭腦應該處於什麼樣的狀態下，他才能夠敞開？較少的理智，較多的信任；較少的實際，更多的冒險；更少的散文，更多的詩。要成爲不合邏輯的，否則你没有辦法快樂。

邏輯是敵人，邏輯將會證明生命是痛苦的，邏輯將會證明没有意義，邏輯將會證明没有神，邏輯將會證明没有狂喜的可能性，邏輯將會證明生命只不過是一個意外事件，在這個意外事件裡没有任何可能性。在生和死之間，如果你能夠的話，最多你只能夠安排去存在，這樣就很好了。

邏輯是自毁的，如果你遵循它，它將會給你一把離開生命的鑰匙，到了最後，它將會說，自殺是最可以合乎邏輯的一步，因爲生命是没有意義的，你在這裡做什麼呢？只不過是在重複同樣的例行公事。早晨的時候你起床，那並不是必要的，因爲你每天都在起床，而並没有什麼事發生，所以今天爲什麼要再度起床？然後你用早餐，你一生都在用早餐，但是並没有什麼事發生，然後你看報紙，上班，下班，盡是做一些無意義的事！然後你用晚餐，上床睡覺，然後又是到了早上……一個重複的循環，什麼地方都没有去到，只是一再地重蹈覆轍。

如果你的頭腦眞的很合乎邏輯，它將會說：自殺算了！爲什麼要延長這整個荒謬的事情！

邏輯引導到自殺；信心引導到至高無上的生命。信心是不合邏輯的，它不問，也不爭辯，它只是進入那未知的，它試著去經驗。

對一個有信心的人來講，經驗是唯一的爭論，他會試著去嘗試，他會試著去經驗，如果沒有經驗，他什麼都不會說，他會保持敞開。

一步、一步、又一步，信心引導到臣服，因爲你越是帶著信心去嘗試，你就越會知道，你就會有越多的經驗，你的生命就會變得很強烈，每一步都會告訴你說：超越它！有更多隱藏在超越的地方，超越變成了目標。超越每一樣東西，走到更遠的地方，生命變成一個冒險、一個進入未知領域的持續發現，那麼就會產生更多的信任。

當進入未知的每一步都能夠給你一個喜樂的瞥見，當進入瘋狂的每一步都能夠給你一個較高形式的狂喜，當進入未知的每一步都能夠幫助你了解說生命並不存在於頭腦裡，它是一個完全有機的現象，你的整個存在都被需要而且被召喚，那麼，漸漸地，你內在的本質就會被說服。

它不是一個邏輯的信念，它是你的經驗，它是經驗性的，或者你可以說它是存在性的，而不是理性的，它是全然的，然後就有一個片刻會來臨，到時候你就能夠臣服。

臣服是最大的賭博，臣服意味著完全將頭腦擺在一旁，臣服意味著發瘋。我說臣服意味著發瘋，因爲所有那些生活在邏輯和生活在頭腦裡的人將會認爲你發瘋了。對我來講，它並不是發瘋；對我來講，這種形式的發瘋是唯一勇敢的生活方式；對我來講，這個發瘋是最深的跳躍；對我來講，這個發瘋是所有的人應該走的路線，但是對邏輯家來講，你的信任將會看起來好像發瘋。

這是一個必須深入貫穿的現象，所有偉大的宗教都在某一個瘋狂的人周圍誕生，耶穌是一個瘋狂的人，佛陀也是一個瘋狂的人，但是圍繞在他們周圍的人並非全部都是瘋狂的。有很多人來，他們並不是能夠有高峯經驗的人，他們是知識份子，他們也會被耶穌和佛陀所吸引，佛陀的存在非常具有磁性，它充滿著無限的能量，因此他們被吸引，他們的頭腦可以推理說，這個人已經達成了某些事情，但他們並不是能夠有高峯經驗的人。

理智上他們被吸引，對他們來講，一個佛的現象和他的存在變成一個邏輯的爭論，他們聽了佛陀的話，然後就將他的話作合理化的解釋，他們用他的話來創造出玄學。

在基礎的部份是一個瘋狂的人，但是在整個架構上都是邏輯家，他們是對立的人，完全對立，跟佛陀相反，他們創造出組織，他們創造出佛教和哲學。

耶穌是一個瘋狂的人，但是聖保羅不是，他是一個完美的邏輯家，教會是由聖保羅所創造出來的，而不是由耶穌所創造出來的，整個基督教都是由聖保羅所創造出來的，而不是由耶穌所創造出來的，這是一件很危險的事，但是沒有辦法避免，事情本來就是會這樣。

如果耶穌現在出生，教會將會立刻拒絕他，教會不允許任何瘋狂的人。愛克哈特或波愛美，教會將會拒絕他們，因爲他們是瘋狂的人，他們會從組織中被驅逐，他們不被允許，因爲他們可能具有破壞性。如果人們聽他們講而相信他們所說的，他們將會摧毀整個結構、整個組織。

宗教的誕生在基礎的部份是由一個瘋狂的人而來，然後被邏輯家所接管，他們跟原來那個瘋狂的人是相反的，他們創造出所有的組織。能夠有高峰經驗的人把孩子生下來，然後那個小孩就被不能有高峰經驗的人所領養。

所以每一個宗教在它出生的源頭都很美，但是之後就變質了，之後就變醜了，然後它會變成反宗教的。

不管我告訴你們什麼，你們是幸運的，因爲它就在源頭，那就是爲什麼我說你們是幸運的，唯有在幾千年裡面，你們才有靠近源頭的機會。

它將不會再是如此！即使用上我的概念，它也將不會再是如此，遲早邏輯家將會進入，那些不能有高峯經驗的人將會來，他們一定會來，他們已經上路了，他們會將每一件事系統化，他們將會摧毀每一件事，然後那個機會將會被錯過，它就變成一件死的東西。

目前它是活的，你就在靠近源頭的地方，因此我說你是幸運的。

同樣地，在你的頭腦裡也有兩個可能性存在——能夠有高峯經驗的和不能有高峯經驗的。如果你允許前者，那麼你將會臣服；如果你允許後者，那麼你聽了我的話之後，你就會爭論，你就會將它合理化，你就會將它哲學化，那麼或者你會被我說服，或者你不被我說服。如果你被我說服，你就會圍繞在我的周圍，如果你不被我說服，你就離開，但是在這兩種情況下，你都錯過了，不論你是圍繞在我的周圍或是離開，那都無關緊要。

如果你試著在理智上被說服，那麼你就錯過了，這件事可以在我死後來做，現在有另外的事可以做，那就是：讓你成爲一個能夠有高峰經驗的人，讓你具有信任的靈魂來冒險，不要使它成爲一個在你裡面的推理，使它成爲一個「跳」。

源頭的現象是很少發生的，只有很少的人能夠享用那個利益，它一直都是如此，它將來也會一直都是如此。只有很少數的人在耶穌的周圍，也只有很少數的人在佛陀的周圍，然後有好幾世紀，他們都在哭泣。

當佛陀快要死的時候，有很多人在哭泣，只有很少數幾個喜樂的人坐在他的周圍，那些能夠很喜樂地坐在他的周圍的人，就是能夠具有高峯經驗的人，他們已經跟那個源頭合而爲一，他們已經跟佛陀合而爲一，師父和門徒已經老早以前就消失了，現在將不會有死亡。

只有很少數的人——摩訶迦葉和舍利子，他們靜靜地坐在那裡享受。甚至連佛陀最大的弟子阿南達，都在那裡又哭又泣的，佛陀睜開眼睛說，你爲什麼哭泣，阿南達？

阿南達說：有很多很多年，我都跟你在一起，但是我卻錯過了那個機會，現在你即將要消失，我將會變得怎麼樣？當你在這裡，我無法達成，現在你將不在這裡，我又會怎麼樣？現在我還要徘徊多少世？

即使你能夠靠近源頭，你也可能錯過，你會因爲不臣服而錯過。臣服，剩下的由我來做。

……那麼我就可以繼續笑

鍾愛的師父，在你開始演講之前，你微笑，當你開始演講，你的微笑就消失了，直到你演講結束，你都不再微笑，是否能夠請你告訴我們關於這件事？

這個發問是切題的，因爲講話是一種折磨，是一個沒有用的活動，但是它卻必須去做，因爲沒有其他的方式能夠帶領你到存在我裡面的寧靜，你無法聽那個寧靜，你只能夠聽話語。

所以當我開始演講的時候，我微笑，但是當我在講的時候，我很難微笑，因爲講話很折磨人，它是如此的一個沒有用的努力——說出那個不能夠說的，談論那個不能夠談論的，繼續用手指指向月亮，而它是不能用手指來指的。但是沒有其他的方式，所以我必須繼續講，漸漸地，你將會變得能夠聽那個非語言的，那個無言的；漸漸地，你將能夠聽那個我沒有講的，那麼我就不需要講了，那麼我就可以繼續笑。

所以當我演講結束，我就再度微笑，因爲那個折磨沒有了。

第十個早晨

一九七四年五月十九日

你就是那個道路

鍾愛的師父，誠如你所知道的，古時候禪寺的習慣是，一個和尚要出來自立門戶之前必須先跟師父住在一起十年。

有一個禪宗的故事談到，一個和尚已經住在僧院十年，而完成了他的修行。在一個下雨天，那個和尚去參見他的師父南音，在南音向他道賀之後，他告訴那個和尚說：「毫無疑問地，你將你的鞋子擺在玄關，那麼你將你的雨傘擺在你鞋子的右邊或左邊？」

那個和尚遲疑了一下子，透過那個遲疑，他了解到自己並不是每一個片刻都在禪裡面。

你曾經告訴過我們，生命有一個脈動——內和外，陰和陽，我們是否必須繼續保持每一個片刻都覺知，或者我們也可以隨著生命脈動，有時候放開那個努力？

第一件必須了解的事是：覺知必須是一個片刻接著一個片刻，但是唯有當它變得不需要努力，它才能夠如此，如果你還有努力的話，你將會一再一再地失去連繫；如果還有努力的話，你將必須休息。

努力不可能是持續的，那是不可能的，你怎麼能夠繼續保持努力？你將會疲倦，然後你就必須放鬆，每一個努力都需要放鬆。

如果覺知是透過努力而來的，那麼那個覺知就不可能是經常性的，不可能是一個持續的「流」，將會有一些片刻你必須失去覺知，將會有一些放鬆而不努力的片刻。

生命在脈動，生命一直都在移向相反的那一極，努力，然後你就必須休息，然後你再努力，然後你又必須休息，但是有一個覺知是超越生命的，它是超越的，那麼就沒有脈動，它是不努力的，它是自發性的。

發生在這個和尚、這個南音的門徒身上的情形是怎麼樣？師父問說：你的鞋子擺在那裡？右邊或左邊？他遲疑了一下子，他了解到，在他放鞋子的那個片刻，他並沒有覺知，否則他一定知道他將鞋子放在那裡。

他的意識還不是連續的，那表示說他的意識還不是不努力的，他仍然必須去記住，必須有意識地努力，他的警覺還帶著緊張，他還沒有變成經常性的警覺，所以有時候他成功，有時候他失敗。

南音只是在問：你的覺知現在是不是已經變得很自然？你是不是已經變得不要去操縱它？你是不是已經變得不需要對它做任何事？是否不論你在做任何事的時候，那個覺知都在？或者你仍然必須做一些努力去使它存在？

如果那個努力仍然存在，那麼它還帶有緊張，帶有緊張的事情一定不自然，一個不自然的覺知並不是眞正的覺知，它只是存在於表面，而不存在於你裡面，如果它存在於你裡面，那麼就不需要再作任何努力。

我要說的是：努力總是在周圍。透過努力，你無法碰觸到中心。你可以在周圍做一些事，你可以改變你的行爲，你可以改變你所謂的性格，在周圍的部份，你可以用努力來變成一個好人，變成一個具有美德的人，你甚至可以變成一個聖人。

但是透過努力，你永遠無法碰觸或穿透中心，因爲任何行動都無法引導你到那個中心，你已經在那裡了！不需要做任何事，你只要靜靜地，自發性地，那麼中心就會升起，它會從衆多的雲裡面升起，有一個空隙，你會突然了解到你自發性的覺知，你就是那個覺知，它並不是你所做的事，它並不是你必須做的事，你的本性就是覺知。

印度人稱呼你為「沙特奇阿南達」（satchitananda），他們使用三個字──sat, chit, ananda。Sat 意味著存在性的──那個永遠不會不存在的；Sat 意味著那眞實的──那個永遠不會變成不眞實的；Sat 意味著那永恆的──那個過去存在，現在存在，將來也會存在的。Chit 意味著覺知和意識，那是你的本性！你一直都是有意識的，你是有意識的，你將來也會是有意識的，那個意識無法從你身上被帶走，它存在於你本質的核心，而不存在於周圍，它就是你，但是你跟你自己並沒有連繫。Ananda 意味著喜樂和狂喜，並不是說你必須去達成喜樂，它就是你，你一直都是喜樂的，你不可能不是如此，沒有那個可能性，你不可能改變它。

但是你會說這簡直是荒謬，因為我們處於痛苦之中。你之所以處於痛苦之中是因為你過份執著於周圍，你已經完全忘了中心，你已經變得過份把心神放在別人身上、過份被別人所佔據，因此整個注意力都放在別人身上，而把自己放在陰影裡、放在黑暗裡。

事實上，你就是「沙特奇阿南達」。

南音禪師是在問他的門徒說：現在你是否已經有警覺到你是誰？現在你是否根入你的本性？如果門徒有眞正根入他的本性，那個情形將會是怎麼樣？

這個故事很難了解，問題不在於將鞋子擺在左邊或右邊，那並不是這個故事的要點，那似乎是要點，但其實不是，眞正的要點是：當南音問這個，門徒遲疑了，那才是眞正的要點。在那個遲疑的片刻，他並沒有覺知到他在遲疑。如果他有覺知到說有遲疑，他就會被接受，但是就在那個片刻，他失去了覺知。

你無法欺騙南音。如果你去看南音，而你能夠記得很清楚說你把鞋子放在那裡，那並不困難，如果南音問你說：你把鞋子放在左邊或右邊？而你能立刻回答：在右邊。這樣你還是會失敗，因爲那並不是要點，那只是一種欺騙。

南音是在轉變他的注意力，爲的是要看看現在他的裡面變得怎麼樣，當南音問「你將鞋子擺在左邊或右邊？」的那個片刻，那個門徒錯過了，就在那個片刻，他遲疑了，而他並沒有覺知到那個遲疑，他開始思考，就在那個片刻，他變得不覺知，南音洞察了他，那個問題只是要轉移他的注意力，它只不過是一種欺騙。

那個門徒失敗了，他不能夠被送去教別人，他還沒有準備好，他還沒有覺知，一個還沒有覺知的人怎麼能夠教別人？任何他要教的東西都會是虛假的。

有很多老師能夠教別人，但是他們仍然沒有覺知到他們自己，他們甚至可以是好老師，很有效率，技巧很好，但那並不是要點，那些東西並不能夠有任何幫助。

有一次我乘坐火車旅行，車廂內有一個小孩很吵，那個車廂內的所有乘客都被他打擾，他會從這個角落跑到那個角落，打破玻璃杯，或是倒在人們身上，他父親覺得非常尷尬，他有很多次都試著要去阻止那個小孩，但是他不聽，最後那個父親說：偉利，你再不聽話，我就要打你。

但那個小孩還是繼續跑來跑去，他跑到車廂的另一端說：好，你打我，但是如果你打我，我就要告訴那個查帳員說我眞正是幾歲。

這個父親不可能成爲一個老師，即使一個小孩都不聽他的話，一個沒有覺知到他自己的老師不能夠成爲一個老師，他不能夠教別人他自己沒有達成的東西。

覺知是某種好像傳染病的東西，當師父很警覺、很覺知，你就會被他的覺知所傳染，有時候，只是坐在師父的旁邊，你就會突然變得很覺知，好像雲已經消失了，而你能夠看到敞開的天空，即使只有一個片刻……那會使你存在的本質有一個很深的改變。

即使在你的部份沒有作任何努力，只是靠近一個已經很寧靜、很覺知的師父，突然間，你也會變得很寧靜，他會碰觸到你……那麼關閉的門就打開了，就好像在黑暗的夜晚，突然間有一道閃光……你就看到了整體。

它會消失，因爲你無法保持它，如果你沒有達成它，你將會失去它，但是有了這樣的經驗之後，你將永遠不會再一樣，你已經知道了某些事，某些以前不知道的事，現在這個知道將會保持是你的一部份。

有一個慾望會升起，有一個新的野心會升起，想要去達到這個，想要使這個成爲永恆，因爲即使只有一個片刻，它也是那麼地喜樂，它灑下了那麼多的快樂和那麼多的喜悅在你身上。

但是如果師父本身不覺知，那麼他可以教導關於覺知的事，但是他無法眞正教導覺知，而教導「關於」覺知的事是沒有用的，它是語言上的，它是一個理論，你可以從他學習理論，但是你學不到那個事實。

因此，在這個門徒離開南音之前，南音必須洞察他，這是一個非常不同的現象。

在一般的教育系統裡，學生要接受考試，但總是他的記憶被考試，從來不是他本身被考試，南音不是在考門徒的記憶，他不是在問：你將你的鞋子放在那裡，右邊或左邊？他不是在要求完美的記憶，因爲他將鞋子擺在那裡這件事現在已經成爲過去，他試著在洞察門徒現在的存在狀態，他不是在檢查他的記憶，而是試著在洞察他當下這個片刻的意識。

過去不是問題，現在才是問題。

只要想像那個門徒坐在南音的面前，南音在問他問題，而那個門徒就失去覺知而進入過去，他試著去想說他將鞋子擺在那裡，他試著去想說他是否能夠記得，他試著去想說他有沒有錯過那個覺知，如此一來，他變成一個混亂，他的整個意識變成多雲的，他已經不再在此地，他沒有處於南音的「在」裡面，他已經進入過去，他已經進入思想，他並沒有處於靜心狀態。

那個遲疑、那個思想、那個想要去嘗試的努力，你逃不過南音的眼光，他會看穿你，他會看到所有的雲，他會看到你並沒有在此時此地。

那麼你就不能夠被允許去教別人，你就不能夠被送出去，因爲你要教什麼呢？你不能夠教那個你還沒有拿到的，你可以假裝，但是那個假裝將會很危險，因爲如果你假裝說你有覺知，但是事實上你沒有，那個假裝會有傳染性。虛假的師父創造出虛假的門徒，然後那個虛假會好像微波一樣，繼續擴散。

一個人可能犯的最危險的罪就是假裝覺知，即使你謀殺一個人，那個罪也沒有那麼大，因爲事實上你無法眞正謀殺，你只能夠摧毀身體，那個靈魂會進入另外一個身體。你只是摧毀一個遊戲，另外一個遊戲會立刻開始。

一個謀殺者並不是這麼大的一個罪人，但是如果你沒有覺知，而你假裝你有覺知；如果你不是一個師父，但是你假裝你是一個師父，那麼你所做出來的傷害是無限的，其他沒有罪惡能夠跟它相比，因爲別人會接收到那個假裝，然後他們也會開始假裝，然後它就一直繼續下去，就好像你丟一個石頭到一個寧靜的湖裡，然後就有微波產生，那個微波會一直繼續下去，一個微波創造出另外一個微波，然後又推動另外一個微波，然後它就一直繼續下去，直到那個湖的邊界。

而這個意識的湖是沒有邊界的，一旦一個微波被創造出來，它就會永遠永遠繼續下去。你將不會在這裡，但是你的假裝和你的虛假將會繼續，有很多人會被它所欺騙。

一個虛假的師父是世界上最大的罪人，那就是爲什麼南音不允許任何人去教別人，除非他本身已經成道，那麼那個在你裡面燃燒的光就能夠幫助別人被點亮，那個在你裡面燃燒的火就能夠使別人溫暖，那個發生在你身上的生命就能夠幫助別人走出他們的死氣沈沈。

但是要記住：唯有當警覺、覺知、或意識變成不努力的，它們才能夠繼續。剛開始的時候會有努力存在，因爲如果不這樣的話，你要怎麼開始？你會作一些努力，試著去注意，你會用盡各種方式試著去成爲有意識的，但是那個努力會造成緊張，你越努力，你就會越緊張。將會有很小的瞥見，但是因爲緊張的關係，你將會錯過那個狂喜，然而你必須經過這個努力的階段。

遲早你會覺知到一件事：每當你努力，覺知會來到你身上，但那是一個非常痛苦的覺知，如惡夢般的，它非常重，它就好像一塊石頭壓在你的頭上，它不是很喜悅的，它不是沒有重量的，它不是在跳舞的，但是當你在作這個努力的時候，偶而你會突然覺知到，當你沒有在努力的時候，那個覺知會很輕、很喜悅、很狂喜，好像在跳舞。

但是這種情形只能夠發生在那些努力的人身上，當你在努力的時候，偶而你停止努力，這個瞥見就會發生在你身上，然後你就會覺知到，透過努力，你無法達到那最終的，只有透過不努力，它才會發生。

它發生在我周遭的很多靜心者，他們來告訴我說，當他們在早上或傍晚靜心的時候，並沒有很多事發生，但是突然間在晚上或是在下午，當他們只是坐著，就有某些事情發生，而他們什麼事都沒有做。

這種事會發生，它就好像，有時候你會忘記一個人的名字，你覺得它就好像在你的嘴邊，你變得有一種內在的緊張產生，你會努力去想，但就是想不起來，你越努力，你就越想不起來，你一直覺得你知道，你明明知道你記得，它就在離你很近的地方，它就在角落那裡，但是有一些障礙，好像一塊東西擋在那裡，那個名字就是一時想不起來——它或許是一個你很要好的朋友的名字！

你拚命想，但還是沒有結果，因此你放棄了，你開始去看報紙或抽煙，或者你到花園裡去散步，或者你到花園裡去挖土，突然間，那個名字迸了出來，好像那個朋友就站在那裡，那個臉就在那裡。

到底是怎麼一回事？當你在努力的時候，你有一種緊張，那個緊張會變成障礙，那個緊張會窄化那個通道，那個名字想要出來，那個記憶在敲門，但是那個緊張變成一種關閉，那就是爲什麼你會覺得它就在嘴邊，它的確是如此！但是因爲你很緊張、很擔心它、很想要把它講出來，因此你的焦慮變成一個鎖，因爲當一個頭腦變得非常渴望，它就反而封閉了。

所有那些很美和很眞的東西唯有在你不渴望的時候才會發生，所有那些很可愛的東西唯有在你甚至不等待它的時候才發生——不要求的時候才發生，因爲這樣的話，頭腦就沒有障礙，那就是爲什麼當你將它忘掉的時候，它就發生了。

努力是需要的，剛開始的時候，努力是一定要的，雖然沒有用，但它還是一定要，那個努力的沒有用會漸漸被了解。

當你有了瞥見，有了突然的瞥見，當你感覺到說你沒有在努力的時候，那些瞥見灑落在你身上，就好像來自神性的禮物，那麼你就可以放棄努力，當你放棄努力，就有更多更多的禮物會來到你身上。

在東方，我們一直都相信，而且很正確地相信說，成道不像是一種成就，它好像是一個恩典，它是一個禮物，神將它給你，你無法從祂的手中奪取。

對一個西方的追求者來講，這個很難了解，因爲在西方，在最後幾個世紀裡，整個人類的頭腦都變成在奪取東西，你從自然界奪取每一樣東西。任何科學所知道的秘密，它們並不是被給予的，而是被奪取的，你很暴力地強迫自然打開她的奧秘之門。

因爲你在物質方面成功，所以你認爲同樣的情況也可以發生在神性——那是沒有辦法的，那是不可能的。你無法攻擊天堂，你不能夠帶著刺刀去到那裡，你不能夠強迫神性對你打開它的心，因爲每當你強迫，你就封閉了，那就是困難之所在。每當你強迫，你就封閉了，而如果你是封閉的，神性就無法顯露給你。

當你不強迫，而只是像白雲一樣地飄浮，只是在那裡閒逛，沒有作任何努力要去達到任何地方……當沒有目標，也沒有努力，當你不想達成任何事情，當你沒有努力要去達成它，當你以你現在這樣就覺得很快樂，當世界像現在這樣，你就覺得很快樂，當你按照事情本然的樣子來接受它們，你不想改變任何事，突然間，你就被帶進一個存在不同的層面，你了解到說那個門一直都是開的，它們從來就不曾關閉過，它們不可能關閉！神性的奧秘一直都靠近你，它從來沒有離得很遠，它不可能離得很遠，因爲你就是神性的一部份，不論你去到那裡，那個奧秘都會跟著你走。

問題不在於找尋或追尋，問題在於保持寧靜，讓它發生。

當你追求，你就錯過了，因爲一個追求者總是暴力的。當你找尋，它將不會來到你身上，因爲一個找尋的頭腦太被佔據了，它沒有空，它從來不在此時此地，它總是在未來的某一個地方：什麼時候會發現，什麼時候那個探索可以完成，什麼時候那個追尋可以結束，它總是在終點的某一個地方，它不在這裡，而神性是在這裡，所以你們從來不碰頭，一個追求者從來不會到達。

那並不是說你不應該成爲一個追求者，在剛開始的時候，你必須是一個追求者，沒有其他的方式，你必須去追求，你必須做盡一切努力。藉著做盡一切努力而變成一個瘋狂的追求者，你將會了解到說，唯有當你處於一種不追求的頭腦狀態下，它才會發生。

有時在休息的時候，它會來到你身上，有時在睡覺的時候，它會降臨到你身上，有時候只是在街上走路，它就浮現了，有時候只是在早晨看日出，什麼事都不做，只是成爲一個被動的覺知，只是看著太陽在上升……或是月亮在寒夜的湖面閃閃發光，或者只是一朵花打開它的花瓣，而你只是一個被動的覺知，只是在看……因爲在你的部份並不需要什麼。當一朵花開，它並不需要你的幫助。

有一些愚蠢的人會試著想要去幫忙，他們將會摧毀那朵花的整個美，這樣的話，那朵花將永遠不會眞正地開，即使你強迫它打開，它也將會是一朵封閉的花，那個開花並沒有發生，它是被強迫的，任何被強迫的東西從來不會開花。

太陽的升起不需要你的幫忙，有一些人認爲他們的幫忙是需要的。有些人闖出很多災禍——很多災禍，因爲他們認爲到處都需要他們的幫忙。

在眞實的生活裡，不論眞實的存在在那裡發生，它都不需要任何人的幫忙，但是很難去抗拒那個誘惑，因爲當你在幫忙，你就覺得你在做些什麼，當你在做些什麼，你就創造出自我，當你什麼事都不做，自我無法存在，當你處於無爲的狀態下，自我就消失了。

看著太陽在升起，看著花瓣在張開，看著月亮在湖面閃耀，什麼事都不做，突然間，它就會降臨到你身上，你將會發現整個存在都充滿了神性，你的呼吸就是神性的。

用努力來達到無努力，用追求來達到不追求的狀態，用頭腦來達到沒有頭腦。

有兩種類型的人，其中一種，如果你說「努力」，他們會努力，然後他們不允許不努力，另外一種，如果你說「它唯有在不努力當中才會發生」，他們將會放棄所有的努力。這兩種人都錯了，這兩種人都走入了歧途。

這是生命的韻律：努力，好讓你也能夠不努力；努力到極點，好讓你也能夠達成沒有緊張意識的片刻；儘可能跑快一點，好讓你坐下來的時候，你能夠眞正坐下來；在努力當中竭盡所能，好讓你休息的時候，你能夠眞正休息。

你可以在休息的時候內在是不安靜的，你可以軀在地面上，但是那個不安還在內在繼續，所以你只是躺下來，但它並不是一個休息。你或許可以像一個佛一樣地坐著，但是內在有一個小孩在跑來跑去——頭腦一直在工作、在運作。內在你是瘋狂的，但是外在你以佛陀的姿勢坐著。你可以在外在完全靜止，完全不動，沒有活動，但是在內在，那個騷動一直在繼續，那是不會有所幫助的，要在努力當中結束那個騷動，盡你所能跑得快一點，竭盡你所有的力量！

因此我強調要做動態靜心，它是努力和不努力兩者，它是活動和不活動兩者，它是跑步和坐禪兩者。

南音洞察了他的門徒，看看他是否超越了努力？看看他是否已經達到不努力？看看意識對他來講是不是已經變得很自然、很自發性？看看他是不是已經不會混亂了？看看他是不是像晴朗的藍色天空？如果是這樣的話，他就可以成爲一個師父，他就可以被允許去教別人。

每當你想要去教別人，你就必須記住這一點，如果你想要對別人說些什麼，你只能說它是「關於」——關於神、關於覺知，讓別人知道說你還沒有達成，你是聽來的，你聽到了很美的事情，所以你想要分享，但是你並沒有達成，那麼你就可以成爲一個幫助，而不會毒化別人。

永遠都要記住：如果你不知道，你就說不知道，永遠不要假裝，甚至連負面的假裝也不可以，因爲你可以保持沈默，而不說你並沒有達成，即使這樣也是不好的，因爲在你的沈默當中，別人可能會覺得你知道，你要表達清楚說你不知道，但是你知道有人知道，你有聽說過。

在印度有兩種經典，一種叫做「書魯提」，另外一種叫做「書姆利提」，書姆利提意味著記憶，而書魯提意味著那被聽到的。那個被稱爲書姆利提的文獻屬於那些知道他們自己的人，那是他們自己的，他們在陳述他們自己的記憶，他們在陳述他們自己的經驗；而書魯提是第二種文獻，它是來自那些很幸運的人，他們曾經親近過那些知道的人，他們有聽說過。

永遠都要記住這個：如果你有聽過，那麼就說它是某種你聽來的東西。它是那麼地美，即使只是聽來的，它也能夠變成你的財富，即使只是聽來的，它也能夠碰觸到你的心，而你會想要去分享，但這只是朋友間的分享，你並沒有以師父自居，它只是一個愛的舉動，它只是分享你的快樂，你並不是在分享覺知。

除非你達到了，除非你達成了，除非它變成你自己的，否則不要去引導別人，那是暴力的。當你已經達成，你的存在就會變成一個引導。

這個來到南音禪師面前的門徒一開始就走錯了，因爲如果他已經準備好，南音一定會叫他，不必由他來決定說：現在十年的修行已經完成了，我必須去教別人，這樣的觀念是錯的。當門徒準備好，師父一定比他先知道，因爲師父對你的觀察一定比你對你自己的觀察更入微。

師父甚至會跟隨著你到你的夢中，他就好像一個影子，經常在觀照著那正在發生的，不管你是否有覺知到他的觀照，你不會覺知到，因爲它是一件很微妙的事。

每當一個門徒準備好，師父就會叫他來，然後告訴他說：現在你可以走了！用不著門徒來說，而如果門徒決定要說，那意味著他還沒有準備好——那個自我還在。

這個門徒想要成爲一個師父，每一個門徒都會這樣想，那個想法本身會變成一個障礙。十年已經結束了，他一定一直在計算，他一定是一個非常精於算計的人，否則誰會記住？如果你不能夠忘記時間，那麼跟師父住在一起又有什麼用？其他你還有什麼好忘記的？你在急什麼？

這個門徒並沒有臣服，他只是在等待、在計算，那個算術和邏輯還在，他對事情有一個固定的態度，他知道僧院的歷史，他知道說大約十年的時間，當門徒準備好，他就可以去教別人。

但是它視情形而定，並不是說每一個門徒在十年之內都會準備好，有一些門徒在十世裡面也不會準備好，而有一些門徒在十秒鐘之內就準備好。它並不是機械式的，它依那個門徒意識的品質和強度而定。有時候會有這樣的事情發生：只要師父看他一眼，門徒就準備好了。如果他是敞開的，如果沒有障礙，如果他是臣服的，那麼一個片刻也就夠了，甚至連一個片刻都不需要，那個事情的發生是無時間性的。

但是如果你在計算，而且在想說它什麼時候會發生？我已經等很久了，已經過了一年，然後又過了一年，然後已經過了十年，我一直在等待，但是什麼事都沒有發生……如果你一直在內心計算，那麼你是在浪費時間。

門徒必須拋棄時間意識，時間屬於自我，時間屬於頭腦，而靜心是無時間性的。

這個門徒來到師父面前只是要說：十年的修行已經完成了，我現在應該去那裡？我現在應該去那裡教別人？我已經準備好了，因爲十年已經過了。從來沒有人可以以那樣的方式準備好，那就是爲什麼師父必須問問題，爲的只是要讓那個門徒感覺到自己的愚蠢。

禪師是很難纏的，他們很直接，很具有穿透力，他們會使你很難堪，對於一個已經等十年的大門徒，竟然問這樣的一個問題：你將鞋子擺在那裡？右邊或左邊？這算是什麼問題，他是什麼樣的一個師父，竟然問一個大門徒這樣的問題？

這並不是什麼玄學的問題，你無法找出更瑣碎的問題，你無法找出更凡俗的問題——問說鞋子放在那裡。他應該問關於神的問題，那個門徒一定有準備好的答案；他應該問關於天堂和地獄的問題，那個門徒一定有準備好的答案，那個門徒一定整個頭腦都塞滿了答案，那就是爲什麼他浪費了十年的時間在閱讀、在學習，所有的經典他一定都非常熟悉，他已經準備好！師父可以問任何問題。

記住：如果你接近一個成道的人，他從來不問你能夠回答的問題，它並不是回答的問題，它是用整個人來反應的問題。

師父問了一個這麼沒有用的問題：你將你的鞋子擺在那裡？門徒的整個玄學一定都被粉碎了，他一定在想：他到底是那一種人……？我在這裡，完全準備好，所有的答案都在那裡等待著，不論你提出什麼樣的問題，我都可以回答，即使佛陀沒有回答過的問題，我也會回答，我知道所有的書和所有的經典，我已經讀過所有的東西，我已經研究過所有的經典，而且都將它們記起來。

他準備得好好的，但是這個人卻在問鞋子！這個人眞的是問了一個不能夠回答的問題，因爲對於這樣的問題，你根本無法事先準備，它是完全不能預測的。

這個門徒感到遲疑，遲疑就是他的反應，遲疑顯示出那個門徒的一切，遲疑表示他還沒有覺知，否則不可能遲疑，你會馬上行動！如果他有警覺的話，他就應該立刻做出什麼，他就應該以一種很全然的方式來反應，但是他卻陷入了頭腦——疑惑、遲疑、混亂。

這個故事很美。當西方人一開始接觸到禪，他們無法相信這些禪師所做和所問的事——盡是在問一些荒謬的事。你問師父一個問題，他會反應，沒有一個禪師會給你答案，他會反應。

有一個追求者，一個哲學式的追求者，來到布克由禪師那裡，他問布克由說，那個途徑是什麼？布克由看著附近的山，然後說：這些山很美。

這似乎很荒謬！因爲他在問：那個途徑是什麼？而布克由卻說：這些山很美。

那個追求者感到很失望，就立刻離開，然後布克由笑得很美，有一個門徒說：師父，那個人一定認爲你瘋了。布克由說：我們兩個人之中一定有一個是瘋的。要不然就是他瘋了……因爲那個途徑是不能用問的，你必須去經歷它，在經歷當中，那個途徑才能夠被發現，它並不是就準備得好好的在那裡，所以我不能夠說它在那裡，它並不像一條高速公路，已經準備好在那裡等著你，叫你來走過它。沒有一個途徑是像這樣的，否則所有的人一定老早以前就到達了。如果那個途徑是已經做好的，每一個人一定都經歷過了。

那個途徑是透過你的經歷才創造出來的，它並不是在那裡等著你，你一開始去經歷，它就被創造出來，它是來自你，就好像蜘蛛網來自蜘蛛一樣，它是透過你而來的，你將它創造出來，然後你去經歷它，你經歷了它，然後你就更創造出它。

而且你要記住，那個途徑會隨著你而消失，所以別人無法去經歷那個途徑，它是不能夠借用的。

所以師父說：它是不能夠問的，只有愚蠢的人才會問這樣的問題：那個途徑是什麼？你就是那個途徑！

然後門徒問說：我了解那個，但是你爲什麼要談到山？師父說：師父必須談到山，因爲除非你跨過了那些山，否則你無法找到那個途徑。超越那些山就是途徑，那些山非常美，沒有人想要跨越它們。那些山很迷人，具有催眠作用，每一個人都會迷失在山裡，但是那個途徑是在山的另一端。

一個師父會反應，他會擊中你眞正的需要，他不會去顧慮你的問題，你的問題或許有關，或許無關，但你一直都是有關的。他會洞察你，他會打擊你，但是理智型的人總是會錯過這一類的答案。

第十一個早晨

一九七四年五月二十日

你就是那個會合點

鍾愛的師父，當我們坐在你的前面，聽你講道，感覺你的「在」，每一件事都覺得可能，但是當我們回到我們日常生活的情況，事情似乎就沒有那麼清楚，我們覺得好像跟你失去了連繫。

你告訴我們說，我們不應該拋棄世界，而要很靜心地處於它裡面，你也告訴過我們，說我們應該成為自發性的、應該很瘋狂，我們要如何將這兩者整合起來，而不要疏遠周遭的家人、朋友、和社會？

一旦你以兩個矛盾，以及如何使它們和諧來思考，你將永遠都會有困難，那麼每一件事都將會是一個妥協。用妥協的話，沒有一個人會覺得滿足，一直都會覺得缺乏某些東西或欠缺某些東西。如果你做這個，那麼在另外一端有某些東西必須失去；如果你做那個，那麼在這一端有某些東西必須失去，而那些你失去的東西會繼續在你的腦海中盤旋，它將永遠都不會讓你成爲喜樂的。

所以第一件事是：永遠都不要以妥協來思考，但是如果你以矛盾，以及如何使它們和諧來思考，你就一定會以妥協來思考，所以，我要給你什麼建議呢？第一件事就是：永遠都要在內在整合，不要去想任何外在的整合，因爲你就是那個會合點。當你單獨一個人的時候，你靜靜地坐著，在生命裡面，你必須很活躍，你必須涉入。寧靜和涉入是矛盾的兩極，但是它們兩者在你裡面會合。你是寧靜的，你也是涉入的。

如果你是整合的，你的寧靜和你的涉入都將會是整合的。你的單獨和你的跟你太太、或你先生、或朋友，這是矛盾的兩件事，但是你在兩者裡面。如果你是整合的，單獨一個人你會很快樂；如果你是整合的，跟別人在一起你也會很快樂，快樂就是你的品質，快樂並不必依靠要成爲單獨的，或者是要跟別人在一起，如果它必須依靠，那麼就會有問題。

如果你覺得當你單獨的時候，你是快樂的，而你的快樂必須依靠你的單獨，那麼就會有困難，那麼單獨就是一定要的，那麼當你跟別人在一起，你就會覺得不快樂，那麼你就會開始想說要如何使這兩個相反的極端和諧地會合在一起。問題的產生是因爲你的快樂必須依靠你的單獨。不要成爲依靠的。

當你單獨的時候要快樂，讓快樂成爲你的品質，當你從單獨轉變到涉入，轉變到溝通和關係，那麼你還是需要帶著那個你單獨時的快樂品質，要攜帶著那個品質。

在剛開始的時候，它將會很困難，因爲你幾乎總是會忘記，它的困難是因爲你會忘記，因爲你没有經常覺知，但是漸漸地，你就能夠帶著那個品質。當你跟別人生活在一起，你仍然可以和你一個人的時候同樣地單獨，你保持是一個整合的靈魂。當你什麼事都不做的時候，你覺得很快樂、很安逸，這個安逸必須變成你的一個品質，而不是不活動的一個品質。

將這個品質帶入活動之中，那麼就不會有問題。剛開始的時候將會有困難，但是那個要點就是要記住説你的快樂、你的喜樂、和你的狂喜不應該依靠任何外在的條件，如果它是如此，那麼就會有矛盾，因爲，以你現在的生活，它一直都是依靠的，人們覺得當他們跟朋友在一起時，他們是快樂的，然後當他們單獨一個人，他們是無聊的、痛苦的，他們需要別人。

這些是外向的人，這是一種類型，另外一種類型是內向的人，每當他是單獨的，他就覺得快樂，每當他跟別人在一起，不快樂就進入了，這兩種人都處於他們那個類型的枷鎖裡，類型就是枷鎖，你必須免於類型，你必須既不是外向的，也不是內向的，或者兩者都是，如果你兩者都是，那麼你就不受類型的拘束。

所以，要怎麼做？永遠不要固定在一個情況，永遠都要走到相反的極端，而帶著那個品質，盡可能從一個極端走到另一個極端，而帶著那個品質，不久你就會知道，那個品質可以被帶到任何地方。

那麼你就不可能被送入地獄，因為即使你被送入地獄，你也會帶著你的快樂到那裡，那麼你就永遠不會害怕。

宗教人士害怕地獄，他們一直在渴望和找尋天堂，這些人根本就不具有宗教性，因為天堂和地獄兩者都是外在的條件，它們並不是你的品質。這些是世俗的人，那就是世俗的人在做的，他們說：如果這個條件被滿足，那麼我就會快樂。所以快樂必須依靠外在條件：如果皇宮在那裡，那麼我才會快樂；有很多錢在銀行裡，那麼我才會快樂；有一個很美的太太，那麼我才會快樂；或者有一個這麼好，這麼有愛心的丈夫，那麼我才會快樂。唯有當某種外在的東西被滿足，你才會快樂；你說：如果這個沒有被滿足，那麼我就不快樂。

這就是所謂非宗教性的人的情況，而所謂的宗教人士也一直在追求天堂，避免地獄，他們所做的事是一樣的！

對你而言，那個規範必須是：盡可能進入相反的極端，試著保持你內在的整合。靜靜地坐著，感覺看看內在的品質是什麼，然後帶著那個保存在內在的品質進入行動，它會常常失去，但是不必擔心，即使只有一次，你能夠將它帶入相反的那一極，你也就變成了它的主人，那麼你已經知道了它的訣竅。

那麼有時候你到山上去，它們很美，然後你回到世界，它也很美。如果山岳很美，那麼人為什麼不美呢？他們也是以他們自己的方式呈現出來的山。有時候要單獨，有時候要跟別人在一起，如果你是警覺的，那麼不僅不會有矛盾，還會有來自相反極端的幫助。

如果你能夠帶著來自單獨的快樂品質到社會，突然間你就會覺知到有一個新的現象、新的發生在你裡面，那就是：社會幫助你成為單獨的，而那個單獨幫助你深深地跟人們關連。

一個從來沒有生活在單獨之中的人無法知道關係之美，我說他無法知道，因爲他從來沒有單獨過。他從來不是一個人，所以他怎麼能夠知道關係之美？

而一個從來不曾住在社會的人無法知道單獨的狂喜。一個出生在寂寞地方的人，一個在寂寞的地方被帶大的人，你認爲他會狂喜嗎？你認爲他會享受單獨嗎？他只會變得很沒有生趣、很呆板。

去到山上，去到喜馬拉雅山上，人們生活在那裡，他們已經生活在那裡好幾千年，他們在那裡出生，但是他們並不能夠感受到你對喜馬拉雅山所感受到的那麼多的美，他們並不能享受你在那裡所享受到的那麼好的寧靜，他們甚至沒有覺知到那個寧靜的存在。當他們來到城市，他們會感覺到一種興奮，就好像你去到山裡，你也會覺得興奮一樣。住在孟買、倫敦、和紐約的人，當他們去到喜馬拉雅山上，他們會覺得興奮，而住在喜馬拉雅山上的人，當他們來到孟買、倫敦、或紐約，他們會覺得這個世界多麼美。

要去感覺需要相反情況的存在，因爲它可以變成一個對照。白天很美，因爲有夜晚；生命有那麼多的喜悅，因爲有死亡；愛變成一個內在的歡舞，因爲有恨。

愛引導你到一個意識的高峯，因爲愛可能會失去！它並不是你可以依靠的東西。這個片刻它存在，下一個片刻它或許就不存在了，它不在的可能性給予它的「在」一個深度。

當背景有噪音的時候，那個寧靜會變得更寧靜。就在幾個片刻之前，有一架飛機經過，你可以以兩種方式來看它：如果你是一個內在受打擾的人，你將會覺得它擾亂了寧靜；如果你的內在是整合的，那個飛機的噪音將會加深此地的寧靜，那個噪音變成一個背景，它給寧靜一個形狀或形式，它使寧靜更能夠突顯出來，當飛機經過之後，那個寧靜顯得比以前更寧靜，它依你而定。

永遠都要記住：不要依賴東西、情況、或條件，那麼你就可以移動，不要避免移動，否則你會被固定。每一個人都害怕移動，因爲你是依賴的。你無法走出你的山或你的孤寂而來到市場，因爲你知道你會被打擾。

這種能夠被市場打擾的寧靜算什麼寧靜？它有什麼價值？如果市場能夠摧毀它，如果世界能夠摧毀它，如果平凡的世界能夠摧毀它，那麼你的寧靜是非常無能的，如果你的寧靜眞的是強而有力，如果你已經達成它，那麼就沒有什麼東西能夠摧毀它。

有了寧靜就不難了解我所說的，那是我對生命每一個領域的態度。如果你是一個眞正的禁慾者，那麼你可以進入性，而它將不會摧毀你的禁慾，這很難去遵循。如果性會擾亂你的禁慾，那麼它並沒有什麼價值，你裡面仍然帶有那個品質！

如果你眞的活生生，充滿能量，你可以快快樂樂地死，只有弱者會不快樂地死，因爲他們從來没有生活過，他們從來没有嚐過生命的酸甜苦辣，他們一直都在希望、希望、又希望，但是生命從來没有發生在他們身上，那就是爲什麼他們害怕死亡。

一個充分生活過的人總是準備去死，一個眞正生活過的人每一個片刻都準備接受死亡。「接受」這個字用得並不好，最好是説「歡迎死亡」——很高興、很快樂地去接受它，那麼死亡就是一種冒險。如果你有眞正去生活，它應該是如此，那麼死亡就不是一個敵人，而是一個朋友。較深的生活會允許死亡，膚淺的生活會避開它，在生命的每一個領域裡都是如此。

如果你知道友誼是什麼，你將不會害怕敵人，你一定不會！那麼敵人有它本身的美，它也是一種友誼——只是在相反的那一端，它是相反那一端的愛的事件，它是一種涉入、一種託付。如果你知道友誼，你將會喜愛敵人。

那就是當耶穌説「愛你的敵人」時的意思，這句話的意思並不是基督徒好幾個世紀以來所解釋的那樣。你無法愛你的敵人！你怎麼能夠愛你的敵人？但是我要告訴你：如果你眞的愛你的朋友，你將會愛你的敵人，因爲一旦你知道了友誼之美，你也會知道敵意之美，它是反過來的友誼，這兩者都能夠給你一些東西，這兩者都能夠豐富你的人生。

相反之物並非眞的是相反之物，在深處，它們有一個很大的和諧，它們是同一個整體的兩個部份，這就是中國人所說的「陰和陽」，它們是同一個活動的一部份，它們是同一個輪子的一部份，它們並不是不相關的兩者。它們看起來好像是「二」，因爲我們沒有深入地看。由於我們膚淺的眼光和不具穿透力的頭腦，只有表面的意識，因此它們看起來好像是相反之物，否則它們並不是。

生命和死亡是朋友，它們互相透過對方而存在，它們各自對對方都有貢獻，如果沒有對方，它們就根本不會存在。生命能夠不要有死亡而存在嗎？人類一直在夢想要如何摧毀死亡，這是頭腦的態度，這是直線狀的頭腦，是邏輯的頭腦——如何摧毀死亡。因爲邏輯的頭腦說：如果沒有死亡，生命將會很豐富，這是很簡單的邏輯，即使小孩也能夠了解那個算術：如果沒有死亡，就會有更多的生命。

但是我要告訴你：如果沒有死亡，將不會有生命。

那就是爲什麼簡單的邏輯總是錯的。表面上它看起來好像很對：如果沒有敵人，整個世界都將會變成你的朋友；你錯了。如果沒有敵人，就不可能有友誼。邏輯說：如果沒有恨，如果一直都只有愛，那麼就會有更多的愛存在，所以邏輯家一直試著在摧毀相反的那一極，他們無法摧毀它，因爲生命比任何邏輯都來得更大。他們不能夠摧毀相反的那一極，這是很幸運的——他們不知道他們在幹什麼。如果相反的那一極不存在，那麼不要繼續相信說生命將會更多，愛將會更多，友誼將會更多，快樂將會更多，不，那是不可能的，因爲它的基礎已經被摧毀了。

正反兩極交互運作的觀點提出了完全相反的論調，這個正反兩極交互運作的觀點對生命來講是更眞實的。正反兩極交互運作的觀點說：如果你想要更多的生命，那麼就必須爲死亡作更多的準備。

你或許沒有覺知到，但是這樣的事會發生。當你開著一輛車，車子的速度越來越快，你更專注在速度，有一個片刻會來臨，死亡隨時都可能發生，那麼你就變得活生生，那麼生命的火焰就會燃燒得很快、很烈，那就是爲什麼速度有那麼多的吸引力和磁力，因爲速度把你帶到更接近死亡，當你更接近死亡，生命就會變得更多，它是依同樣的比例在成長的。那就是爲什麼戰爭有那麼多的吸引力，因爲在戰爭當中，死亡總是離你很近。

你或許會認爲在戰場上打仗的士兵一定很痛苦，你錯了，如果是這樣的話，沒有人會願意去打仗。他們並不痛苦，眞正的情況剛好相反：當他們回到平凡的世界，他們才會痛苦。當他們在戰場上，在前線作戰，他們並不痛苦，所有的痛苦都消失了。他們非常接近死亡，以致於他們首度感覺到他們是活生生的。當他們越接近死亡，他們的活生生就變得越明顯。當四周都在爆炸，彈殼飛來飛去，任何片刻他們都可能就這樣死掉，在那個片刻，他們會感到一種狂喜，他們深深地碰觸到了生命。

當死亡吻著你，它也是一個生命之吻，那就是爲什麼冒險和勇氣有那麼多的吸引力。

如果你害怕，你就沒有辦法得到生命。我要告訴你，靜心就是最大的勇氣和最大的冒險，因爲即使在戰場上，你都沒有那麼接近死亡。即使你覺得你接近死亡，它也只是身體的死亡，身體的死亡意味著表面的死亡，是外殼或身體的死亡，是你的房子在靠近死亡，而不是你在靠近死亡，是你的庇護所要被摧毀，而不是你要被摧毀，但是在靜心當中是你要被摧毀，不只是那個庇護所要被摧毀，而是主人要被摧毀，不只是那個房子要被摧毀，而是主人要被摧毀，是自我要被摧毀，所以最偉大的戰士總是對靜心有興趣。

我要告訴你一個現象，它發生在印度，也發生在日本，將來還會發生在任何有戰士誕生的國家。

在印度，所有偉大的靜心者都是戰士，而不是婆羅門，這看起來很奇怪，婆羅門應該是偉大的靜心者，他們一直都寫文章在評論優婆尼沙經、吉踏經、和吠陀經，他們甚至創造出玄學，他們是世界上最偉大的玄學家，就語言的表達而言，就邏輯而言，世界上沒有其他任何地方有任何人能夠跟婆羅門相比，他們非常精微，但他們並不是偉大的靜心者。

佛陀是一個偉大的靜心者，他是一個戰士；馬哈維亞是一個偉大的靜心者，他是一個戰士，不是一個婆羅門，所有二十四位耆那教的大師都是戰士，這似乎很奇怪，爲什麼？

在日本有武士存在，他們是戰士，他們是世界上曾經存在過的最偉大的戰士。日本武士是戰士的最高峯，是戰士的最終可能性。每一個片刻，武士都準備去死，爲了很瑣碎的小事，他也準備去死，那是你所無法想像的。

我聽過一個歷史的事實，它發生在三百年前，有一個日本武士，一個偉大的戰士，他喝酒喝得爛醉，突然間國王要召見他，所以他就去了，他試著保持警覺，但是他太醉了，因此他忘了一些小的禮節——向國王鞠躬時，身體要彎下來多少度——當然，他也鞠了躬，但是那個角度並不很準確。

隔天早上，當他清醒過來，他立刻自殺，你一定聽過「切腹」這個字，切腹自殺是日本武士專有的，他們一感覺到事情有什麼不對……只不過是一個普通的禮節，國王也沒有說什麼。戰士太偉大了，國王根本不必提它，他就自殺了，隔天，當國王知道說那個武士自殺了，他流下了眼淚。

那個武士有三百個門徒，他們也立刻自殺，因爲如果師父犯了一個錯誤，門徒就應該跟進。

你一定會感到驚訝，它似乎是無法相信的，持續一百年的時間，這件事還在繼續，這件小小的事——有更多的門徒，門徒的門徒，因爲一旦師父……武士喝醉酒去到國王那裡做錯事這種事以後從來沒有被聽到過。爲了這麼瑣碎的事情！死亡似乎非常容易，隨時可以做！

這些武士創造出禪，它是世界上最偉大的禪的傳統，這些武士非常深入靜心。

這是我的感覺，除非你準備去死，否則你並沒有準備好去靜心。在一個很深的層面上來講，戰爭和靜心是同義詞，每當有一個你要被摧毀的可能性，在那個片刻當中，你生命的火焰就會完全燃燒，那個全然的強度就會發生在你身上。

相反的兩極已經在會合，你不需要再去試著使它們會合，你不需要試著去綜合它們，它們已經在會合，它們已經處於一種深深的和諧之中，但是「你」並沒有處於和諧之中，那才是問題之所在。

所以當你很健康，你會有一種幸福感，將那種幸福感帶到你生病或不健康的情況裡。我要告訴你，那個幸福感不需要依靠健康，那個幸福感是一種內在的感覺，它不需要依靠身體，即使當你在生病的時候，你也可以攜帶著它。

拉曼馬赫西正在垂死，他得了癌症——喉癌，他幾乎不可能講話，也幾乎不可能吃東西，但是那些在最後一天圍繞著他的人都感到很驚訝，他是那麼地快樂，他的眼睛充滿著一種微妙的幸福，身體的情況已經很糟糕，整個身體就好像一個廢墟，但是拉曼本身可不然，他跟以前一樣地健康。

有一次一個師父在垂死，他已經很老了，幾乎有一百歲，門徒們在那裡，他們不能哭，因為他在笑，他們不能哭，因為它看起來很荒謬，這個人是那麼地快樂，洋溢著快樂，就好像一個小孩子，在享受著他的最後一口氣，唯有在他死後，他們才能夠哭。

有人問說：當他活著的時候，你們為什麼不哭？他們說：它似乎非常荒謬，看著他的臉，看著他的眼睛，看起來好像他即將要進入一個存在更高的領域，好像死亡只是到達神性的門，好像他並不是即將要死，而是要被再生。他並不是一個老年人，如果你洞察他的眼睛，他是一個小孩，只有他的身體是老的。

那個幸福感是可以被攜帶的，即使當你病得很嚴重，你也能夠維持在內在的幸福感，另一個情況是你所知道的：即使當你完全健康，你也會感到不幸福，這是你所知道的！所以這個也是可能的：當你完全健康，但是你卻覺得很痛苦，當你很年輕而且活生生的，但是你的內在好像快要死掉，整個人生的事情對你來講好像是一個重擔，它是壓在你身上一個死的重量。

你活著，因爲你不能夠不活著，你可以怎麼樣呢？你是活的，你發覺你是活的，所以你就繼續活著，但生命對你來講並不是一個狂喜的現象，你並沒有在它裡面感到喜樂，你並沒有在慶祝它。

這麼偉大的一個祝福！——居然能夠活著。即使只有一個片刻能夠活著，而且又能夠覺知，這也已經太棒了，有那麼長的生命，有那麼多世……但是你卻不感謝，因爲除非你慶祝，否則你怎麼會感覺到任何感激或任何感謝？

你是完全地年輕，完全地活，但是內在卻帶著痛苦。在垂死的時候，一個知道的人會帶著幸福感，笑聲將會來自他的內在，來自他存在的最核心。

不要試著去綜合生命相反的極端，只要在內在整合，當我說「只要在內在整合」，我的意思是說任何你在單獨的情況下所感覺到的，要將它帶到市場；任何你在靜心當中所感覺到的，要將它帶進愛裡面，因爲在愛當中，別人會在，而在靜心當中，你是單獨的。

遲早那些事情將會自己安定下來，你不需要去安頓它們，你只要安頓你自己。把你自己安頓下來，事情就會自己安排得好好的，它們一直都會安排得好好的，它們一直都會跟隨著你。一旦你定下來，整個世界都會定下來；一旦你處於和諧之中，整個世界都會處於和諧之中；一旦內在的調和達成了，外在世界就不會有不調和。

我所要強調的，我絕對要強調的，就是：你要定下來，不要試著在相反的極端裡找尋任何和諧，你永遠無法找到它，如果你嘗試得太過份，你將會越來越被打擾，因爲那是不可能的！

另外一件你所問到的事是：當你跟我在一起的時候，你感覺到一種幸福感，你感覺到一種寧靜，你覺得每一件事都可能。那也可能變成一種依賴，那麼當你沒有跟我在一起的時候，事情似乎變得更不可能，事情似乎沒有那麼調和，你會覺得很混亂。

當你跟我在一起，你感覺到寧靜，因爲你比較少，當你跟我在一起，跟我坐在一起，有一些片刻，你變得無我，有一些時候，你不在那裡，你只是跟我在一起，那個障礙被打破了，那個牆消失了，在那個片刻，我流進你裡面，每一件事似乎都變得可能

當你回到家裡，當你離開我，你的牆就再度築起來，你就在那裡，那麼事情就沒有那麼美，所以，試著去了解正在發生什麼，當你離開我的時候，要帶著它。

到底發生了什麼？當每一件事似乎都可能，即使最終的成道似乎也可能，到底發生了什麼？——你不在那裡。如果沒有你，每一件事都可能，如果有你，每一件事都不可能，你就是難題。

聽我在講，你會忘掉，如果你忘掉，你就不在那裡，因爲你的在或是你的自我只是一個心理現象，你必須每一個片刻都去創造它，就好像你在騎腳踏車，你必須繼續踩，如果你停一下子，輪子就會停止。有一個動量，一個小小的動量，腳踏車在走了幾碼之後就會停止，如果你想要輪子繼續轉動，你就必須繼續踩，它是一個持續的過程，輪子的轉動並不是永遠的，它必須每一個片刻都被創造出來，自我必須每一個片刻都被踩——你在踩它。

當你在這裡，那個踩停止了，你更顧慮到我，你的整個焦點和注意力都轉移了。它就好像一個小孩在騎腳踏車，他對每一樣東西都很好奇，他看到一棵樹，有好幾

百隻鸚鵡在那裡喋喋不休，他就從脚踏車上摔下來，因爲他的注意力轉移了，他停止踩脚踏車，他忘了他騎在脚踏車上，而必須繼續踩。

小孩子在剛學騎脚踏車的時候感到很困難，就是爲了一個原因——因爲他對每一樣東西都很好奇。沒有一個國家會發駕駛執照給小孩子，因爲他們太好奇了，他們會忘記，他們隨時都可能將注意力轉移到別的地方，他們會忘記他們在開車，他們會忘記他們有一個危險的工具在他們的手中，它可能會危及別人的生命。他們的注意力不集中，他們的意識到處流動。

當你在這裡，你非常顧慮到我，你非常涉入我，因此你忘了繼續踩，有一些片刻，當你完全忘掉你自己，寧靜就降臨到你身上，有一種喜樂會升起，每一件事似乎都可能，只有對神來講才會每一件事都可能，對神來講，沒有一件事是不可能的，在那個片刻，你變成好像神一樣。

當你離開我，你就退回來了，你的頭腦開始思考，你開始踩脚踏車，你會踩得更多，因爲你必須補償，有一些片刻你沒有踩你的脚踏車，所以爲了補償，你就踩得更多，強烈的自我再度恢復，你就失去了跟你自己的連繫。

跟我在一起，眞正發生的情況是：你跟你自己的接觸更多，自我不存在，你跟你自己深深地接觸，你內在的泉源在流動，隨時可取用，能量沒有阻礙，但是當你離開我，所有的阻礙就又回來了，舊有的習慣就又回來了，然後事情就似乎沒有那麼好，然後整個跟我在一起的現象似乎就好像是一個夢，你簡直無法相信，它看起來好像是一個奇蹟，你認爲或許我有做些什麼，但是其實我什麼事都沒有做，沒有人能夠對你做任何事，它之所以發生是因爲你讓它發生。

當你離開我，要帶著這種感覺，任何你在這裡所感覺到的，你都要帶著它，那麼你對我的需要就會變得越來越少，否則我可能會變成一種藥物，你每天早上醒來都會開始對我渴望，然後你又會準備來找我。有一個很深的衝動，那麼我可能會變成一種藥物！然後你會變得越來越依靠我，那不是到達三托歷、三摩地、或成道的方式，那不是正確的方式。

如果你變得依靠我，我就變成藥物，這樣的話，我是有害的，但那是你把我變成藥物的。

當你跟我在一起、靠近我、或是處於我的「在」之中，不論你感覺到什麼，都要攜帶著它，你必須來到一個點，不管你是不是跟我在一起，你都要保持一樣，那麼我就是一個幫助，而不是一個枷鎖，那麼對你來講，我就是一個自由，我必須對你成爲一個自由，當我說我必須對你成爲一個自由，它意味著你必須來到一個點，一個你可以不需要我的點。

如果它是一個經常的依賴，你並沒有自由，它並不是一種幫助，它只是在延緩事情，一個眞正的師父永遠都會使他的門徒不需要他，這就是目標！

來到我這裡，離開我這裡，但是要帶著那個感覺在你裡面，你要保持一樣，進入相反的兩極，但是你永遠都保持一樣，那麼每一件事就都可能，因爲你是所有能量的泉源。

你裡面具有所有生命的泉源，一切發生在生命裡面的，都是從同樣的來源所發生的，你的發生也來自那個泉源，你跟它深深關連，你跟它合而爲一，如果小鳥能夠快樂地歌唱，你也可以，因爲提供牠們快樂和歌唱的是同樣的泉源，那個泉源對你來講也是隨時可以取用的，但是不知道怎麼樣，你卻創造出一些障礙。如果樹木是那麼地翠綠，那麼地自在，那麼地沒有煩惱，你也可以和它們一樣，因爲那個來到樹木的樹汁也會來到你身上，你或許忘了它，但它是存在的。

一切在生命中所發生的，一切在你周遭所發生的，以及所有的奧秘，都是你的傳統，你要將它拿回來。它就在你旁邊，它就荒廢在那裡，而你繼續在乞討。整個帝國就在那裡，整個帝國就荒廢在那裡，而你卻一直在乞討，將它要回來！

這就是它可以被要回來的方式：當你進入相反的極端時，要保持一樣，這就是克里虛納在吉踏經裡面所講的：在痛苦或快樂當中，要保持一樣；在成功或失敗當中，要保持一樣，不論發生什麼，要讓它發生，但是你保持一樣，這個一樣將能夠給你完整。

你還問了一件事：你提到說，我叫你們要生活在世界裡，而不要拋棄它，但是要全然地瘋狂和狂喜，這似乎很困難，因爲這樣的話，你怎麼能夠很正常地生活在世界裡、生活在跟人們的關係裡？是的，我有這樣告訴你們。

有一件事：對我來講，拋棄世界是醜陋的，因爲那似乎是在拋棄神所給予的禮物。生命並不是由你創造的，你的存在並不是由於你的選擇，它是一項禮物！拋棄它是在反對神，所有的棄俗都是在反對神，它是在對神說不。

那就是爲什麼那些棄俗的人變得更自我主義。當你棄俗的那個片刻，你是在說：我比生命更聰明，我比一切事物所從出的神性泉源更聰明；當你棄俗，你是在說：由我來選擇；當你棄俗，你是在使用你的意志——意志創造出自我。

當我說不要棄俗，我是在說：不要成爲一個意志，不要成爲一個作選擇的人，任何所發生的事情並不是因爲你而發生的，所以你是何許人，而可以選擇這個或那個？讓它發生，你能夠怎麼樣呢？讓它發生，不要被它所打擾。

棄俗只是一種逃避，因為你受傷，因為你受打擾，所以你棄俗，你拋棄那個情況，你並沒有拋棄那個會受傷的態度，你並沒有拋棄那顆帶著很多創傷的心，你並沒有拋棄那個任何人都可以傷害它的心，你並沒有拋棄那個生病的頭腦、那個一直都準備受打擾的頭腦。你拋棄世界，那是比較容易的，你逃到喜馬拉雅山上，但是一切在你裡面的仍然會跟著你，它將不會有任何差別，這是一種欺騙。

保持整合、保持寧靜、保持快樂，讓世界發生！你是何許人而可以決定棄俗或不棄俗？不管你在那裡找到你自己，要停留在那裡，要整合、要寧靜、要快樂，不要去到喜馬拉雅山上，要在你裡面創造出一個喜馬拉雅山，那就是我所說的「不要棄俗」的意思。不要去到山上，要在內在創造出那個寧靜，所以不管你去到那裡，那個山都會跟著你走。

關係是很美的，因為它是一面鏡子，但是有一些人很愚蠢，當他們在鏡子裡面看到他們的臉很醜，他們就將鏡子打破，那個邏輯很明顯：這個鏡子使你變醜，所以你就摧毀鏡子，那麼你就是美的。

關係是一面鏡子，不管你在那裡跟一個人關連——一個太太、一個先生、一個朋友、一個愛人、或一個敵人——就有一面鏡子在那裡。太太反映出先生，你可以在那裡看到你自己，如果你在那裡看到一個醜的先生，不要試著去離開你太太，那個醜是在你裡面，拋棄那個醜！這個鏡子是美的，要感謝這個鏡子。

但是愚蠢和怯懦的人總是逃避和拋棄，而勇敢和聰明的人總是生活在關係之中，他們使用它來作爲一面鏡子。跟一個人生活在一起是一個經常的反映，每一個片刻，對方都會將你顯露出來、暴露出來，那個關係越密切，那個反映就越清楚，那個關係越疏遠，那個反映就沒有那麼清楚。

那就是爲什麼所有的拋棄事實上都變成在拋棄愛。太太和先生變成破壞關係的基礎，因爲一天二十四個小時都跟一個人住在同一個屋子裡，一天二十四個小時都關連在一起……

即使當太太沒有在講話，不對他先生說任何事，他也是在反映，即使當先生在看報紙，他也是在反映。他放報紙的方式，太太就知道說報紙只是在創造一道牆，他隱藏在它後面，他或許假裝說他在閱讀，他或許在讀同樣的新聞兩次、三次，或許他根本就沒有在讀，只是很機械式地看過那些文字，但是他將他自己隱藏在報紙後面的方式也變成一面鏡子，他在逃避他太太，他已經受夠了他的太太，他不想要她在這裡，他不想看她，她的「在」使他覺得很重，他想要用什麼方法逃開。

當你處於愛之中，語言是不需要的，姿勢，甚至寧靜都變成很好的口才。一個經常的反映在繼續著，而每一個人都是醜的，因爲美只是某種當你內在的本質被顯露出來時漸漸發生的東西。自我永遠都是醜的，所以，唯有當自我不存在，一個人才會變得很美，是你的自我被反映出來。

那些一直提醒你說你很醜的人就變成了敵人，你會想要拋棄，但拋棄鏡子是聰明的嗎？它是愚蠢的。即使沒有人反映你，你還是保持一樣，當沒有人提醒你，你或許甚至會在同樣的方向有更多的發展。

鏡子很美，而且很好，它能夠幫助你。如果你很警覺，漸漸地，你就能夠拋棄自我，然後在別人的鏡子裡面，你漂亮的自己就會被顯露出來。

一旦你變成一個「空無」，或是變成一朵白雲，那麼世界上所有的湖都會反映出你的純白，都會反映出你飄浮的放開來。

所以我說只有一樣東西必須被拋棄，那就是拋棄那個拋棄本身，其他沒有。

生活在神所在的地方，如果你不喜歡神這個字，那麼你可以使用「整體」這個字，那是沒有問題的，它只是一個字而已。所以，不管是「神」或「整體」，當整體把你放在什麼地方，你就在那裡，整體從來沒有把任何人放在拋棄當中——從來沒有。整體總是把你丟進關係之中，因爲沒有人生下來是單獨的，沒有人能夠如此，至少需要母親和父親，一個社會跟一個家庭是需要的，整體總是把你丟進關係之中，那就是爲什麼我說拋棄是違反神的。

戈齊福有很多洞見，他的洞見之一就是：所有的宗教人士都在反對神，這是很奇怪的，但事實是如此，我完全同意他，他是對的，所有的宗教人士都反對神，因爲他們把他們自己看成判官：這是錯的，這是對的；這個應該做，這個不應該做；一個人必須離開世界。神把你丟進世界，而所謂的宗教傳道者卻教你要拋棄它。

我不是那種宗教人士，我贊成神，我贊成整體，不管祂引導你到那裡，你要像一朵雲一樣地移動，要跟著祂移動，將你自己全部交在整體的手中，唯一要記住的事是：要處於兩極之中——那個寧靜、那個平衡、那個完整。

但是你說：那將會很困難！是的，它將會很困難，如果你很喜樂，那麼你很難生活在一個病態的家庭裡，而每一個家庭都是病態的，它就好像你被迫生活在一個瘋人院裡，那將會很困難，因爲在那裡每一個人都是瘋的，所以你能夠怎麼樣呢？

如果你被丟進一個瘋人院，每一個人都發瘋，但是你並沒有發瘋，那麼你要怎麼辦？如果你眞的沒有發瘋，你將會扮成好像發瘋一樣，那是在那裡唯一聰明的方式，沒有人會知道你是健全的，因爲如果他們知道，他們一定會製造麻煩。在瘋人院裡，一個眞正聰明的人一定會裝得比任何瘋子都來得更瘋，那是處在那裡唯一安全的狀態。

所以，在這個每一個人都發瘋的生活裡，你能夠怎麼樣呢？這整個星球是一個瘋人院，一個大的瘋人院，每一個人都是病態的、生病的、有病的、不正常的，你能夠怎麼樣呢？演戲！當你覺得很想跟人在一起，你就跟人在一起，不要製造不必要的麻煩，只要演戲，而且享受那個演戲。

當你跟人們在一起的時候，你就演戲，但是對你自己，要非常狂喜，我這樣說是什麼意思呢？我的意思是說：如果附近有人死了，你要怎麼做呢？你要在那裡非常狂喜嗎？那麼你將會被打。你應該又哭又泣，演得美一點，因爲那就是在那整個病態的情況下，在那個死亡沒有被接受，在那個死亡被認爲是罪惡的情況下所需要的。不要爲任何人製造任何麻煩，如果你很聰明，你就演戲，演得很美，沒有人能夠在那裡哭得像你那樣，享受它！——那是你內在的東西。使它成爲一個狂喜！但是對外在來講，對你周遭的人來講，要演得很美。

在世界裡，要成爲一個演員，當你是一個演員，你就不會受打擾，因爲這樣的話，你知道說這只是在演戲。整個人生是一個大的心理劇，要在裡面成爲一個演員，而在內在，停留在你無我的喜樂之中。

第十二個早晨

一九七四年五月二十一日

不論你做什麼，都要很全然

你曾經告訴過我們，對師父要完全臣服，但是常常會跑出一些理由，使我們不確切地遵循你的指示，比方說，我們會說：師父並不知道情形已經改變了，師父並不了解西方的實際狀況。

我們應該遵循師父所說的每一件事，或者有時候我們可以用我們自己的決定？

你必須完全遵循這兩者的其中之一，或者完全不遵循。不要有任何妥協，因爲任何只用一半的心的東西不僅沒有用，而且還會有害，任何只有一半的心的東西都會使你分裂，那就是傷害，你必須保持是一個不分裂的統一體。

所以，或者是完全臣服……那麼在你這一方面就不需要去想什麼，只要盲目地跟進，我強調「盲目」這個字，好像你沒有眼睛一樣，由那個有眼睛的人來引導你，那麼你將會保持是一個不分裂的統一體，當你是不分裂的，當你是完整的，你就會成長。

或者，如果你覺得這個不可能，這個做不到，那麼就根本不要去遵循，那麼就完全按照你自己的意思，這樣你也會保持不分裂。

保持不分裂是最終的目標，兩者都可以，它最終的結果是一樣的。如果你能夠單獨一個人，不要師父，如果你能夠遵循你自己的意識，不管它引導你到那裡，它都是一樣的，那個結果是一樣的，所以它依你而定。

但是頭腦一直都會說：兩者都做。頭腦會說：遵循師父所講的，但是還要想想看，只遵循那些你認爲是對的。這算什麼遵循？這算什麼臣服？

如果你是裁判，如果你決定說要遵循什麼，不遵循什麼，那麼這算什麼臣服？這算什麼信任？那麼最好遵循你自己的意識，不要欺騙，這樣做至少不會有欺騙，否則你會繼續遵循你自己的方式，而你認爲你是在遵循師父的方式。

如果你是決定因素，如果你必須加以選擇，如果你必須拋棄某些東西，而接受某些東西，那麼你是在遵循你自己的方式，但是你可以在你的周圍創造出那個印象，或者你可以欺騙你自己說你是在遵循師父的方式，那麼它就不會有什麼結果，你將不會成長，因爲透過欺騙不可能有成長。

你將會變得越來越混亂，因爲如果由你來決定要做什麼或不做什麼，如果你必須從你師父的引導裡面去作選擇，你將會創造出一個混亂，因爲每當師父引導你，他的引導具有一種有機的統一，每一項指示都跟另外的指示有關連，它是一個濃縮的整體，你不能夠拋棄某些東西，而遵循某些東西，這樣做你將會變成一個廢墟、一個殘骸。即使只有一樣東西被拒絕，整個事情也就被擾亂了，你不知道事情是如何互相關連的。

所以，這是我對你的建議：保持是一個單位，不分裂的。決定，如果你必須決定，那麼你就決定：我將要遵循我自己的方式，那麼就不要臣服，也沒有這個需要！

這就是克利虛納姆提四、五十年來一直在說的：不要跟隨。一個人可以不跟隨任何人也可以到達，但那個路途是費力的，而且很長，因爲你並不準備接受任何可以給你的幫助；沒有引導，而那是可能的，它可以消除在那個途徑上很多不必要的困難。

這就是克利虛納姆提一直在說的，但是沒有人這樣做，這就是頭腦的困難，頭腦能夠接受「不要跟隨」，並不是因爲它了解，而是因爲不跟隨任何人能夠非常滿足自我。

沒有人想要跟隨任何人，在內在深處，自我會抗拒。

所以在克利虛納姆提的周圍，所有的自我主義者都聚集在那裡，他們再度欺騙他們自己，他們認爲他們沒有在跟隨任何人，因爲他們已經了解了跟隨的謬誤，他們已經了解說那個途徑必須單獨去走，他們已經了解說不可能從別人那裡得到幫助，沒有人能夠幫助你，沒有人能夠引導你，你必須單獨一個人走。他們認爲他們已經了解了這個，那就是爲什麼他們不跟隨任何人，這並不是眞實的情況，他們在欺騙，他們之所以沒有跟隨是因爲他們的自我不跟隨。

但是他們仍然繼續聽克利虛納姆提的演講。好幾年以來，他們都一再一再地去聽他演講。如果不可能有任何幫助，你爲什麼要一再一再地去聽演講？如果沒有人能夠引導你，一再一再地去聽他講有什麼意義，它是沒有意義的。

即使這個態度——這個你必須單獨去走那個途徑的態度，也不是由你發現的，它是由克利虛納姆提顯示給你的。在內在深處，他已經變成了你的師父，但是你還繼續說你不跟隨，這是一種欺騙。

同樣的欺騙也可以從相反的方向來發生，你來到我這裡，你認爲你已經臣服了，但是你仍然繼續在選擇。如果我說了一些適合你的東西——那意味著：它適合你的自我

——那麼你就遵循它；如果我説了一些不適合你的自我的東西，你就開始作合理化的解釋：這或許不適合我。所以你覺得説你已經臣服了，但事實上你並沒有臣服。

在克利虛納姆提周圍的人認爲他們沒有在跟隨任何人，但是他們有在跟隨；你們在我的周圍，認爲你們有在跟隨我，但是你們並沒有在跟隨我，頭腦永遠都是一個欺騙者，不論你去到那裡，它都可以欺騙你，所以要很警覺。

我要告訴你：你可以不要跟隨而到達，但是那個路途將會非常非常寂寞，非常非常長，它一定會如此，但是一個人可以到達，那並不是不可能的，已經有人到達了，我本身也是沒有跟隨而到達，你也可以到達，但是要記住，那個不跟隨不應該變成一種自我的滿足，否則你將永遠無法到達。

有沒有師父並不是基本要點，基本要點在於自我，在於你的自我。如果沒有自我，即使沒有師父，你也可以到達；如果有自我，即使一個佛也無法引導你。或者是完全跟隨，或者是完全不跟隨，重點在於完全，它由你來決定。

保持不被頭腦所欺騙，深入你自己裡面，覺知你正在做的事，如果你要臣服，那麼你就臣服。

我記得，有一次在戈齊福的團體裡，他跟幾個門徒在一起下功夫。那個事情需要絕對臣服，戈齊福告訴他們說，不論他說什麼，他們都必須遵循，他在幫助他們做一種練習，他稱那個練習爲「停止訓練」，每當他喊：「停！」不管你在做什麼，你都必須停止。

比方說你在走路，有一隻脚在地面上，然後他喊：「停！」你就必須停在那裡，或者你正在講話，你的嘴巴是張開的，然後他說：停！你就必須張開嘴巴停在那裡，你不可以去改變它，你不可以調整你的姿勢使它變得舒服一點，因爲那是一種欺騙，你除了欺騙你自己之外不能欺騙任何人。

有一次，突然間在一個早晨，人們在帳蓬外面作一些練習，有一些人經過附近的一條運河，他突然喊：「停！」——他本身在帳蓬裡面——所以人們就停住了。有四個人在經過運河，那是一條乾的運河，裡面沒有水，所以他們就停住了，但是突然間，有人將水龍頭打開，水就開始流進來。

他們開始想：要怎麼辦？因爲戈齊福在帳蓬裡面，他不知道他們站在運河裡，而運河裡面的水正在流，但是他們在那裡等，因爲頭腦可以等到某一個時刻。

當水流到他們的頸部，有一個人跳了出來，他說：這太過份了，戈齊福本身並不知道。然後那個運河的水位又升高了，當水靠近他們的鼻子，有另外兩個人跳開了，因爲再來他們就會被淹死了，很容易就可以作這種合理化的解釋。你也會這樣做，因爲他們已經瀕臨死亡，而師父在帳蓬裡面，他不知道！

只有一個人留下來，水流過了他的頭，他繼續站著，然後戈齊福衝出他的帳蓬，將他帶出那個運河，他幾乎已經昏過去了，必須將他體內的水壓出來，他差一點死掉。

但是當他睜開他的眼睛，他已經變成另外一個人，那個舊有的人已經死掉了，這是一種蛻變，他變得完全不同。

在那個死亡的片刻，到底發生了什麼？他接受了師父，他拒絕了他自己的頭腦和合理化的解釋，他拒絕了他自己求生的慾望，他拒絕了他自己最內在的生物求生本能，他拒絕了每一樣東西。他說：當師父喊「停！」，我必須停止，如此一來，已經沒有什麼東西能夠移動我。

它一定非常非常困難，幾乎不可能，但是當你做了那個不可能的，你就被蛻變了。已經快要死了，他還不允許頭腦來干涉，死亡就在那裡，但是他接受死亡，而不接受他自己的頭腦和判斷。

從此以後，他就不再是同樣那個人了，從此以後就沒有人再碰到過那個舊有的人。然後別人了解到說他們錯過了一個偉大的機會，那三個跳出運河的人錯過了一個偉大的機會。

這就是全然的臣服，它不是一個它是否吸引你的頭腦的問題，它不是一個你的頭腦要說是或說不的問題。當你臣服，你已經放棄了所有說「不」的可能性，不論那個情形怎麼樣，你都不會說「不」，完全的「是」就是臣服，非常困難！那就是爲什麼蛻變那麼困難、那麼不容易，那就是爲什麼靈性的誕生那麼不容易。

但我並不是說你無法單獨到達，你可以單獨到達，你可以跟著一個師父到達，你可以在一個團體裡到達，你也可以以一個個人到達，所有的可能性都是敞開的，我既不是贊成這個，也不是贊成那個，它由你來決定，不要有任何欺騙地來決定。

記住，這不是東方和西方的問題，在深處，頭腦都是一樣的，所有的不同都只是在表面上，東方或西方只是在表面上，它們或許是文化上的或種族的族性，但它們只是在表面上，在內在深處，人類的頭腦是一樣的，你來自那裡是無關緊要的。

臣服，或是保持完全單獨，但是這兩個途徑都只能由那個很全然的人來走。

佛陀單獨一個人達到成道，也有很多人跟隨佛陀而達到同樣的成道。

我不是某一個特定派別的支持者，我不跟克利虛納姆提一樣地說：只有這個途徑。

我不跟梅賀先生一樣地說：只有這個途徑。我知道他們爲什麼說：只有這個途徑。他們是爲了要幫助你，一旦你知道也有另外的途徑，混亂就在你裡面產生了，那麼你就開始搖擺，有時候你認爲是這個，有時候你認爲是那個。

那就是爲什麼師父們一直在說：只有這個途徑——只是爲了要讓你的頭腦不混亂，否則相反的東西也會吸引你，你會繼續改變你的觀點。爲了要使你很全然，所以師父一直強調一個途徑。

但是我要說，兩種都可以，爲什麼呢？因爲那個強調已經變舊了，你已經聽過太多關於：這是唯一的途徑。它已經變成死氣沈沈的陳腔濫調，現在它已經不能夠有所幫助了。

過去它曾經有所幫助，現在它已經無法有所幫助了，因爲世界已經變得非常統一，地球已經變成一個地球村，各種宗教之間互相都知道，所有的途徑也都已經爲人所知，現在人類已經熟悉各種途徑、各種可能性、和各種不同的選擇。

在過去，人們只知道一個途徑，只知道從他們自己的傳統所傳下來的途徑，因此強調「這是唯一的途徑」是好的，這樣可以使他們的頭腦能夠對它有信心、有信任，但是現在情形已經不是這樣。印度教教徒會閱讀可蘭經，基督徒會來印度尋求指引，回教徒也知道吉踏經和吠陀經。

所有的途徑都已經爲人所知，有很多混亂存在，現在，任何說「這是唯一途徑」的人已經無法有所幫助，因爲你知道別的途徑也存在，你同時知道從其他的途徑也有人到達或正在到達，因此我不強調任何途徑。

如果你臣服，你能夠接受我的幫助，如果你不臣服，你也能夠接受我的幫助，但是你必須對它很清楚。如果你選擇臣服的途徑，那麼你必須完全跟隨我，如果你選擇不臣服，那麼你也可以這樣決定，我可以成爲道上的朋友，不需要把我看成師父，我可以只是一個道上的朋友，或者甚至連一個朋友都不是。

你在找尋，你碰到一個完全不認識的人，一個陌生人，你問他：河流在那裡？要到河邊去應該走那一條路？當他告訴你之後，你謝謝他，然後你繼續走。我可以只是一個陌生人，甚至不需要成爲一個朋友，因爲對一個朋友來講，你也會涉入。你可以使用我的幫助，我的幫助是無條件的。

我不說：做這個，然後我才會幫助你。我不說：臣服，唯有如此，我才要幫助你。但是我必須說：做任何你喜歡做的，但是要做得很全然。如果你是全然的，那個蛻變就比較接近，如果你是分裂的，那麼它幾乎不可能。

這個傢伙也是沒有鬍鬚的

鍾愛的師父，當瓦坤看到有鬍鬚的菩提達摩的照片，他抱怨說：為什麼這個傢伙沒有鬍鬚？

奧修師父，為什麼你不留鬍鬚？

禪的傳統的確很美，菩提達摩留有鬍鬚，但是一個門徒問說：這個傢伙爲什麼沒有鬍鬚？

這個問題很美，只有禪宗的弟子會提出這樣的問題，因爲鬍鬚屬於身體，不屬於菩提達摩，那個傢伙是沒有鬍鬚的，因爲身體只是一個住處。

很明顯地，這個問題看起來很荒謬，但它是有意義的，這樣的問題已經被問過很多次。

佛陀一直在講話，不論早上、晚上、下午、在這個村子，或是在那個村子，或是在旅行當中，有四十年的時間，他都一直在講話，然後有一天，舍利子問說：你爲什麼保持沈默？你爲什麼不對我們講話？這很顯然是荒謬的！而佛陀笑著說：你說得對。

這個人一直在講，沒有人講得像佛陀那麼多，但舍利子是對的，因爲這個講話只是發生在表面上，而佛陀的確是保持沈默。

臨濟禪師常常說：佛陀這個人從來沒有被生下來過，從來沒有走在這個地球上，也從來沒有死——他只是一個夢，而他每天都會到廟裡去向佛陀的雕像鞠躬！

然後有人說：臨濟，你瘋了嗎？你每天都在說這個人從來沒有被生下來過，從來沒有死過，也從來沒有走在這個地球上，但你還去廟裡向他的雕像鞠躬。

臨濟說：因爲這個人從來沒有被生下來過，從來沒有走在這個地球上，也從來沒有死過，所以我向他的雕像鞠躬。

那個發問者繼續說：我們不了解，要不然就是你瘋了，要不然就是我們瘋了，但是我們不了解，你是什麼意思？

臨濟說：這個人的出生對他來講只是一個夢，走在地球上對他來講只是一個夢，死亡對他來講並不是眞實的，只是一個長夢的結束，而這個人，他本性的中心，是超越生死的。

據說佛陀一直都停留在第七層天堂，他從來沒有下來過，只有他的映象曾經在這裡，這是眞實的！這對你來講也是眞實的，你從來沒有下來過，只有映象下來，但是你變得非常跟那個映象認同，以致於你忘記了，你以爲你下來過，你不可能從你的本性下來，沒有任何方式可以掉下來。

但是你可以看著一條河流，你可以看到那個映象，然後你變得非常跟它認同，以致於你認爲你就是水面下的水，你可以因爲它而受苦，你可以感覺快要窒息，你可以感覺你快要死掉，而事實上你一直都站在岸邊，你從來沒有下到水裡，你不可能下去！

所以我要告訴你：不只是佛陀，其他人也從來沒有從第七層天堂下來過，從來沒有，但是有一些人會執著於他們的映象，或是跟他們的映象認同，這就是印度人所稱的「馬亞的世界」——映象的世界。我們停留在梵天——我們停留在最終眞實的存在裡——我們永遠都根植於那裡，從來不曾有人下來過，但是我們可能會跟映象或夢認同。

所以你問我說「這個傢伙也是沒有鬍鬚的」，你這樣問是對的，如果你看我的身體，那麼你並不是在看我，如果你看我，那麼你就會了解。

鬍鬚無法自己生長，鬍鬚只能夠長在身體上，這個鬍鬚眞的是非常象徵性的：靈魂是活的，身體是半死半活的，而鬍鬚幾乎是死的。你的毛髮是你身體一個死的部份，那就是爲什麼你可以剪掉它而不覺得有任何疼痛。如果你切掉你的手指，你一定會覺得痛，你的毛髮也是你身體的一部份，但是如果你剪掉它，你並不會覺得有任何疼痛，它是你身體上死的細胞。

所以有時候在墓地裡……如果你去到一個回教的墓地，挖出一具屍體，那個人死的時候或許沒有鬍鬚，但是死後卻長出鬍鬚，即使在已經死掉的身體上，鬍鬚也能夠生長，因爲鬍鬚是死的，它只是一些死的細胞。

留鬍鬚是好的，因爲這樣的話，當你站在鏡子前面，你能夠看到所有三個層面的你：那個完全死的、那個半生半死的、和那個完全活生生的。

鬍鬚是物質，身體是物質和靈魂會合在一起，那個會合總是困難的，但身體只是物質和靈魂會合的地方，當那個會合斷掉，那個平衡就喪失了，你就死掉了——物質再被物質吸收進去，靈魂再被靈魂吸收進去。

這個傢伙也是沒有鬍鬚的。

這整個問題是：爲什麼菩提達摩不是物質？而那個回答是：因爲靈魂不可能是物質。

但是禪宗的弟子以一種很奇怪的方式來問，其他地方沒有人問這樣的問題，你不能夠問基督教的教皇說：爲什麼耶穌這個傢伙沒有鬍鬚？這個問題會被認爲很凡俗，你不能夠跟耶穌那麼親密，你不能夠稱呼他爲「這個傢伙」，那將會看起來不神聖，你的行爲會被看起來好像是在侮辱，但是禪宗的人並不這麼想。禪說：如果你愛你的師父，你可以笑他們，如果你愛他們，那麼就不可能有任何恐懼，甚至連對一個神聖的人也不會有恐懼，如果你愛他們，那個恐懼就消失了。

所以當基督教的神學家首度知道禪的傳統，他們簡直不能相信說這樣的宗教也能夠存在，因爲禪宗的和尚一直在笑佛陀，有時候他們會用一些你無法相信的話，他們可能會稱佛陀爲「這個愚笨的傢伙」！如果你問他們，他們會說：是的，他很愚蠢，因爲他試著要說出一些不能夠說的事，他試著要蛻變我們這些不可能被蛻變的人。他是一個愚蠢的傢伙，他試著在做那些不可能的事！

禪師使用一些其他宗教不可能使用的詞句，但就是因爲那樣，所以我說其他宗教並沒有像禪那麼具有宗教性，因爲如果你眞正地愛，會有什麼恐懼呢？你可以開玩笑，你可以笑，而像佛陀這樣的一個成道的人將會跟你一起笑，那是沒有問題的，他將不會覺得受傷，如果他覺得受傷，他就根本沒有成道。他不會說：不要使用這麼凡俗的語言，因爲對佛陀來講，所有的語言都是凡俗的，只有寧靜才是神聖的，所以不管你稱他爲愚蠢的傢伙，或一個成道的人，這兩者對他來講都是一樣的。

我們所使用的語言是凡俗的，只有寧靜才是神聖的，所以不論你說什麼都一樣。

瓦坤這個門徒是在問：爲什麼菩提達摩這個傢伙沒有鬍鬚？

菩提達摩是第一位禪師：菩提達摩創立了這個一直都在流動、一直都在更新的禪宗之流。

一千四百年前，菩提達摩去到中國，當他進入中國，他把一隻鞋子放在他的頭上，一隻鞋子穿在他的脚上，另外一隻鞋子放在他的頭上，國王來迎接他，他變得很尷尬：這是什麼樣的禮貌？他已經等很久了，他在想：有一個神聖的人，有一個偉大的聖人要來，而這個人的行爲好像一個小丑。

國王覺得很受打擾，他覺得很不安，他抓到了機會就問菩提達摩：你到底在做什麼？人們在取笑，他們也取笑我，因爲我來迎接你，而你的行爲好像不是應該有的行爲，你的舉止應該像一個聖人！

菩提達摩說，只有那些不是聖人的人才會舉止像聖人，我是一個聖人！只有那些不是聖人的人才會舉止像聖人——他這一句話是對的，因爲唯有當你的行爲不是自發性的，你才會去關心它們。

國王說：我不了解——你將一隻鞋子放在頭上，你看起來好像一個小丑。

菩提達摩說：是的，因爲所有能夠被看到的都是小丑在演的戲，只有那個不能夠被看到的……你像一個國王站在這裡，長袍加身，衣著別緻，又戴上皇冠，這也是小丑在演戲，爲了要告訴你這一點，所以我將一隻鞋放在我的頭上，所有這些都是小丑在演戲，眞正的東西並不在外圍，注意看我！不要看我的身體。

他說，我將一隻鞋子放在我的頭上，這是非常象徵性的，我是在說：在生命裡面，沒有一樣東西是神聖的，也沒有一樣東西是凡俗的，即使一隻鞋子也跟你的頭一樣地神聖，我帶著這隻鞋子來作爲一個象徵。

據說國王深爲所動，但是他說：你太過份了。他又說，有一件事我想要問你：要如何平息我的頭腦？我覺得很沒有耐心，很煩躁、很不安。

菩提達摩說：明天清晨四點鐘帶著你的頭腦來我這裡，我將會使它平息。

國王不了解，他開始想：他這話是什麼意思，這個怪人——帶著你的頭腦來？當他走下菩提達摩所住的廟的階梯時，菩提達摩再度說：記住，不要單獨一個人來，否則我要平息什麼？帶著你的頭腦來，四點鐘的時候來，一個人來，不要帶侍衛，身邊不能有人。

國王整個晚上都睡不著，他在想，這個人似乎有一點瘋狂，當我在那裡，我的頭腦就很明顯地一定會跟著我，所以他爲什麼要堅持說帶著你的頭腦來？有時候他想：最好不要去，因爲誰曉得？一個人去，或許這個人會開始打我或搞出什麼花樣，你不能夠相信，你也不能夠預測這個人。

但是到了最後，他還是決定要去，因爲這個人眞的非常具有磁性，他的眼睛裡面具有某種東西，具有一種不屬於這個地球的火，他的氣息也很特別，有一種來自彼岸的寧靜，所以國王就好像被催了眠一樣地來了。菩提達摩所問的第一件事是：好，你終於來了，你的頭腦在那裡？菩提達摩周圍坐著很多他的門徒。

國王說：當我來的時候，我的頭腦就跟著我來了，它就在我裡面，它並不像一個我能夠攜帶的東西。

所以菩提達摩說：好，你認爲頭腦在你裡面，那麼你就坐著，將眼睛閉起來，試著去找出看看它在那裡，你只要將它指給我看，我就可以將它導正，我將會使你的頭腦變寧靜，你不必煩惱。

國王閉起他的眼睛試著去看，菩提達摩就坐在他面前，他試了又試，試了又試，時間一直在經過，然後太陽正在升起，他的臉部完全寧靜，然後他打開他的眼睛，菩提達摩坐在那裡，他問說：你可以找到它嗎？

國王開始笑，然後他說：你已經將它導正了，因爲我越是試著要去找出它，我就越發覺它不在那裡，它只是一個影子，它之所以存在是因爲我從來沒有穿透我的內在，它只是我的不在，當我變得「在」內在，它就消失了。

這個菩提達摩眞的是一位很稀有的人，他的門徒可以開他的玩笑或取笑他，他也會覺得很高興！一個成道的人是一個持續的笑，他不是一個像一般人所認爲的是一個嚴肅的人。

不管你在什麼地方看到嚴肅，你就可以知道得很清楚說有什麼東西弄錯了，因爲嚴肅是病態存在的一部份。除非花生病了，否則沒有一朵花是嚴肅的；除非小鳥生病了，否則沒有一隻小鳥是嚴肅的；除非有什麼不對勁，否則沒有一棵樹是嚴肅的。每當有什麼事情不對勁，就會有嚴肅發生。嚴肅是一種病，當每一件事都很好，笑聲就產生出來了。

菩提達摩一直在笑，他的笑是從肚子發出來的，是一種喧笑，他的門徒常常問一些除了菩提達摩以外沒有人能夠回答的問題。

我要告訴你：那個傢伙是沒有鬍鬚的，這個傢伙也是沒有鬍鬚的。

你能夠跟他談什麼呢？

高索（Goso）說：當你在路上碰到一位禪師，你不能夠跟他講話，你也不能夠跟他處於沈默之中，你要怎麼辦？

鍾愛的師父，當我們在草地上碰到師父中的師父，要怎麼辦？

是的，事情的確如此。當你在路上碰到一位禪師，你不能夠跟他講話，因爲你能夠跟他談什麼呢？你們的話語是那麼地不同，你們的語言屬於兩個不同的層面，你能夠跟他談什麼呢？你能夠問什麼呢？有什麼問題眞的值得問嗎？有什麼問題眞的有意義嗎？

當你碰到一位禪師，你要談些什麼？一切你所能夠談論的都屬於這個世界——這個世俗的世界，市場、房子、家庭，一切你所能夠談論的，一切你是的，都非常沒有用。

它的確如此，當你在路上碰到一位禪師……你總是會在路上碰到師父，因爲師父總是跑來跑去，你從來不會在任何其他地方碰到他。記住，你總是會在路上碰到師父，因爲他總是在移動，他是一條河流，從來不是靜止的，從來不是站著不動的，如果你無法跟著他移動，你將會錯過他，他總是在動，你總是會在路上碰到他。

你能夠跟他談什麼呢？你也無法保持沈默，因爲保持沈默對你來講幾乎不可能。你不能夠談話，因爲師父屬於一個不同的世界，你也不能夠保持寧靜，因爲你所屬的世界是從來不寧靜的，你的頭腦會繼續喋喋不休，你的頭腦是一個經常性的話匣子，不管是前後一致，或前後不一致，思想都會在你裡面不停地繼續下去，永無止境，一直在那裡繞圈子。

你無法寧靜，你也不能夠講話，那麼要怎麼辦呢？如果你開始講話，它將會顯得很荒謬，如果你要保持寧靜，那也不可能，最好不要由你來決定，問師父看看要怎麼辦。

告訴他：我不能講話，因爲我們屬於不同的世界，任何我所問的都將會是沒有用的，而任何你所能夠回答的，我也不會問，任何我所問的都沒有用，它甚至不值得回答。我無法保持寧靜，因爲我不知道寧靜是什麼，我從來不知道它，寧靜從來没有發生在我身上。我知道一種寧靜：兩個思想之間的空隙的寧靜，和兩句話之間的空隙的寧靜。

我們的寧靜就好像發生在兩個戰爭之間的和平，它並不是眞正的和平，它只是在準備另外一個戰爭。那個連接兩個戰爭的東西怎麼可能是和平？那個戰爭只是變得地下化而已，它是一種冷戰，它從來不是和平，我們的寧靜就好像是那樣。

所以你就這樣告訴師父，你說：我無法寧靜，我也不能夠講話，請你告訴我要怎麼辦。

不要由你自己來開始任何事情，因爲任何由你來開始的都將會是錯的。不論你講話或沈默，任何由你來開始的都將會是錯的，將每一件事都交給師父，問他說：我要怎麼做？如果他叫你講話，你就講話；如果他叫你保持寧靜，你就試著去保持寧靜，他知道，他只會要求那個對你來講是可能的事。

到了最後，他會要求那個不可能的事，但是他從來不會在一開始就這樣做。他在最後會要求那個不可能的，因爲到那個時候它也會變得可能，但是在剛開始，他只會要求那個可能的，漸漸地，他會把你推往最終的深淵，在那個地方，那不可能的會發生。

如果他叫你說話，那麼你就說話，那麼甚至你的說話都會是一個幫助，但是這樣的話，你並不是眞的在問，你的談話只是一種發洩，你在將你的頭腦帶出來，你在將你的頭腦表達出來，你在打開你自己，你並不是在問，你是在暴露你自己，這個暴露將會有幫助，你將會釋下很多重擔。

當一個師父接近你，如果你能夠眞正坦白，說出一切來到你身上的——不相關的、矛盾的；不要去管你自己，不要去駕馭它，不要去操縱它——當一個師父接近你，如果你能夠全部說出任何來到你頭腦的東西，它就變成一種亂語的發洩。如果你不去操縱，它會好像一個瘋子在講話。當一個師父接近你，如果你很坦白、很誠實、很眞實，將你的頭腦全部帶出來，師父將會從後門穿透你。你的頭腦從前門出去，師父從後門進入你。

所以當你在草坪上接近我，要很眞誠，而且很眞實，不要將那些理智的問題帶來，它們是沒有用的。玄學是世界上最沒有用的東西，不要問任何玄學的問題，它們是不眞實的，它們不屬於你，你或許聽過它們，或是讀過它們，但它們並不是你的一部份。將那些無意義的東西丟出來，不管它們是什麼，不要試著去操縱它，不要試著將它作合理化的解釋，或是去修飾它，讓它盡可能保持原來的樣子，因爲在師父面前，你必須是赤裸的，你不應該穿衣服，你不應該隱藏你自己。

那是一個暴露，如果你能夠把談話當作一種暴露，而不要當作一種詢問——只要打開你的心，什麼都不要問——那麼寧靜就會隨之而來，因爲當你暴露出你的頭腦，當你經歷了發洩，寧靜就會來到你身上，這是一種不同形式的寧靜——不是強迫的寧靜，不是控制的寧靜，沒有帶著你的任何努力的寧靜。

當你完全暴露出你的頭腦，完全釋放出頭腦裡面的東西，就會有一種寧靜出現，就會有一種寧靜降臨到你身上，淹沒了你，那是一種超出了解的寧靜，那是一種超出你的寧靜，那是一種屬於整體，而不屬於個人的寧靜。

那麼你就可以成爲兩者，當你在路上碰到一位禪師，你可以講話，你也可以保持沈默。

第十三個早晨

一九七四年五月二十二日

神在找尋你

昨天你很清楚地告訴我們說，我們需要完完全全地遵照師父的話去做，但是我們不能夠每一個細節都請教你。當我們的頭腦總是在找尋容易的方式，我們要怎麼樣選擇正確的途徑？

眞正的問題不在於請教師父，而是如何變得更靜心，因爲師父的身體部份並不是最重要的。如果你變得更靜心，你就能夠每一個片刻都請教師父，身體的在是不必要的，它之所以需要是因爲你不靜心。

因爲你跟你的身體認同，所以，在你的頭腦裡，師父也是跟他的身體認同。因爲你認爲你是一個身體，所以你也認爲師父是一個身體。然而師父並不是一個身體，當我說師父不是一個身體，我的意思是說他不侷限於時間和空間。

問題不在於處於他的「在」之中，不論你在那裡，如果你是靜心的，你就是處於他的在之中，即使當師父已經過世了，他也可以被諮詢。

即使在今日，佛陀仍然在被諮詢，而且那個回答也有被接收到。並不是說佛陀坐在某一個地方來給你回答，而是當你深入靜心之中，你就是佛陀，你的佛性就會升起，你的佛性就會回答你，這樣的話，佛陀就不再侷限於任何地方。那個意思就是說，對一個瞎了眼的人來講，他在任何地方都無法被找到，但是對一個能夠看的人來講，他到處都在。

不管你在那裡，你都能夠跟你的師父接觸。那個方式並不是去找師父，那個方式是走向內在，你越深入你自己，你就越能夠穿透師父。

回答將會出現，你將會知道和感覺到說那些回答並不是來自你的頭腦，將會有一種完全不同的品質，那個品質會有絕對性的改變，所以不會有混亂。當你的頭腦在回答，你會覺得是你在回答，當頭腦不在，而你變成靜心的，那麼那個回答就好像是來自其他某一個人，而不是來自你，你可以聽到它。

那就是可蘭經的奧秘，穆罕默德認爲他聽到了它，而他是對的，如果回教徒認爲是神在講話，那麼他們是錯的。當穆罕默德認爲他聽到了可蘭經，他是對的，而當回教徒認爲那是神在講話，他們是錯的，沒有人在講話。

當你的頭腦是寧靜的，從你本質的那個深度就會有答案升起，它是那麼地深，那麼地超越你所謂的頭腦，而使你覺得說你聽到了它，它來到了你身上，它被顯露給你。

你總是跟表面認同，而答案是來自深處。你不知道你自己的深處，所以你會覺得是神在回答，是師父在回答。就某方面而言，你是對的，因爲當那個回答來自深處，它就是來自師父。

印度人一直在說，你眞正的師父就在你裡面，外在的師父只是試著要將你內在的師父帶出來，使你內在的師父開始產生作用。每當你內在的師父開始產生作用，外在師父的工作就完成了，外在只是內在的一個代表。

我是你的深處，一旦你的深處開始產生作用，我就不需要了，一旦我覺得你的深處已經開始回答你，我將會停止回答你，我所有的回答並不是眞的顧慮到你的問題，我所有的回答都是顧慮到如何在你裡面創造出那個反應，好讓你內在的深度能夠開始對你講話，好讓你自己的意識能夠變成你的師父。

要變得更靜心，要變得更寧靜，讓越來越多的寧靜穿透你。

要怎麼做？要如何變得更靜心？

就某方面而言，這個事情是不能直接做的，因爲任何你直接做的事，頭腦都會介入。如果你試著成爲寧靜的，你不能夠如此，因爲那是頭腦在試著這樣做的。頭腦存在的地方就會有擾亂，頭腦就是擾亂，頭腦就是噪音。

所以如果你試著要成爲寧靜的，那是頭腦在試著要成爲寧靜的。你將會創造出更多的噪音，是這個噪音在關心寧靜，如此一來，你會去嘗試，你會去想，你會去做這個或做那個，這樣的話，你會變得越來越不安。

關於寧靜，你不能夠做什麼，寧靜已經存在，你只要允許它存在就可以了。

它就好像陽光，你的窗子是關閉的，你無法將陽光捆起來或裝在桶子裡而帶進你的屋子裡，你不能夠這樣做！如果你這樣去嘗試，那將會是愚蠢的，然而卻有很多人這樣在做。只要將窗戶打開，將門打開，讓微風吹動，讓陽光進來，邀請它，而你只要等待。

你不能夠強迫，每當你強迫，事情就會變醜。如果一個人強迫他自己成爲寧靜的，他的寧靜將會是醜的、歪曲的、強制的、人工化的，只是在表面上而已，在深處將會有動盪不安。

所以要怎麼辦呢？敞開你的頭腦來等待，看著樹木，看著鸚鵡在叫，聽著他們，什麼事都不要做，不論在你的周遭發生什麼，只要被動地警覺。水面上的光，河流在流，有噪音，有小孩在玩、在笑、在格格地笑，你只要在那裡，成爲一個被動的「在」，敞開、傾聽、看、不要思考。

小鳥在樹上歌唱，發出噪音……你只要聽，不要想，不要在你的頭腦裡對那些正在發生的事創造出第二個版本，只要讓它發生。遲早你將會覺得頭腦已經消失了，而有一個寧靜來到你身上，你將會實際上覺得它降臨到你身上，穿透你身體的每一個孔，進入得更深、更深。

剛開始的時候，它將會只有幾個片刻，因爲你已經很習慣於思考，你沈迷於思考，就好像一個人沈迷於酒精或藥物，只有在少數的幾個片刻之下才會有空隙，然後你又會開始思考，你或許會開始思考這個降臨到你身上的寧靜，你或許會開始思考說：喔！這就是師父一直在談論的寧靜——這樣你就摧毀了它。你或許會開始思考說：這就是優婆尼沙經裡面所說的寧靜，它是要被達成的目標，這就是詩人一直在談論的寧靜，那個超越了解的寧靜——這樣你就錯過了它。

詩人進入了，師父進入了，優婆尼沙經進入了……那麼你就錯過了它，你就失去了它，這樣的話，你就再度受打擾；這樣的話，你就不是一個被動；這樣的話，你並不警覺，那麼那些歌唱的小鳥就不再爲你存在，你的頭腦已經介入了，現在，那些漂亮的樹木已經消失了，太陽已經不再在天空，雲已經不再飄浮，現在你已經不是敞開的，你是關閉的，你的窗户關起來，你的門也關起來了。

思想和思考是關閉頭腦的一個方式，而不思考和無思想是打開它的一個方式。每當你不思考，你就敞開了，每當你在思考，一道牆就築起來了，每一個思想都變成一塊磚，整個思考的過程就變成一道牆，然後你就隱藏在牆的後面，在那裡又哭又泣的——爲什麼太陽没有達到你？並不是太陽的關係，而是你在你的周圍築起了牆。

要變得更靜心，每當你有任何機會、任何空間、任何時間，就讓事情在你的周圍發生，看深一點，留意一點，但是不要主動，因爲主動意味著思考。靜靜地坐著，讓事情發生，你將會變得很寧靜。

然後你將會知道，寧靜並不是頭腦的一個品質，頭腦不能夠被弄得寧靜，寧靜是你內在靈魂或內在本性的品質，它一直都在那裡，但是因爲頭腦經常喋喋不休，所以你無法聽到它。每當你變得被動，不思考，你就會覺知到它，那麼你是不被佔據的，在那個不被佔據的片刻，靜心就發生了。

所以不管那個情況如何——坐在市井之間——不要認為小鳥的歌唱是一定要的，它不一定要！因為市井的喧囂跟小鳥的歌唱一樣地美，人們在執行他們的工作、在談話、在聊天，到處都是噪音，你只要被動地坐在那裡。

記住「被動」這個字，和另外一個字——「警覺」，被動的警覺就是竅門之所在。

保持被動，什麼事都不做，只是聆聽，聆聽並不是一種作為，當你在聽的時候你並沒有在做什麼，你的耳朵一直都是張開的。當你要看的時候，你必須打開你的眼睛，至少必須如此，要聽的話，甚至連打開耳朵都不必，耳朵一直都是張開的，你一直都在聽，什麼事都不要做，只要聽。

不要評論，因為當你評論的時候，思想就進入了。一個小孩在哭，不要在你裡面說：為什麼他在哭？兩個人在打架，不要在你裡面說：他們為什麼在打架？我是不是要去做些什麼來讓他們不要打架？不，你什麼事都不要做，只要去聽那個正在發生的，只要跟那個正在發生的在一起，突然間就會有寧靜。

這個寧靜跟你所能夠創造出來的寧靜是完全不同的。你可以創造出寧靜，你可以坐在家裡，把門關起來，拿一串念珠繼續數，這樣也會有寧靜，但那並不是眞正的寧靜，它就好像給小孩子一個玩具去玩，他變得很專心於他的玩耍，所以就不會太調皮。

所以父母親使用玩具來作爲一個詭計，爲的只是要使小孩子不要太調皮。給了他玩具，他就會坐在一個角落繼續玩耍，然後父母親就可以繼續做他們自己的工作，而不會有小孩子在旁邊吵。但是那個小孩並沒有免除他的調皮，他的調皮只是被轉向玩具，就這樣而已，那個調皮還是存在，那個小孩還是一樣，遲早他會對那些玩具感到無聊、感到膩，然後他會拋開玩具而恢復調皮。

念珠是老年人的玩具，就好像你給小孩子玩具一樣，小孩子也將念珠給老年人，好讓他們不會產生一些奇奇怪怪的念頭，他們坐在一個角落繼續數他們的念珠，但是他們也會膩，他們會專心念，但是他們也會膩，所以他們就一直換念珠，然後他們會去找另外的師父，要求另外的咒語，因爲原來那個已經不管用了，但原來那個在剛開始的時候也是蠻管用的。

有很多人來找我，他們說：我們一直在念咒語，剛開始的時候，它很有幫助，但是現在已經不再有幫助，現在我們已經對它沒有什麼感覺，它已經變成一項無聊的工作，我們做它變成一種責任，但是那個愛已經消失了，如果我們不做它，我們會覺得我們失去什麼東西，但是如果我們繼續做，我們並沒有得到什麼東西。

這就是沈迷的意思：如果你做它，你並不能得到什麼，但是如果你不做它，你會覺得失去什麼。這就是抽煙者的感覺，如果他抽煙，他知道他並不能得到什麼，他只是在做某種愚笨的工作，那只是一件愚蠢的事——把煙吸進來，然後再吐出去。但是那個也像念珠一樣，你把煙吸進來，然後吐出去，吸氣、呼氣、吸氣、呼氣，它變成一串念珠，你繼續在數，你可以使它成爲一個咒語，當你把煙吸進去的時候，你說：南無；當你吐氣的時候，你也說：南無。如此一來，它就變成一串念珠。

任何你可以繼續重複的東西都可以變成一個咒語。咒語的意思就是重複念某一個字，或某一個聲音，咒語幫助頭腦變得專注，它是一種玩具，在剛開始的一小段時間裡，你會覺得很好，因爲一些奇思異想停止了，由於你非常專注，所以頭腦就無法運作，這是一種強迫的寧靜，它是不好的，它是負向的，不是正向的，這個寧靜就好像發生在墓地的寧靜，它是死亡的寧靜。

但是我所說的寧靜在品質上完全不同，它並不是一種轉移注意力，它並不是一種強迫的佔據，它也不是一種咒語的催眠，它是發生在你身上的一種寧靜，當你是被動的，而且很警覺，什麼事都不做，甚至連念珠都不數，有一種寧靜會發生在你身上，它是完全被動的，但是很警覺。

記住，因爲被動可以變成睡覺，所以我強調「警覺」這個字，因爲你可以變成被動而進入睡眠。睡覺並不是靜心，就它的被動性來講，它的品質跟睡覺是一樣的，但是它還有一個清醒的品質，那就是警覺。好像你在睡覺的時候一樣地放鬆，但同時又好像你醒來的時候一樣地警覺。

其中有一項睡覺時的品質是它所沒有的，那就是無意識，你不可以變得無意識，因爲靜心不可以是無意識的。另外有一個品質是你清醒的時候所沒有的，那就是「被佔據」，因爲如果你被佔據，那麼頭腦會運作，你就被封閉在思想裡。

當你清醒的時候有兩件事：警覺和不被佔據；當你在睡覺的時候也有兩件事：被動和無意識。有一樣東西來自清醒，有一樣東西來自睡覺——被動和警覺，它們的組合就是靜心，如果你將另外兩個剩下來的品質加在一起——被佔據和無意識，那麼你就發瘋了。那兩個因素——被佔據和無意識——造成瘋狂，造成一個瘋子。被動和警覺加在一起就會變成一個靜心的人，或一個佛。

你具有這四項因素，將其中兩個混合在一起，你會發瘋，但是將另外兩個混合在一起，你就變成靜心的。

這一點要記住：我一再一再地説，那個當你敞開的時候瀰漫著你的寧靜和喜樂並不是由你來做的，它是一種放開來，它是在你身上的一個發生，它來到你身上。

人們來到我這裡説：我們在尋找神，要如何找到祂？我告訴他們：你無法去接近祂，你無法去找尋祂，因爲你不知道祂，你要怎麼樣認出説祂就是神呢？你不知道祂，你要怎麼行動呢？你要怎麼樣去選擇那個路線？你不知道祂，你怎麼能夠決定這是不是祂的屋子，這是不是祂的住處？不，你不能夠這樣，你不能夠找尋那神性的，然而它並不需要，因爲神性一直都很靠近你，一直都在你裡面，只要你允許祂，祂就會來找你，祂就會來接近你。

神在找尋你，神一直都在找尋你，你不需要去找尋，如果你去找尋，你將會錯過，不要找尋！只要保持被動和警覺，好讓祂來的時候，你是敞開的。

有很多次，祂都來敲你的門，但是你卻睡得很熟，或者即使你聽到了敲門聲，你也會以你自己的方式來解釋它，你會想：那只是風吹得很快很強罷了，或者你會想：大概是陌生人敲錯了門，他將會自己走開，不需要打擾我的睡眠。

你的解釋是你的敵人，你是一個很會解釋的人，不論它是什麼，你就立刻去解釋它，你的頭腦就開始運作，開始將它咬碎，你會立刻改變它，你會給予不同的色彩，你會給它一個不同的意義，那個意義是以前從來沒有存在過的，你會將你自己投射在它上面，這樣你就摧毀了它。

眞實的存在並不需要任何解釋，眞理不需要任何對它的思考，從來沒有人透過思考而達到眞理，那就是爲什麼整個哲學都是虛假的，它一定會是虛假的，不可能有哲學是眞實的，而他們一直在打仗，哲學家們一直在奮鬥，想要證明他們的哲學是眞實的，不可能有任何哲學是眞實的，眞理不需要哲學，哲學意味著在想關於什麼，在對事情作合理化的解釋，哲學意味著對事實加以解釋。

宗教說：那個是的，讓它發生，一切你所能夠做的就是，拜託，不要去打擾它，只要讓它發生。

保持警覺和被動，那麼就不需要來到我這裡，我會去到你那裡。我已經到過你那裡很多次了，每當你是寧靜的，我就去到你那裡，所以這並不是一個理論，你們之中有很多人甚至都經驗過，但是你們也會將它加以解釋。

人們來到我這裡說：今天早上在靜心的時候，我突然感覺到你，但是我想它一定是我頭腦的投射。或者他們說：昨天晚上，我突然感覺到一個「在」，我變得很警覺，然後我想，它一定是有人經過我旁邊，或者是風吹進了房間，使紙張飄起來，或者只是一隻貓跑過去。

所以任何我所說的，你們已經有很多人感覺到它，那就是爲什麼我要這樣說，否則我一定不會去說它。

不要解釋，當你感覺到那個在，讓它發生，如果你讓它發生，它將會變得越來越具體，很可能我在你的經驗裡會像我在這裡一樣地眞實，有時候甚至會更眞實，因爲它依你而定，依你讓那眞實的存在發生多少而定，你的問題將會被解答。

要變得更靜心，那麼你就會越接近我，一旦你變得完全靜心，你就是我，那麼就沒有差別。

還有一件事：你越靜心，你要問的問題就變得越少，問題將會消失！因爲問題屬於不靜心的頭腦狀態，它們在一個不靜心的狀態下會有更多產生。一個問題被回答了，就有十個問題會來自那個答案。

頭腦是一個很大的發問力量，它繼續在創造問題，你給了答案，頭腦就跳到它上面，將它撕開，然後創造出更多的問題，當你越靜心，問題就會越來越少。

這個在你看起來好像似是而非，但它是眞實的。我要說：當有問題，就沒有答案；當沒有問題，答案就在了。唯有當你不發問的時候，答案才會出現，那個不發問會透過靜心而發生在你身上。

不要認為說答案和問題一樣多，不，只有一個答案，問題千千萬萬，但是答案只有一個，疾病千千萬萬，但是藥物只有一種。只有一個，然後一切就都被解決了，但是那個「一」無法發生在你身上，因為你不讓它發生。

你很害怕讓任何事發生，這個必須去學習，這是唯一我想要你們做的訓練：放開你們的恐懼，拋棄你們的恐懼，讓事情發生。

河流在流動，不要去推它！沒有這個必要，它會自己流動，你必須在岸邊等待，讓它流動，如果你的勇氣夠的話，那麼就跳進河裡跟它一起流動。不要游泳，因為游泳意味著抗爭——只要漂浮。

當然，這樣的話你就無法遵循任何目標，因為你的目標和河流的目標或許不一致，這樣你就會有挫折。

如果你游泳和抗爭，你就能夠遵循一個目標，你甚至可以逆流而游，那麼那個抗爭將會更大。當你抗爭，你的自我就被增強了，你在跟河流抗爭而覺得活生生，但是那個活生生是短暫的，遲早你會感到疲倦，遲早你會死掉，然後河流就把你帶走。

在恆河的岸邊，有一些村民帶著死人，將他們拋進恆河裡，但是當你是死的，將你拋進河裡是沒有用的，因爲當你已經死掉，你會隨著河流漂浮，但那是沒有意義的，因爲你已經不復存在，我所做的就是活活把你丟進恆河裡。

如果你能夠活活地漂浮，有意識地、完全覺知地漂浮，那麼你將會變成河流，每當河流到達，那就是命運、那就是目標，這樣的話，你就不會管它要到達那裡，每一個片刻，那個流都變成狂喜的；每一個片刻，那個流、那個活生生，就變成目標，那麼每一個片刻就都是目標。手段變成目的，片刻變成永恆。

是的，你必須完全按照師父的話去做，或許有時候你無法實際上去請教他。師父遲早會離開他的身體，那麼就不可能再實際上去請教他，最好在非物質的層面溶入他，否則你將會又哭又泣。

我的身體可能隨時會消失！事實上現在已經不需要再攜帶它，這個身體是爲你們而存在的。如果你們沒有溶入我非物質的存在，遲早你們將會變得很沮喪、很傷心，而且會很痛苦，然後要在非物質的層面上溶入我就會變得非常困難。

所以我越來越放棄跟你們身體的接觸，爲的是要讓你們更警覺而且更覺知說，你們必須在非物質的層面溶入我。你們可以溶入，它並不困難，變得更靜心一點，它將會開始發生在你身上。

男人和女人
靜心和愛

鍾愛的師父，我們有幾個關於女性能量的問題。

有一些說，自從她們碰到你之後，雖然她們身體的慾望還繼續著，但是一個普通的男人已經不再能夠滿足她們。

另外有一些女人說，自從她們碰到你之後，她們覺得更有愛心。

據說戈齊福曾經說過，女人除了透過男人之外無法達成。

是否可以請你告訴我們關於女性的能量？

是的，戈齊福曾經說過，女人除了透過男人之外無法達成，他這樣說是對的。他是對的，因爲女性的能量跟男性的能量不同。

它就好像有人說，只有女人能夠生孩子。男人不能夠生孩子，他只能夠透過女人來生孩子，女人的身體結構有一個子宮，但是男人的身體結構沒有子宮，他只能夠透過女人來懷孕。在靈性的誕生上，同樣的事情以相反的秩序發生，女人只能透過男人來成道，他們的靈性能量有所不同，就好像他們的身體結構有所不同一樣，爲什麼呢？爲什麼它會如此呢？

記住，這並不是平等或不平等的問題，這是因爲他們有所不同，並不是因爲女人不能夠直接達成，就表示她們比男人更低，並不是因爲男人不能夠直接生小孩，就表示他們比女人更低，他們是不同的，沒有所謂平等或不平等的問題，沒有評價的問題，他們只是不同，這是一個事實。

爲什麼女人很難直接達到成道？爲什麼男人就能夠直接達到成道？

有兩種方式可以達到成道，基本上只有兩種方式，一種就是靜心；另外一種就是愛，你也可以稱它們爲加那瑜伽和巴克提瑜伽——智慧之路和奉獻之路，基本的方式只有這兩個。

愛需要別人，靜心可以由自己來做。男人能夠透過靜心而達成，所以他能夠直接達成，他可以單獨一個人，在內在深處，他是單獨的，單獨對男人來講是自然的，對女人來講，要單獨就很困難，非常困難，幾乎不可能，她的整個存在就是一種很深的愛的驅策力。就愛而言，別人是需要的，如果別人不在，你怎麼能夠愛？但是如果別人不在，你也可以靜心，這是沒有問題的。

女人或女性的能量是透過愛來達到靜心的狀態，而男性的能量是透過靜心而達到愛。佛陀變成一個偉大的愛的力量，但那是透過靜心而來的。

當佛陀回到他的皇宮，很自然地，他太太非常生氣，因爲有十二年的時間，他都没有露面。有一天晚上，他突然消失，甚至連一句話都没有對她說，當她在睡覺的時候，他就像懦夫一樣地逃走了。

其實佛陀的太太雅秀哈拉也會讓他走的，她是一個勇敢的女人，如果佛陀要求，她一定會讓他走，那麼就不會有問題，但是佛陀没有要求，他害怕事情會出差錯，他怕她會開始又哭又泣或什麼的，但是那個害怕並不是因爲她，那個恐懼是在他自己的內在，他害怕說如果雅秀哈拉又哭又泣，他就很難離開，恐懼永遠都是屬於自己，那將會顯得非常殘忍，但是他不可能那麼殘忍，所以最好是當他太太在睡覺的時候逃走，因此他就逃走了，十二年之後他回來。

雅秀哈拉問了很多事情，她所問的事情之一就是：告訴我，任何你在那裡所達成的，你難道不能夠在這裡達成嗎？在這裡跟我住在一起不能夠達成嗎？既然你已經達成了，你可以告訴我。

據說佛陀保持沈默，但是我替他回答：佛陀無法達成，因爲一個處於深愛之中的男人……而他深深愛上雅秀哈拉，那是一個非常親密的關係，如果他跟雅秀哈拉沒有關係，如果她只是一個印度太太，沒有愛的關係，那麼即使佛陀跟她住在一起也可以達成，那麼那眞的是不會有問題，對方只存在於周圍，你並沒有跟他關連，如果你沒有跟他關連，對方是不存在的，只有一個身體的「在」在周圍移動。

但是佛陀處於深愛之中，當一個男人處於深愛之中，他很難達到靜心，這就是困難之所在。它非常困難，因爲當他處於愛之中，每當他靜靜地坐著，對方就會在腦海中升起，他的整個人就會開始圍繞在對方周圍，那是一件令人害怕的事，所以佛陀逃走了。

以前從來沒有人談論過，但是佛陀逃離他的家，逃離他的太太，逃離他的小孩，因爲他是眞的愛。如果你愛一個人，那麼當你有所事事的時候，你或許會忘掉他，但是當你無所事事的時候，對方就會立刻在你的腦海中升起，那麼神性就沒有空隙進入。

當你有所事事，當你在店裡工作，或者……如果佛陀在王位上日理萬機，那沒有問題，他可以忘掉雅秀哈拉，但是每當他無所事事，雅秀哈拉就出現了，那個空隙被雅秀哈拉所充滿，那麼就沒有神性可以進入的通道。

男人無法透過愛來達到神性，他的整個能量跟女性的能量完全不同，他必須先達到靜心，然後愛才會發生在他身上，那麼就沒有問題，首先他必須達到神性，然後愛人也變成神性的。

十二年之後，佛陀回來，現在已經沒有問題，現在在雅秀哈拉裡面，神是存在的，以前雅秀哈拉的存在太強了，所以很難找到神，現在神完全在，所以沒有空隙可以留給雅秀哈拉。

女人的情況完全相反，她無法靜心，因爲她的整個存在都是一個走向別人的衝動，她無法單獨，每當她單獨，她就處於痛苦之中，所以如果你說：成爲單獨是喜樂的，成爲單獨是狂喜的，女人無法了解，而世界上到處都存在著這個對單獨的強調，因爲有太多追求者是男人，比方說佛陀、馬哈維亞、耶穌、或穆罕默德，他們都進入單獨，而他們唯有在單獨當中才達成，他們創造出那個環境。

每當一個女人單獨的時候，她就會覺得很痛苦，如果有一個愛人，即使那個愛人只是她的頭腦裡，她也會覺得很快樂。

如果某人在愛，如果某人被愛，如果愛存在於一個女人的周圍，它能夠滋潤她，它是一種滋養品，它是一種微妙的食物。每當一個女人覺得愛不在，她就會開始渴望，那個情況會使她窒息，她的整個存在會萎縮，所以一個女人永遠無法想像說單獨可以是喜樂的。

女性的能量創造出愛和奉獻的途徑，即使是一個神性的愛人也可以，不需要去找到一個肉體上的愛人。對蜜拉來講，克里虛納就可以了，不會有什麼問題，因爲對蜜拉來講，對方已經存在了，他或許不在那裡，克里虛納或許只是一個神話，但是對蜜拉來講，他是存在的，那個對方是存在的，這樣蜜拉就覺得很快樂，她能夠跳舞，她能夠唱歌，她已經受到了滋潤。

那個認爲對方存在的概念、觀念、和感覺，就是愛，女人會因此而覺得很滿足，她會覺得很快樂，很活生生，唯有藉著這個愛，她才能夠達到愛人和那個被愛的合而爲一的點，然後靜心就會發生。

對女性的能量來講，靜心唯有在深深的愛的融合之中才發生，這樣的話，她才能夠單獨，那麼就沒有問題，因爲現在她已經永遠不可能再單獨了。愛人已經融合了，現在他就在裡面。蜜拉、拉達、或特麗莎，她們都透過愛人而達成，透過克里虛納或耶穌。

這是我的感覺：每當一個男性的追求者來到我這裡，他的興趣是在於靜心；每當一個女性的追求者來到我這裡，她的興趣是在於愛。如果我說愛可以透過靜心而發生，那麼她就會對靜心有興趣，但是她深處的慾望是愛，對一個女人來講，愛就是神。

這個不同必須被了解，必須被深深了解，因爲每一件事都要依靠它，而戈齊福是對的。

女性的能量會愛，透過愛會產生靜心狀態，會有三摩地的開花。三托歷將會來臨，但是在深處，那個根是愛，三托歷會變成開花。對男性的能量而言，三托歷是根，三摩地是根，靜心是根，然後愛將會開花，那個開花將會是愛。

當女性的追求者來到我這裡，事情一定會這樣發生，她們將會感覺到更多的愛，但是這樣的話，實質上的伴侶就會覺得比較不能夠滿足。每當有一個很深的愛，實質上的伴侶總是會覺得不能夠滿足，因爲實質上的伴侶只能夠滿足周圍的部份，他不能夠滿足中心。

那就是爲什麼，在像印度這樣的古老國家，我們從來不允許愛，我們只允許被安排的婚姻，因爲一旦愛被允許，實質上的伴侶遲早將會變得不能夠滿足，那麼就會有挫折。

現在整個西方都受到打擾，現在根本就没有滿足，一旦你允許愛，那麼一個平常的人是無法滿足它的。他可以滿足性，他可以滿足表面的部份，但是他無法滿足深處的部份。一旦那個深度開始運作，一旦你打擾到了深處，那麼就只有神能夠滿足，其他没有人能夠滿足。

所以當女性的追求者來到我這裡，她們的深處就被震憾了，她們開始感覺到一種新的衝動，一種新的愛會升起，但是現在她們的先生、她們的男朋友、或是她們的伴侶已經不能夠滿足它，現在這只能由一個較高品質的存在來滿足，事情一定會如此。

所以，要不然就是你的男朋友或你的先生必須變得更靜心而產生出較高品質的存在……唯有如此，他才能夠滿足她，否則那個關係將會破裂，那個橋樑無法保持，你必須去找一個新的朋友，或者如果不可能去找一個新的朋友，就好像蜜拉一樣，那麼你就必須去愛神性，那麼就將身體的部份忘掉，因爲現在它已經不適合你。

同樣的情況會以不同的方式發生在男性的追求者身上，當他們來到我這裡，他們變得更靜心，當他們變得更靜心，他們跟他們舊有的伴侶之間的橋樑就動搖了，或甚至破裂，現在他們的女朋友或他們的太太必須成長，否則他們的關係會觸礁，它無法繼續維持。

記住，我們所有的關係，我們所謂的關係，都是一種互相調整，如果其中一個人改變，那個調整就破裂了，不管是變好或變壞，那並不是要點，人們來到我這裡說：如果靜心能夠產生較高的品質，那麼那個關係爲什麼會破裂？問題不在那裡，本來的關係是兩個人之間按照他們原來樣子的一種互相調整，現在其中一個改變了，另外一個就必須跟著他成長，否則將會有麻煩，事情將會變得虛假。

每當一個男人在這裡，他會變得更靜心，他變得越靜心，他就越想單獨，但是這樣的話，他的太太或他的愛人將會受到打擾。如果她不了解，她將會開始製造麻煩，如果她了解，那麼就沒有問題，但是那個了解唯有當她的愛成長才會出現。如果她覺得更具有愛心，那麼她能夠讓她的朋友單獨，她會保護他的單獨，她會試著去照顧，使事情不會受打擾，這就是她的愛。

如果這個男人覺得……如果佛陀覺得雅秀哈拉有在保護或照顧，使他的靜心不受打擾，使他的寧靜受到幫助，那麼就不需要逃離這個雅秀哈拉，但是這個唯有當雅秀哈拉的愛成長，才能夠發生。

當一個男人的靜心在成長，女人的愛也必須成長，唯有如此，他們才能夠保持和平，然後就會有一種較高的和諧產生，它將會繼續，變得越來越高。有一個片刻會來臨，當男人完全處於靜心之中，而女人完全處於愛之中，唯有到那個時候才會有完美的會合，唯有到那個時候，兩個人之間眞正的、至高無上的性高潮才能夠發生，不只是身體的，不只是性的，而是全然的！兩個存在互相融入對方，那麼愛人就變成了門，他們兩個都能夠達到「一」。

所以不管是誰來到我這裡，他們來的時候必須很清楚說接近我是很危險的，你舊有的關係將會受到打擾，而我無法幫忙，我在這裡並不是要幫助你們互相調整，那個事情由你們來決定。

我能夠幫助你們成長，在靜心方面成長，或是在愛方面成長。對我來講，這兩個字的意思是一樣的，因爲它們達到同樣的結果。

第十四個早晨

一九七四年五月二十三日

兩者都需要

鍾愛的師父，你曾經說過，每一個小孩生下來都是神，但是我的兩個小孩從一出生就非常不同，其中一個很安靜，很像神，但是另外一個似乎在她還沒有被任何制約所影響之前就受到打擾了。

我應該如何來處理這兩個不同的小孩？

這個問話提出了一個非常基本的問題。存在本身是神性的，那麼邪惡來自那裡呢？那個壞的、那個不道德的、和那個不能被接受的來自那裡呢？

好的沒有問題，因爲我們將它視爲跟神是同義詞——善就是神。但是那個不善來自那裡呢？這個問題困惑人類有好幾世紀了。就我們所能夠回溯的，這個問題一直都存在於人類的頭腦裡。

邏輯的解答，頭腦所能夠找到的解答，就是去劃分存在，去創造一個二分性，去說有神，那是好的，另外還有邪惡、魔鬼、惡魔、和撒旦，那是不好的。頭腦認爲這樣問題就解決了，所有那個壞的都來自魔鬼，所有那個好的都來自神，然而問題並沒有解決，問題只是被往後推一些，那個問題還是一樣存在，你將它往後推一步，但是並沒有解決任何問題，因爲魔鬼來自那裡呢？如果神是創造者，那麼在剛開始的時候一定是他創造出魔鬼的，或者，神並不是至高無上的創造者。

魔鬼一直都存在，只是作爲一個敵人，或一個敵對的力量，那麼兩者都是永恆的。所以那個衝突將會永遠繼續下去，神不可能勝利，魔鬼將會永遠都在那邊打擾。

這就是基督教神學、回教神學、和祆教神學的問題，因爲這三種神學都遵循頭腦所建議的簡單答案，但是頭腦無法解決它。

還有另外一種可能性，它不是來自頭腦，它很難爲頭腦所了解。那個可能性在東方產生，尤其是在印度，那個可能性就是沒有魔鬼，沒有基本的二分性，只有神存在，沒有其他的力量，這就是非二分的哲學意思：只有神存在。但是我們也看到邪惡存在！

印度人說，邪惡存在於你的解釋當中，而不存在於它本身裡面，你說它不好，因爲你無法了解它，或者因爲你被它所打擾。是你的態度使它變得不好，或看起來不好。沒有邪惡，邪惡不可能存在，只有神存在，只有神性存在。

現在我將以這個背景來回答你的問題：兩個小孩被生下來，一個是好的，一個是壞的，爲什麼你會說一個是好的。爲什麼你會說另外一個是壞的？它是眞實的存在或是你的解釋？

那一個小孩是好的，爲什麼？如果小孩子很順從，那個小孩是好的；如果那個小孩不順從，那個小孩是不好的。順從你的是好的，反抗你的是不好的。任何你所說的，其中一個都會接受它，如果你說「靜靜地坐著」，那個就會靜靜地坐著，但是另外一個會不服從、會叛逆，所以另外一個是不好的，這是你的解釋，你並不是在說任何關於小孩的事，你是在說關於你頭腦的事。

爲什麼那個順從的是好的呢？事實上順從的小孩從來不是才華橫溢的，從來不是閃閃發光的，他們一直都是沒有生趣的。沒有一個服從的小孩曾經是偉大的科學家，或是偉大的宗教家，或是偉大的詩人，從來沒有一個服從的小孩能夠如此。只有不服從的小孩曾經是偉大的發明家和創作家，只有叛逆的小孩會超越舊有的而達到新的、達到那未知的。

但是對父母的自我來講，順從的小孩感覺比較好，因爲它能夠幫助你的自我。當小孩順從你，順從任何你所說的，你就覺得很好，當小孩抗拒或拒絕你，你就覺得不好。

但是一個眞正活生生的小孩將會是叛逆的，他爲什麼要跟隨你？你是何許人？他爲什麼要跟隨你？只是因爲你是一個父親嗎？你做了什麼而成爲一個父親？你只是一個通道，而那也是非常無意識的。

你的性並不是一個有意識的行爲，你是被無意識的力量推進去的。小孩只是一個意外事件，你從來不期望，你並不是有意識地覺知說你要邀請誰來，小孩子突然以一個陌生人來臨，你當上了父親，但你並不是眞正的父親。

當我說你當上了父親，它是一件生物學上的事，你是不需要的，甚至連一個注射筒也能夠做那件事。你並不是眞正的父親，因爲你並不是有意識的，你並沒有發出邀請，你並沒有要求一個特殊的靈魂來進入你太太或你愛人的子宮，你並沒有在這件事上面下功夫。

當小孩子被生下來……你是怎麼對待他的？當你說小孩子應該跟隨你，你是否有足夠的信心說你知道眞理，而他必須跟隨你？你是否有足夠的信心而能夠很確定地說你已經達成了某些事，而小孩必須跟隨？

你可以用你的方式來強迫小孩，因爲小孩很脆弱，而你很強壯，這是你跟你的小孩之間的唯一差別，否則你也是孩子氣的、無知的，你並沒有成長，你並不成熟，你會像小孩子一樣地生氣，你會像小孩子一樣地嫉妒，你會像小孩子一樣地玩玩具，你的玩具或許有所不同，或者是大一點，就這樣而已。

你的人生如何？你到達了那裡？你得到了什麼智慧，所以小孩必須跟隨你，必須對你的任何要求說是？

一個眞正的父親會意識到它，他不會強加任何東西在小孩子身上，他會讓小孩子成爲他自己，他會幫助小孩成爲他自己，他會給小孩子自由，因爲如果他有知的話，他一定會知道說唯有透過自由，內在才會成長。如果他在人生中有經驗到什麼，他一定知道得很清楚說經驗需要自由。你越自由，你的經驗就越豐富；你越不自由，就越不可能經驗；如果你根本沒有自由，那麼你可能會有借來的經驗、模仿，或是一些影子，但從來不會有眞正的東西，從來不會有眞實的東西。

以一個眞正的父親來照顧小孩意味著給他越來越多的自由，使他變得越來越獨立，讓他進入未知的領域，進入你從來不曾知道過的領域，他應該超越你，他應該走在你前面，他應該超越你曾經知道過的所有界線，他必須受到幫助，而不是被強迫，因爲一旦你開始強迫，你是在扼殺，你是在謀殺那個小孩。

心靈需要自由，它唯有在自由的情況下才能夠成長。如果你眞的是一位父親，那麼當小孩子是叛逆的，你會覺得高興，因爲沒有一個父親會喜歡扼殺小孩的心靈。

但你並不是眞正的父親，你有你自己的病，當你強迫小孩跟隨你，你只是在說：你要支配一個人。你無法在世界上這樣做，但是至少你可以支配這個小孩，你可以佔有他。對這個小孩來講，你變成一個政客，你想要透過這個小孩來滿足一些未被滿足的慾望——駕馭別人的慾望、獨裁的慾望。至少你可以對這個小孩成爲一個獨裁者，他是那麼地脆弱，他是那麼地年輕而無助，他是那麼地依靠你，你可以任意強迫他，但是藉著強迫，你是在扼殺他，你並不是在生出他，你是在摧毀他。

順從的小孩會看起來很好，但他是死的，叛逆的小孩看起來很不好，但他是活的。

因爲我們自己錯過了生命，所以我們反對生命，因爲我們已經死了，在還沒有過世之前就死了，因爲我們總是想要扼殺別人。那個扼殺別人的方式是微妙的，你可以以愛的名義來扼殺，你可以以慈悲的名義來扼殺，你可以以服務的名義來扼殺，你可以用一些很漂亮的名義，但是在深處，你是在扼殺。

如果你能夠了解這些，你就不會去想說這個孩子是好的，那個孩子是壞的，不要解釋！每一個人都是獨一無二的，每一個人都是不同的，神性的創造力是那麼地偉大，它從來不重複。

所以，只要這樣說：這個小孩跟那個小孩不同。不要說這個小孩是好的，那個小孩是壞的，你不知道什麼是好的，什麼是壞的。這個小孩是順從的，那個小孩是不順從的，但是沒有人知道什麼是好的。

不要強迫，如果這個小孩能夠很自然地順從，那是好的，那是他的本性，幫助他成長；如果那個小孩是叛逆的、不服從的，那是他的本性，幫助他成長，讓前者成長爲一個很深的說「是」的人，讓後者成長爲一個很深的說「不」的人，但是不要解釋，因爲你一解釋，你就開始在摧毀了，說「是」是這個小孩的本性，說「不」是那個小孩的本性，兩者都需要。

如果沒有人說「不」，生命將會變得很乏味、很無趣，如果每一個人都說「是」，它將會顯得很愚蠢而完全沒有生趣。說「不」的人是需要的，那是相反的一極。如果沒有人反抗，順從是沒有意義的，不要選擇，只要去感覺那個不同，然後給予幫助，不要將你自己強加在他們上面，不要成爲暴力的。

但每一個父親都是暴力的，每一個母親都是暴力的，你可以使用暴力，因爲你是以愛的名義在使用暴力，沒有人會批評你，因爲你說你非常愛你的小孩，所以你必須打他，你非常愛他，所以你必須糾正他。你說因爲你愛他，所以你試圖去糾正他，你在預防他誤入歧途。

你能夠很確定什麼是對什麼是錯嗎？沒有人是確定的，沒有人能夠確定，因爲那個現象是：一件事在這個片刻是對的，下一個片刻就可能不對了；那個在剛開始似乎是錯誤的方向，到後來卻顯示出是對的。

生命是一個流動，每一個片刻都在改變。

所以一個眞正的父親或是一個眞正的母親將會給他們的小孩覺知，而不是道德律，因爲道德律是死的。你說：這是好的，遵循它！但是下一個片刻，那件事卻變成壞的，小孩子要怎麼辦呢？下一個片刻，整個生命都改變了，它一直在改變，它是一個持續的改變，而你的道德律是固定的——你說這個是好的，這個必須被遵循，那麼你就變成死的。生命一直在改變，而你卻固定在你的道德律上。

那就是爲什麼宗教人士看起來非常沒有生趣，他們的眼睛空空的，很膚淺，沒有深度，因爲唯有當你隨著生命流動，才可能有深度。

所以，一個父親或一個母親應該給他們的小孩什麼樣的禮物？只有覺知，他們會使小孩更覺知，他們會讓小孩自由，他們會告訴他們說：自由去發揮，但是要警覺，即使你必須犯錯，也不要害怕，因爲生命也必須透過錯誤來學習，一個人也必須透過錯誤來變得更警覺，所以不要害怕，犯錯是人之常情。

如果你帶著警覺犯錯，只有一件事會發生：你將不會一再一再地犯同樣的錯誤，一旦你犯錯，你就會經驗它，你就會變得對它警覺，然後它就會消失，它將會使你變得更豐富，你將會變得更勇往直前。只要記住一件事，不論你去經歷什麼，你都要變得更有意識。當你說「是」，你要有意識地說它，當你說「不」，你也要有意識地說它。

當小孩子說「不」的時候，不要覺得受傷，因爲你是何許人而想要去固定一個小孩？他透過你而來，你只是一個通道，不要變成一個獨裁者，愛從來不用權威來命令，如果你從來不用命令，那麼這個好或壞就會消失，那麼你將會兩者都愛，你的愛將會無條件地流動，神的愛就是這樣在流進這個世界——無條件地。

我聽說有人告訴一個蘇菲宗派的神秘家朱耐德說：有一個很邪惡的人來聽你講道，你卻讓他跟你那麼親近，把他丟出去，他不是一個好人。

朱耐德說：如果神沒有把他丟出去這個存在，我又是何許人而可以把他丟出去？如果神接受他……我並不比神更優越，神給他生命，神幫助他活著，而那個人還很年輕、很新鮮，他還會活很久，甚至活得比你更久，所以我又是何許人而可以決定？

神將能量給好人和壞人，那個情況非常清楚，如水晶一樣那麼清楚——對神來講，既沒有好，也沒有壞。所以當我說「神」，我並不是意味著一個坐在天上某一個地方的人，那是一種以人爲中心的態度：我們以我們自己的形象來想像神。並沒有一個人坐在那裡，神意味著整體，意味著存在的全部。

一個壞人跟一個好人一樣呼吸得很美，罪人和聖人都同樣被存在所接受，存在並不加以區別，但是因爲有二分性的思考——基督教式的、回教式的、或祆教式的思考——所以我們以衝突來思考。

有一個故事：在古老的以色列，有一個城鎮，叫做索頓，那個鎮上的性格非常異常——性倒錯、同性戀。因此，據說神就摧毀了那個城鎮，整個鎮都被摧毀了，鎮上來了一次大火，每一個人都被燒死。

在經過很多很多世紀之後，有人問一個哈希德派的聖人，一個哈希德派的神秘家說：當神摧毀索頓鎮的時候，那個鎮上一定至少有一些好人，他們也都被摧毀了。所以那個發問者說：我們可以接受說壞人被摧毀，因爲他們很壞，但是爲什麼那些好人也被摧毀？

看看我們狡猾的頭腦，那個哈希德派的聖人想了一下說：祂也摧毀好人，好讓他們可以到陰間去作見證說那些壞人是壞的——這是一種很狡猾的說法，這只爲了要挽回面子。眞正的情況是：對神來講，既沒有好，也沒有壞，當祂創造，祂創造了兩者；當祂摧毀，祂也是兩者都摧毀——無條件地。

這種好和壞的態度實在很愚蠢，一個抽煙的人就變成壞的，一個享受喝酒的人就變成壞的，一個愛上別人太太的人就變成壞的，我們認爲神也是坐在那裡計算說：這個人抽煙，這個人是一個酒鬼，這個人很淫亂，讓這個人來，我要看看。如果神在計算瑣碎的事，這是很愚蠢的，這是來自我們渺小的頭腦。

對存在而言，沒有解釋，也沒有分裂，好和壞是人的觀念，而不是神性的。

每一個社會都有它自己的好與壞的觀念，每一個時代都在改變，每一個時代都有它自己的好與壞的觀念。好和壞是相對的，相對於社會和文化，相對於我們，而神是絕對的，對祂來講沒有好壞的區分。

如果你也是深入靜心之中，那麼當思想消失，就沒有區分，因爲好與壞是你的思想，當你是寧靜的，什麼是好的？什麼是壞的？那個好壞的概念一升起，寧靜就喪失了。

在深深的靜心當中，什麼都沒有，沒有好，也沒有壞。

據說老子曾經說過，天堂和地獄只是一線之隔。

在靜心者的頭腦裡，即使只有一絲區別升起，整個世界也就分裂了，靜心是不區分，你只是看，你看著整體，但是不去劃分它。你不說：這是醜的，那是美的；這是好的，那是壞的。你什麼都不說，你只是存在，你什麼都不說，你不作任何區分，你是非二分的。

在靜心當中，你變成神，人們以爲在靜心當中他們會看到神，這是錯的，沒有一個人可以被看，神並不是一個客體，在靜心當中，你變成神，因爲所有的區分都消失了；在靜心當中，你跟整體合而爲一，因爲在靜心當中，你無法將你自己跟整體分開，所有的區分都沒有了！你非常寧靜，因此沒有任何界線。每一個界線都是一種打擾，你非常寧靜，所以沒有我，也沒有你；你非常寧靜，因此所有的界線都變模糊了，只有「一」存在，只有統一存在，那就是印度人所說的梵天——那個「一」、那個統一、那個存在最終的統一。

是頭腦在劃分、在區分，在說這個是這個，那個是那個。在靜心當中，就只是那個「是」，它是不分裂的。當你處於靜心之中，你就是神，唯有在靜心當中，你才能夠知道無條件的愛。

如果你是一個父親，你的兩個小孩就只是小孩，他們是陌生人，他們來自一個未知的世界，他們正在走入一個未知的存在，在成長、在成熟。來自你給他們的愛，你跟他們分享你的生命和你的經驗，但是你不強迫任何事，當你不強迫，那麼那一個是順從的，那一個是不順從的？當你不強迫，你怎麼能夠決定說那一個是好的，那一個是壞的？

現在我來到了最後一個點，當你不強迫，怎麼會有順從和不順從的問題？整個現象都消失，那麼你就可以按照對方——小孩、太太、先生、或朋友——原來的樣子來接受它，將它視爲一個事實。如果我們能夠以事實來互相接受對方，沒有任何應該，沒有任何好與壞，那麼生命在當下這個片刻就變成樂園。

我們拒絕，即使我們接受某人，我們也只是接受一部份，我們說：你的眼睛是好的，但是其他的部份都不好，這叫接受嗎？我們說：你這個行爲很好，但是其他都不好，其他都無法被接受，我只接受那個好的，那意味著：我只接受那個合乎我的理念的。

你們或許不知道你們如何在互相摧毀對方，因爲每當父母告訴小孩說：我們只接受這個部份，不接受其他的部份；當太太告訴先生說：我只接受你這個部份，其他不接受——你是在做什麼？你是在別人的頭腦裡製造分裂。

當父親說：不要做這個，我不接受這個，我對這個感到生氣，當他懲罰一個小孩，因爲他認爲他做錯事——他是在做什麼？當他讚美小孩，給他玩具，給他花，給他糖果，然後說：你做得很好，你做了一些我很喜歡的事——他是在做什麼？他是在小孩子裡面製造分裂，漸漸地，小孩子也會拒絕父母所拒絕的部份，他將會變成分裂的，他將會變成兩個我。

你或許曾經觀察過小孩子，他們甚至會懲罰他們自己，他們甚至會告訴他們自己說：巴比，這個不好，你做錯了一件事。他們開始拒絕那個被他們父母所拒絕的部份，那麼就有一個分裂產生出來，那個被拒絕的部份就變成無意識，變成被壓抑的部份，而被接受的部份就變成有意識，變成良知，這樣的話，他們的整個生命將會變成地獄，因爲那個被拒絕的部份和那個被接受的部份將會繼續抗爭，然後就會有持續的動盪不安。

那個被拒絕的部份是無法被摧毀的，它就是你，它就在那裡！它一直都在你裡面產生作用，你或許將它壓入暗處，就這樣而已，然而一旦你將你的某些部份壓入暗處，那個部份就變得更強而有力，因爲它會在黑暗中運作，你看不到它，你無法覺知到它，它會採取它自己的報復，每當有一個脆弱的片刻，當你有意識的部份並沒有那麼強，它就會跑出來，你或許二十三個小時都很好，但是有一個小時，當那個有意識的部份疲倦了，那個無意識的部份就會跑出來主張它自己。

所以聖人也有他們罪人的片刻，即使聖人也必須讓他們聖人的風範休假，它們有時候必須休假。所以如果你抓到一個聖人剛好在休假，不要覺得大驚小怪，每一個人都必須休假。除非一個人是完整的，否則他一定會疲倦。如果一個人是完整的，那麼就不會有疲倦，因爲已經沒有另外一部份會經常抗爭、製造痲煩、主張它自己、或採取報復。

所以我們有兩個字，一個是「聖人」，另外一個是「聖賢」，聖人總是有罪人隱藏在他裡面，而聖賢是完整的，聖賢不可能放假，因爲他一直都在放假，在他裡面没有被拒絕的部份，他以一個完整的整體來生活，他每一個片刻都以一個整體來行動，他從來不拒絕任何東西，他完全接受他自己。這個拒絕是由父母或社會所創造出來的。

小孩子一直都是一個發現者，當然他會用他自己的身體來開始他的發現，對他來講，身體是最接近他的存在的，他不能夠去到月球，他也不能夠去到埃弗勒斯峯，或許有一天他會去，但是目前最接近的部份是他自己的身體，他會開始去發現它，他會碰觸他的身體，他會享受它。

看一個小孩子在碰觸他的脚趾頭，看他那個快樂的樣子，他的快樂甚至比你去到月球還快樂。他發現了他的身體！他碰觸他的脚趾頭，他享受它，將它帶到他的嘴巴，因爲這就是他去發現的方式，他會嘗它、聞它、碰觸它。

當他來到了他的性器官，父母就開始擔心，那是父母的擔心，小孩子並不覺得怎麼樣，他不加以區別，對他來講，脚趾頭和性器官是一樣的，他不去劃分身體，整個身體都存在，手指、眼睛、鼻子、性器官、和脚趾頭都一樣，他不去劃分那一個較高，那一個較低。

印度人有劃分，世界上的各種文化都使用劃分。印度人說：永遠不要用你的右手去碰觸肚臍以下的部位，因爲肚臍以下的部份是髒的，碰觸肚臍以下的部位時要用你的左手，碰觸肚臍以上的部位時則用你的右手。身體被劃分了，那個劃分深入頭腦，我們認爲右邊是好的，左邊是不好的，所以當你想要譴責別人，你就說他是左派，因爲左邊是不好的。

小孩子不知道那一邊是左邊，那一邊是右邊，小孩子是完整的，他是一個統一的整體，他不知道那一個較低，那一個較高，身體是一個沒有劃分的整體。

他會去發現他的性器官，然後父母就受打擾，當一個小孩，不論是男孩或女孩，碰觸到性器官，我們就立刻說：不要碰！我們將他們的手拿開，小孩子會感到震驚，好像你給了他一個電擊，他不了解你在做什麼。

這種事會發生很多次，你灌輸給小孩子說他身體的某些部份必須被拒絕，身體有關性的部份是不好的，你在他的心理上創造出一個情結。小孩子將會成長，但是他將永遠無法接受他的性器官。如果你不能夠全然接受你的身體，那麼將會有困難，將會有麻煩，因爲小孩子長大以後會作夢，他將會進入性行爲，但是將會有罪惡感……好像有某些錯誤的事在進行，好像有某些事基本上是錯誤的，他會譴責他自己。

做愛是世界上最美的事情，而他卻在譴責，在覺得有罪惡感，他無法全然作愛，他無法全然進入對方，因爲他會退縮，有一半在行動，另外一半被控制住，這會產生衝突，然後愛就變成一種痛苦。

這種事發生在生活的所有層面裡，每一件事都變得很悽慘，因爲在每一件事裡面父母都創造出分裂：這是好的，那是壞的。那就是爲什麼你會過得很痛苦——就是因爲你的父母和社會。不要再對你的小孩做同樣的事了。

它或許會很困難，因爲你本身已經分裂了，所以你也想要使孩子分裂——這是無意識的！如果你變警覺……如果你眞的靜心，你將會變得更警覺，不要在你的小孩子裡面創造出同樣的精神分裂，不要劃分，不要使它成爲一個分裂，你已經受了夠多的苦，不要再爲你的小孩製造出同樣的痛苦。

如果你眞正地愛，你將不會使他分裂，因爲分裂會產生痛苦，你會幫助他保持完整，因爲完整就是神聖的，完整給予狂喜的可能性，它可以打開「高峯經驗」之門。

你要如何幫助小孩保持完整？有一件事：保持警覺，好讓你不會無意識地去分裂他。不要譴責，如果你覺得它是有害的，那麼就告訴小孩說這是有害的，但是不要說這是壞的，因爲當你說「有害」，你是在陳述一個事實；當你說「壞」，你就把你的價值觀帶進來了。

父母必須告訴小孩很多事情，因爲小孩不知道，你必須說：不要接近火，但是你必須說：這是有害的，如果你被燒傷了，你將會受苦，但事情還是由你來決定，我所經驗到的是：每當我被燒傷，我就會受苦，我將我的經驗傳達給你，但是如果你還想這樣做，你也可以這樣做——這是有害的。

告訴他什麼是有害的，什麼是有益的，但是不要說好或壞。如果你很警覺，你將會拋棄「好」或「壞」的字眼，因爲當你說好或壞，你就將你的價值觀帶到事情上面，你對他說這是有害的，但是你仍然允許他自由，因爲你的經驗無法變成小孩子的經驗，他們將必須自己去經驗，有時候他們甚至必須去做一些有害的事，唯有如此，他們才能夠成長，有時候他們必須墮落而受傷，唯有如此，他們才能夠知道。他們必須經歷很多事情，他們必須受到傷害，留下傷痕，但這是一個人能夠成長的唯一方式。

如果你過份保護小孩，他將不會成長，有很多人一直保持是小孩，他們的心理年齡一直没有成長，仍然停留在小孩子的階段，他們的身體變老了，他們或許已經七十歲，但是他們的心理年齡仍然停留在差不多七歲，因爲他們受到了太多的保護。

注意看那些非常富有的家庭，他們的小孩子受到了太多的保護，他們不被允許有任何自由，他們没有機會去犯錯、去經驗、去走入歧途。幾乎每一個片刻都有人跟隨著他們，有時候是僕人，有時候是家庭教師，他們從來没有單獨過，然後我們來看看他們的情況，幾乎所有的富有人家所教養出來的小孩都很平庸、很愚蠢、偉大的頭腦從來不是來自富有的家庭——非常困難，改革者從來不是來自他們，冒險者從來不是來自他們——不可能，因爲他們受到了太多的保護，所以他們從來不成長。

就成長而言，不保護是需要的，保護也是需要的，兩者都需要。注意看園丁在照顧他的樹木：他幫助它們，他保護它們，但是他仍然給它們自由在陽光下、在雨中、在暴風雨中成長。他不會將這些樹木帶進屋子裡來保護它們，使它們不受暴風雨侵襲，不受太陽的照射，不受外在很多危險的打擾。如果你將樹木帶到裡面，它將會死掉，溫室植物是不自然的，而由於父母過度的保護，我們都變成了溫室的植物。

不要保護小孩，也不要讓他們沒有受到保護，像影子一樣地跟隨他們，小心照顧他們，使他們平衡，每當有很大的危險而可能危及他們的生命時，你就去保護他們，但是當你認爲事情並沒有那麼危險，你就讓他們去。他們越成長，你就可以讓他們有越多的自由。到了小孩子性成熟的時候，你應該給他們完全的自由，因爲現在自然已經讓他們長大成人了，因此你已經不需要太擔心了，有時候會有意外的情況發生，但那是值得的。

給小孩一個完整，使他能夠感受到你的覺知，愛他，把你的經驗告訴他，但是不要試著讓他遵循你的經驗，不要強迫，如果他自己想要遵循，那很好，如果他不想遵循，那麼你可以等待，不需要匆忙。

成爲一個父親或成爲一個母親是非常困難的，是世界上最難的事情，然而人們卻認爲它是最容易的。

我聽說有一個女人坐車從市場回家，那個計程車司機非常瘋狂，他開車開得很快而且鑽來鑽去，隨時都可能會有危險，那個女人坐在後座邊緣非常緊張，她不時告訴司機說：不要開那麼快，我很害怕。但是那個司機不聽，然後她說：聽著！我有十二個小孩在家裡等我，如果出了什麼差錯的話，我那十二個小孩要怎麼辦？

司機回答說：你是在叫我要小心嗎？

很難去遵循，他是在說：你自己生了十二個小孩，而你並沒有警覺，但是你卻告訴我說在開車的時候要警覺！

要生很多小孩是很容易的，沒有問題，甚至連動物都能夠很容易做到，但是要成為一個母親是非常困難的，是世界上最困難的事，成為一個父親又更困難，因為成為母親是自然的，成為父親就沒有那麼自然。父親是一個社會的現象，在自然界，它並不存在，它是我們所創造出來的。成為一個父親又更困難，因為它並不是一種自然的本能。它很困難，因為這是最具有創造性的行為——創造出一個人。

要很警覺，給予更多的自由，不要去區分好與壞，接受兩者，幫助這兩種都成長，不久這個幫助小孩的成長對你來講將會變成一種很深的靜心，你也會跟著他們一起成長，當你的小孩變成一個「說是的人」，或是一個「說不的人」……因為曾經有很美的「說不的人」：尼采是一個「說不的人」，但是他很美，他說「不」的天才是那麼棒、那麼美的一個現象，如果沒有像尼采這樣的人，世界將不會那麼豐富，他不能夠說「是」，「是」對他來講是很困難的，他的整個存在就是「不」。

佛陀是一個「說不的人」，他說：沒有梵天、沒有靈魂、沒有世界，你無法找到一個比他更偉大的「說不的人」，他留下空無，他說：什麼都沒有。他繼續在說「不」，繼續在排除，對他來講，很難找到一個「是」——幾乎不可能，但是從那個「不」發展出一個多麼美的存在，那個「不」一定很全然。

有一些「說是的人」，奉獻的人：蜜拉、柴坦雅、或耶穌！或穆罕默德！這些是「說是的人」，因此當然就會有兩種形式的宗教：其中一種圍繞在一個「說不的人」周圍，另外一種圍繞在一個「說是的人」周圍，你也會屬於某一種。如果你是一個「說不的人」，那麼佛學將會對你有很大的幫助；如果你是一個「說是的人」，那麼佛學根本就不能夠幫助你，它將會具有破壞性，但是基督教能夠有所幫助，印度教能夠有所幫助。

而這兩者都需要，當我這樣說，我的意思是說它們總是按比例存在，就好像男人和女人，他們的數目幾乎總是相等的。世界被分成兩半，一半男人，一半女人，大自然如何保持這個比例眞的是一項奇蹟。在每一個其他的層面，同樣的比例也都被保持著，世界上總是有一半「說不的人」和一半「說是的人」，總是有一半能夠遵循知識的途徑，而有一半能夠遵循愛的途徑。愛是在說「是」，而知識總是在說「不」，這個比例一直被自然所保持著。

所以如果你有兩個小孩，其中一個是「說是的」，另一個是「說不的」，這剛好合乎那個比例！在你家裡兩者都有，這樣是好的，你可以由他們創造出一個和諧，不要試著去摧毀那個「說不的」，也不要試著只是去幫那個「說是的」，要在這兩者之間創造出一個和諧，這兩個小孩是整個世界的代表，是陰和陽，是正反兩極。在他們之間創造出一個和諧，那麼你的家庭就眞的是一個家庭、一個單位、一個和諧的單位。

不要解釋、不要譴責、不要好像一個道德家一樣一直判斷，只要成爲一個父親或一個母親，愛他們，接受他們，幫助他們成爲他們自己。這是所有愛的基礎：幫助別人成爲他自己。如果你想要駕馭，那麼你就不是在愛，你是在破壞。

愛加上靜心就是我的口號

鍾愛的師父，在西方我們的成長方法大部份傾向於做一些團體，比方說「面對面的團體」或心理劇。

在東方，雖然有一些追求者一起住在社區裡，但是那個著重點似乎是在個人。

是否能夠請你告訴我們關於這兩種方式？

有兩種成長的方法，你可以自己一個人來追求你的靈性成長，或者你也可以透過團體或透過學校來下功夫，即使在東方，這兩種形式也都一直存在。蘇菲宗派的方法是團體的方法，在印度也有團體的方法存在，但它並沒有像在回教或蘇菲宗派裡那麼普遍。

就數量來講，目前的西方完全是團體指向的，這是一個新的現象，以前從來沒有像現在的西方有這麼多的團體方法，而且有那麼多人透過團體方法來下功夫。

所以，就某方面而言，我們可以說東方仍然保持使用個人的努力，而西方正在成長朝向團體的方法，爲什麼會如此呢？這有什麼差別呢？爲什麼會有這個差別呢？

唯有當你的自我來到一個點，要攜帶它變成一種負擔，團體的方法才能夠存在。當自我已經變得很負擔，單獨一個人的時候會很痛苦，那麼團體的方法才會變得有意義，因爲你可以將你的自我溶入團體裡。

如果自我並沒有很發展，那麼個人的方法能夠幫助你，你可以去到山上，你可以閉關，或者你也可以跟師父住在同一個社區，但是你單獨一個人下功夫——你做你的靜心，別人做他們的靜心，你們不在一起下功夫。

在印度，印度教教徒從來不在團體中一起祈禱。團體祈禱是隨著回教徒進入印度的。回教徒都在團體中一起祈禱，印度教教徒則總是單獨祈禱，即使他們去到廟裡，他們也會單獨去，它是一個一對一的關係——你和你的神一對一。

如果自我沒有被幫助成長到一個點，而變成一個負擔，這是可能的。在印度，自我從來沒有被幫助去成長，從最開始，我們就反對自我。所以你會成長自我，但是那個自我仍然保持很模糊——你保持謙虛，你並非眞的是一位自我主義者，它在你裡面還不是一個具有穿透力的高峯，它是平坦的地面。你是自我主義的，因爲每一個人都必須如此，但你並不是一個絕對的自我主義者，你一直都認爲這是錯的，你一直都繼續把你自己拉下來。在某些情況下，你可以被挑起，你的自我會變成一個頂峯，但是平常它並不是一個頂峯，它是平坦的地面。

在印度，自我就好像憤怒一樣，如果有人惹你，你就會生氣，如果沒有人惹你，你就不會生氣。在西方，自我已經變成一個永恆的東西，它並不像憤怒，它就像呼吸，不需要去挑起它——它就在那裡，它是一個經常的現象。

因爲有這個自我，所以團體就變得非常有幫助。在團體中，跟一個團體一起下功夫，把你自己溶入團體，你可以很容易就將自我擺在一旁。

那就是爲什麼不僅在宗教上，在政治上也一樣，有一些現象只存在於西方，比方說法西斯主義能夠存在於德國，它是西方最自我主義的國家，是最爲西方的國家，全世界都找不到像德國人有那麼強的自我，那就是爲什麼希特勒變得可能，因爲每一個人都非常自我主義，所以每一個人都需要融合。

納粹黨的集會，有千千萬萬人一起行軍，你可以失去你自己，在那裡，你不需要成爲你自己，你變成那個行軍，那個在奏樂的樂隊、那個音樂、那個聲音、那個具有催眠力量的希特勒——那個具有特質的人格。每一個人都看著希特勒，整個在他周圍的群衆就好像是一個海洋，你變成只是一個波浪。你覺得很好，你覺得很新鮮，你覺得很年輕，你覺得很快樂，你忘掉你的痛苦、你的悲哀、你的寂寞、和你的疏離，你並不是只有一個人，有這麼廣大的一個群衆跟你在一起，你跟它在一起，你個人私有的煩惱消失了，突然間有一個敞開，你覺得很輕，好像在天上飛。

希特勒的成功並不是因爲有一套非常有意義的哲學——他那一套哲學是荒謬的、幼稚的、不成熟的——也不是因爲他能夠說服德國人說他是對的……那並不是要點。很難去說服德國人，那是最困難的事情之一，因爲他們都是邏輯家，他們的頭腦裡有邏輯，每一方面都很理性，很難說服他們，所以他們不可能被希特勒所說服，不，他從來不想去說服他們，他創造出一個催眠的團體現象。

是那個說服了他們。

問題不在於希特勒說什麼，問題在於當他們在團體裡、在群衆裡，他們感覺到什麼，它是如此的一個釋下重擔的經驗，所以跟隨這個人是有價值的。不論他說什麼——對或錯，合不合乎邏輯，是否很愚蠢——反正跟隨他覺得很好。他們本身覺得很無聊，他們想要被群衆吸收，那就是爲什麼法西斯主義、納粹主義、和其他各種團體的瘋狂在西方變得可能。

在東方，只有日本能夠跟進，因爲日本是德國在東方的對等物，跟德國同樣的現象存在於日本，所以日本可以變成希特勒狂的同盟。

同樣的情況也發生在其他領域，比方說在宗教方面或是在心理學方面。團體的靜心在發生；在未來的一段長時間裡，也只有團體的靜心會發生。當一百個人在一起，你會感到驚訝，尤其是那些不知道西方頭腦的人，他們會感到驚訝，只是手拉著手，有一百個人坐在一起，只是手拉著手，互相感覺對方，他們就覺得很高興。

你不會覺得很高興，印度人也不會覺得很高興，他會說：多沒意思！只是一百個人圍成一個圓圈坐著，手拉著手，這怎麼會令人高興？你怎麼能夠變成狂喜的？最多你只能夠感覺別人的手在流汗。

但是在西方，如果有一百個人手拉著手，他們就會覺得很高興、很狂喜，爲什麼呢？因爲即使只是手拉著手對自我來講都非常不可能，甚至連太太和先生都不在一起，大家庭已經消失了——以前大家住在一起就好像一個團體。社會消失了，目前的西方並沒有眞正的社會存在，你大部份是單獨行動。

我看到一個統計，在美國，平均每一個人在三年之内就會搬到另外一個城鎮。一個住在印度鄉下的人，他一直都住在那裡，不只是他，他的家人也都住在那裡好幾千年，他深深地根入那塊土地，他跟每一個人都認識、都有關連，每一個人也都認識他，他並不是一個陌生人，他並不是單獨的，他以那個村子的一部份來生活，他一直都是如此，他生在那裡，他也將會死在那裡。

在美國，平均每隔三年，人們就會搬家，這是世界上曾經存在過的最遊牧的文明，人們好像流浪漢，沒有房子、沒有家庭、沒有所屬的城鎮、沒有所屬的村子，這事實上等於沒有家。在三年之內，你怎麼能夠生根？不論你去到那裡，你都是一個陌生人，群衆圍繞著你，但是你跟他們並沒有關連，整個擔子都是個人的。

坐在一個團體裡，在一個面對面的團體裡，或是在一個成長團體裡，互相碰觸對方的身體，你就變成了那個團體的一部份。互相碰觸對方的手，或是握住對方的手，或者只是躺在一起，或是身體疊在一起，你就會感覺到合一，有一種宗教性的快樂會發生。有一百個人在跳舞，在互相碰觸對方，大家打成一片，會讓你有「合一」的感覺，他們能夠融合，有一些片刻，自我會消失，那個融合就變成一件祈禱的事。

政客可以使用它來達到破壞的目的，宗教可以使用它來達到一種非常具有創造性的現象，它可以變成一種靜心。

在東方，人們已經大部份生活在團體裡，所以每當他們想要成爲具有宗教性的，他們就會想要去到喜馬拉雅山，圍繞在他們周圍的社會已經太多了，他們對他們自己還不感到膩，但是他們對社會已經膩了，這就是東西方的不同。

在西方，你對你自己已經膩了，你想要有一些橋樑——如何跟社會和跟別人溝通，如何創造出一個橋樑，如何走進別人裡面，好讓你能夠忘掉自己。在東方，人們對社會已經膩了，他們跟社會生活在一起的時間太長了，周遭全部都是社會，使他們覺得沒有任何自由，所以每當有人想要自由、想要寧靜，他就會跑到喜馬拉雅山上去。

在西方，你會跑進社會；在東方，你會逃離社會，那就是爲什麼有一些孤獨的方法或個人的方法存在於東方，而團體的方法存在於西方。

我目前在做的是什麼呢？因爲我的方法是一種綜合。在「動態靜心」的前面幾個步驟，你是團體的一部份，在後面的部份，團體消失了，你變成單獨的，我之所以這樣做有一個特殊的原因，因爲現在東方和西方已經沒有那麼明顯的區分，東方正在轉向西方，而西方正在轉向東方，到了這個世紀末了，將不會有東方，也不會有西方，東西方將會融合而成爲一個世界。

這個地理上的分界已經存在太久了，它已經不能夠再繼續存在。科技已經將它溶解了，它已經不存在了，但是因爲頭腦舊有習慣的緣故，所以它還繼續著，然而它的繼續只是一個心理現象，事實上它已經不復存在了。到了這個世紀末了，將不會有東方，也不會有西方，只是一個世界，它已經是這樣存在。那個能夠看的人，他們能夠看到它已經這樣存在。

一個綜合是需要的——團體和個人兩者都需要。在剛開始的時候，你在一個團體裡面下功夫，到了最後，你完全變成你自己。

從社會開始，再達到你自己，不要逃離社會，生活在社會裡，但是不屬於它，要跟別人關連，但是仍然保持單獨。愛和靜心；靜心和愛。

任何以前所發生的並不是問題，任何將來要發生的也不是問題。如果你是一個男人，那麼你就靜心和愛，如果你是一個女人，你就愛和靜心，不要在這兩者之間作選擇，愛加上靜心就是我的口號。

第十五個早晨

一九七四年五月二十四日

透過你的存在來分享

鍾愛的師父，這個禮拜，你告訴過我們說，我們不要去顧慮別人，但是大多數我們來自西方的人都有朋友或親戚，我們會想要跟他們分享我們所發現的。

我們要怎麼告訴他們關於門徒這一件事？我們要怎麼告訴他們關於你？我們要如何才能夠解釋那個不能夠被解釋的？

有一些事情是不能夠講的，你無法在口頭上跟他們分享，但是有一個方式可以來分享，那就是透過你的存在。成為一個門徒，那就是告訴別人門徒是什麼的唯一方式。

如果你是一個門徒，你的整個存在將會說出那個不能夠被說的，你的整個生活方式將會說出那個不能夠被觀念化的故事。

語言是無能的，它無法說出那個活動，它只能夠說出死的東西。你可以說出關於門徒的事，但那將不是眞實的。你怎麼能夠說任何關於門徒的事呢？它是一種內在的開花，它是一種內在的自由，它是一種內在的狂喜、一種祝福。

當然，你可以分享它，但是那個分享將會是透過你的存在──你走路的方式、你坐的方式、你看的方式、你的眼睛、你的身體、和你的呼吸。那個圍繞著你的寧靜，那個你所散發出來的喜樂，以及你的震動，他們將會看得出來，只有他們能夠看得出來。

成爲一個門徒──那是唯一的方式。門徒是什麼？它是免於頭腦。如果你不知道頭腦是什麼，那麼將會很難去了解門徒。

頭腦是累積的過去。一切你所經驗過的，一切你所知道的，一切你所生活過的，都累積在你的記憶裡。那個累積的過去就是頭腦，所以頭腦永遠都是死的，因爲它屬於過去。頭腦一直都是死的，從來不是活的，每當一樣東西變成死的，它就變成頭腦的一部份，它就好像一個旅行者所累積的灰塵。

你就在此時此地，而頭腦總是在過去，頭腦是跟隨著你的影子。

門徒是免於過去而牛活在當下這個片刻，不要將過去攜帶在頭腦裡，不要被過去所重負。一個片刻接著一個片刻，拋開過去的一切，好像它從來就不存在一樣，好像你重新被生出來，每一個片刻都是新鮮的、年輕的，將過去擺在一旁，不要累積灰塵。如果你累積灰塵，你將會變得一天比一天更沒有生趣，你的意識將會被覆蓋，你那如明鏡般的本質就無法再映出任何東西。你跟過去生活在一起越久，那個鏡子就越會被覆蓋，它將會變得無法反映，你將會變得越來越不敏感，這就是事實上所發生的。

門徒意味著一個突破。看到過去，了解說它是沒有用的，因爲它已經不復存在了，了解說它是沒有用的，它是一個負擔，因此你將它擺在一旁，那麼你就在此時此地，就在現在這個片刻，就在現在這個非常充分的片刻。

門徒意味著不要有時間來生活，不要被過去所影響，也不要被未來拉著走，沒有過去的重擔，也沒有未來的慾望，門徒是一種沒有目標、沒有目的的生活。

如果有人說門徒是達到神性的一個手段，他是在胡說，門徒並不是要去達成什麼，門徒是以好像你已經達成每一件事的方式來生活，它並不是一個慾望，因爲不管你是在欲求財富、權力、聲望，或是在欲求神、或莫克夏（解放），都沒有差別。都沒有差別！那個基本的運作過程仍然保持一樣，你還是在欲求。每當你在欲求，未來就進入了，每當有未來存在，它就只不過是過去的投射；每當有未來存在，它就只不過是經過修飾的已知的東西，它從來不是未知的東西，你怎麼能夠欲求那未知的呢？那個你不知道的，你怎麼能夠欲求它呢？

神是不能夠被欲求的，如果你欲求，它就是其他的東西，因爲神是未知的東西，你怎麼能夠欲求它呢？神是那個未被經驗過的，你怎麼能夠欲求它呢？

你可以欲求性，你可以欲求權力，你可以欲求自我——因爲你已經知道它們，你已經知道它們有很多很多世了，但是你怎麼能夠欲求神呢？你怎麼能夠欲求愛呢？你怎麼能夠欲求狂喜呢？你從來不曾知道它們，所以不可能欲求。

那就是爲什麼所有的經典和所有的佛都說：當你沒有慾望的時候，神就發生在你身上。是莫克夏（解放）來到你身上，而不是你去到莫克夏。你不能夠去，因爲你不知道。當你沒有慾望的時候，涅槃才會發生在你身上。

門徒是沒有慾望，沒有慾望意味著生活在現在。

記住，現在並不是時間的一部份，現在是超越時間的，唯有當你以過去或未來來思考，時間才會介入。當下這個片刻並不是時間的一部份，當下這個片刻並不記錄在你的手錶上，因爲時間總是在移向未來，它一直都在移向未來，從來不在此時此地，它來自過去，而移向未來。

手錶是你頭腦的代表，它從來不在這裡！當你說它在這裡，它就已經移開了，你一看到它在那裡，它就已經變成了過去，它一直從過去跳到未來。如果你仔細看你的錶，你會發現它並不是在移動，它是在跳動。分針看起來好像是在移動，因爲那個跳動非常緩慢，但是你可以看到秒針在跳動，它從過去跳到未來，它從來不在此時此地，這就是頭腦的方式。

「現在」是超越時間的，它是沒有時間的，或者你可以稱之爲永恆，你從來沒有離開過它，它一直都在那裡，你從來沒有進入它，你也從來沒有走出它，它就在那裡。

如果你的整個生活都被「現在」所包圍，如果你能夠以這樣的方式來生活，那麼你就是一個門徒，你是沒有慾望的，你甚至不欲求神。

你一欲求神，你就使神變成一項商品，那麼你就會被教士所剝削，因爲他們就是在賣那種商品；那麼你就會被廟宇、教會、或回教寺院所剝削，因爲他們就是在賣那個商品的商店。門徒跟廟宇和教堂無關，因爲神並不是一項商品。

當你不欲求的時候會怎麼樣？它並不意味著你會扼殺你自己或壓抑你自己，它並不意味著你扼殺你的慾望，這一點必須被深入了解，因爲這種事情發生過。

經典上說，那些知道的人說：當你沒有慾望，神性就會發生在你身上，然後頭腦就會跳進去，就好像一隻貓跳到老鼠身上，而抓住這個沒有慾望說：好，如果神能夠透過沒有慾望而達成，那麼我將要欲求沒有慾望，如此一來，這個就變成了慾望，那麼你就再度錯過了。然後門徒就試著要去成爲沒有慾望的，那麼這個沒有慾望的狀態就變成未來要達成的一件事。

所以你要怎麼辦呢？你可以扼殺慾望，而認爲說你已經變得沒有慾望，沒有慾望並不是慾望之死，因爲當慾望死掉，你也死掉了，這看起來很微妙，而且很困難，如果沒有慾望，如果你扼殺了所有的慾望，你也會變成死的，這並不是沒有慾望要發生的方式。它並不是慾望之死，而是慾望的蛻變。

慾望進入未來是慾望的一個方式，慾望停留在此時此地、享受當下這個片刻，這是慾望的另外一個方式，這個方式就是沒有慾望，因爲它並沒有移入未來。

一個沒有慾望的人並不是死的，他比你更活，因爲他的慾望集中在此時此地。如果他在吃東西，你無法想像他有多快樂，只是吃普通的食物，只是麵包和奶油，因爲他的整個存在都在這裡，他並非只是將食物往嘴巴裡面塞。

一個生活在未來的人從來沒有辦法吃得很好，他只是將食物往裡面塞，他並不關心吃，因爲他的頭腦在關心未來，他生活在野心裡，他無法吃得很好，他可以去想明天他要吃什麼，但是他這個片刻無法眞正地吃，他可以想像有什麼樣的食物，或者他明天要吃什麼，但今天是空白的、是空的，但是很不幸地，每一個明天都會變成今天——他將會錯過他的整個生命。

當他在做愛的時候，他不會感覺到任何東西，他會感到挫折，但是他會去想未來要抓住的其他女人，然後同樣的事情又會發生在每一個女人，或每一個男人，因爲那個會合總是在此時此地，而頭腦總是在移動。

他不能夠做愛，他不能夠吃得很好，他無法享受自然所給予的喜樂、自然一直灑落在你周圍的喜樂。就好像在秋天，樹葉從樹上靜靜地掉落下來一樣，喜樂也是每一個片刻靜靜地灑落下來，沒有在你的周圍發出任何噪音。每一件事都很美，每一件事都是一個祝福，但是你並不「在」。

所以門徒並不是意味著一個已經扼殺他的慾望的人，門徒是一個將他所有欲求的力量都帶到此時此地的人，他很全然地生活，不論他做什麼，他都全然投入，毫無保留，他是不分裂的。當在吃東西的時候，他就變成那個吃；當在做愛的時候，他就變成愛；

當在移動的時候，他就成爲那個移動。

佛陀曾經說過，但是很少人了解他的意思，他說：當你移動的時候，只有那個移動存在，那個移動者並不存在；當你在講話，只有那個講存在，沒有講者；當你在聽，只有聽存在，没有聽者；當你在觀察，只有觀察存在，没有觀察者。

一個門徒就是如此，那個活動變得很全然，所以那個活動者就喪失在活動裡。没有人站在後面，没有分裂，你很全然地在動，不管那個活動是什麼，你都完全融入那個活動，那麼那個享受就變得很完美。

所以一個門徒或是一個没有慾望的人並不是一個慾望已經死掉的人，他是一個將所有欲求的力量、將所有能夠欲求的能量都帶到現在這個片刻的人，他們並不跑到未來，他們完全轉入現在，他的慾望集中在此時此地，他變成一個世界，每一樣東西都退回到他身上，没有什麼東西跑到未來，因爲未來是虛假的，它是不存在的。

如果你的慾望移入未來，它就好像一條河流進入沙漠，它將會迷失，它將永遠無法到達大海，它將永遠無法享受河流會見大海時的狂喜。當一條河流到達大海，整條河流都能夠感覺到那個性高潮、那個歡舞、那個狂喜、和那個祝福，但是如果一條河流進入沙漠而迷失在那裡，那個狂喜將不會出現，它將會蒸發，它將會死掉，將不會有跟存在的交融。

當慾望進入未來，慾望的河流就進入了沙漠。未來並不存在於任何地方，它一直都是現在。未來是頭腦所創造出來的，它是虛假的，它是一個夢，門徒生活在眞實的存在裡，而不是生活在夢中，他享受眞實的存在！

所以這一點要記住：我一再一再地堅持，門徒並不是一個反對生命的人，事實上，他是一個肯定生命的人。門徒並不是一個扼殺他整個眞實的存在和慾望，而變成一個死東西的人，他是豐富的生命，他是一個活生生的偉大泉源。

到底是怎麼樣？因爲這個很微妙，所以到底是怎麼樣？差別在那裡？

當你覺得餓，你就開始去想食物，你從來沒有很全然地去感覺那個飢餓，否則它具有它本身的美，一個無法感覺飢餓的人已經死了。當飢餓存在，那個飢餓是在現在，但是你卻開始去想食物，而當食物存在，你又開始去想你明天要吃的其他食物。

當飢餓存在，一個門徒或是一個生活在現在的人會去享受那個飢餓，他完全飢餓，他變成了那個飢餓，他身體的每一個細胞都在等待食物，就好像已經很久沒有下雨，整個大地都在等著下雨，每一個細胞都在祈禱、等待、和邀請；整個身體都在等待、邀請、和享受那個飢餓，然後有食物，他就享受那個食物，那個滿足來自整個人的存在，它散佈到整個身體、整個頭腦、和整個靈魂，他會去享受那個滿足。

有人問一個禪師說：靜心是什麼？他說：當我覺得餓，我就覺得餓；當我覺得想睡，我就睡。

那個發問者不了解，他說：我是在問靜心，而不是在問你。

那個禪師說：我們所知道的靜心就是如此。當我覺得餓，我就覺得餓，沒有分裂；當我吃，我就吃；當我覺得想睡，我就睡。

跟生命沒有抗爭，也沒有抗拒——臣服、飄浮、變成一朵白雲。門徒是一朵在藍色的天空中飄浮的白雲，享受著神所給予的每一個片刻，享受著來到他身上的每一個恩典。

如果這是可能的……這的確是可能的，這個已經發生在很多人身上，這個也能夠發生在你身上，只需要一個很深的了解，那麼就不會有「業」的累積，那麼你就不會累積任何東西。你吃、你愛、你做每一件事，但是你很全然地去做它，所以沒有自我會從它累積任何記憶。你從來不說：我做了這個。你怎麼能夠這樣說呢？當那個做存在，你並不在那裡，所以誰能夠說：我做了這個？

如果你問一個門徒：你在飢餓，所以你吃了東西？他會說：我没有飢餓，我没有吃東西，是那個飢餓存在，是那個飢餓在吃東西；在我的部份沒有行動，我並不在那裡。如果你不在那裡，如果那個行動者不在那裡，要由誰來累積「業」呢？

那就是克里虛納告訴阿朱納的：做任何發生在你身上的，不論那個情形需要什麼，你就去做它，忘掉那個做者，不要認爲說：我在做；而要認爲說：是神透過我在做。這是說出同樣事情的另外一種方式：神透過我在做。我只是一個工具、一個通道，我只是一根笛子，中間是空的，沒有什麼實質的東西。神繼續在歌唱，帶來新的曲子，創造出新的歌——只是一個通道，一個中空的竹子做成的笛子。

門徒是一個中空的竹子做成的笛子，一個通道，他不存在。有很多事發生在他的周圍，有很多事透過他而發生，但是他不存在。

成爲一個門徒，因爲……因爲這是很美的！

這個必須來到你的頭腦：你必須分享。你在這裡，而你的母親、你的太太、你的先生、和你的小孩在家裡等你。愛一直都在分享。

你將會回去，你將不會帶著任何看得見的東西回去，不是一個要給你母親或給你太太的禮物，不是一些裝飾品，或本地產的什麼東西——你將會帶一些看不見的東西回去。

這個看不見的東西是不能夠被談論的，因爲你並不是帶著一種哲學，我不是在給你一種哲學，我不是在給你任何意識形態，我是在給你一種不同的生活模式，一種存在的方式。

要告訴他們是很困難的，如果他們直接問，那將會很困難，不要試著去說什麼，因爲那將不會有任何幫助，那或許會創造出更多的問題，寧可對他們敞開，好讓他們也能夠來跟你分享，寧可變得更具有接受性。跟他們在一起——歡笑、享受、吃、靜心，請他們來分享你的存在，分享發生在你身上的新的生活方式。你的「在」，你那歡笑和享受的整個存在將會變得具有傳染性——它會變成這樣！他們將會感覺到它。

這需要花一些時間，它將不會很容易，它將會很困難，所以，在你離開之前，要準備好，準備去分享。

他們並不一定會了解，剛開始的時候將會有誤解，誤解的可能性較大，因爲他們從來沒有去想過它。這是某種未知的東西，每當那未知的敲上門來，頭腦就會覺得害怕，因爲頭腦無法將它歸類，頭腦無法應付它，它是令人粉碎和令人震驚的。如果頭腦能夠將某一件事分類，將它放在某一個角落，然後說：這個就是這個，將它貼上標籤……就這樣，它就會覺得很高興；如果頭腦能夠分析一件事——劃分它、切開它、洞察它、了結它，它就會覺得很高興。

但門徒是不能夠被歸類的，它並不是一個類別，它是一種完全不同的存在品質，所以沒有適合它的類別存在。它無法被分析，它無法被打碎成為片斷，它不是一個機械裝置，你無法將它拆開，將零件拿開，然後再將它們裝回去，不，它是一個有機的統一體。如果你去分析它，它就不復存在了，這樣的話，你將永遠無法再恢復它原來的樣子，那是不可能的。

門徒是一個活的力量，它是有機的，就好像一朵花。如果你去分析一朵花，將每一朵花瓣拿開，剖開它，往裡面看，滿意於你的探詢，然後試著去恢復它原來的樣子，到了那個時候，那朵花已經消失了，花瓣已經死掉了，它們永遠無法以同樣的方式被恢復原狀，因為它是一個有機的統一體，它不是一個機械裝置。

門徒是一種開花，是人類意識的開花，就好像花朵來到樹木，那表示樹木已經達到一個完成，遲早將會有果實出現。花朵只是在指示著說，樹木準備要結果，樹木已經準備好，它已經達成了。花朵是樹木要開始結果之前的狂喜，因為果實意味著達成。樹木已經來到了它的頂峯，來到了它的最高點，它已經達到了它存在的最高潮。它覺得很快樂，它在享受它，它的存在並不是徒然的，現在果實即將出現，樹木感到很狂喜而綻放出花朵。

門徒是一種開花，而莫克夏（解放）就是它的果實。門徒意味著現在你內在的存在、內在的樹木已經來到一個即將要跳或即將要爆發的點，在它發生之前，你的整個存在都在享受它，你已經達成了，它並不是一個浪費，你已經等了很多很多世，現在它已經來臨了。那麼長的一個等待，那麼多的耐心……但它是有意義的，現在你已經達成了，你已經到達了，你的整個存在開花了。

印度人選擇了紅色、橘紅色、和暗紅色作爲門徒的顏色，這些顏色來自花朵。綠色和紅色是大自然裡面基本的顏色，綠色是樹，紅色是花。你的存在已經開花，不久就會結果，不久就會有種子產生，將這個開花帶在你身上。

你想跟愛人、跟朋友、跟太太、跟先生、或跟家人分享，這樣是好的，要如何分享？它是很美的，它是很好的，想分享這麼美的東西是一種美德，但是唯有當它已經發生在你身上，你才能夠分享。如果你只是聽我講，你只是在想關於花朵的事，但是你並沒有開花，那麼你就不能夠分享。

如果你只是帶走我的話語，它們將不是眞正的花朵，因爲話語不可能是眞實的，它們是塑膠花。你可以攜帶著它們，你可以將它們給你的朋友，但是將不會有芬芳在它們裡面，那些話語將不會説出我所告訴你們的，它們將無法傳達出任何東西，透過它們將不會有眞正的溝通。

所以如果你想要分享門徒和靜心，你必須先成爲靜心的，要越來越深地涉入這種生活方式。變得沒有慾望，但是當每一個慾望來臨的時候，你仍然去享受它。當它發生的時候，以一個禮物或一個恩典來享受它，但是永遠不要去要求它，永遠不要去強求它，永遠不要爲它計劃，永遠不要去想它，全然地去生活，但是不要透過思想。

思想是腐化的力量，它腐化每一樣東西，而且徹底地腐化，因爲思想是狡猾的，它是人的狡猾，你想得越多，你就變得越狡猾，你會認爲那是聰明，你會認爲那是才智，它不是……因爲如果有聰明才智，思想是不需要的。聰明才智就足夠了，思想是不需要的。你需要思想，因爲聰明才智不存在，如果聰明才智存在，那麼你就一個片刻接著一個片刻去反應，你不需要去想説下一步應該怎麼做，因爲當下一個片刻來臨，那個聰明才智將會存在，你將會自然反應。

鏡子從來不會去想説：當另外一個人來到我面前，我要怎麼辦？沒有這個需要！有鏡子存在，它就會反映。如果有聰明才智存在，你從來不會去想下一個問題，因爲當那個問題來臨的時候，你有聰明才智，那個聰明才智會反映，你可以依賴它。

因爲我們沒有聰明才智，所以我們才會去想它，思想是一個代替品。聰明才智越高，思想就越少，當聰明才智很完美，就沒有思想。一個佛從來不思想，沒有那個需要！任何生命帶到他面前的，他就自然反應。

你會思考，因爲你無法依賴你的聰明才智，所以你必須預先計劃。當那個片刻來臨，你就可以遵循你以前所準備的那個藍圖，這算是什麼生活？你從過去來生活！那就是爲什麼你會犯下那麼多沒有必要的錯誤，每一件事都變得很陳腐，而且死氣沈沈，因爲你總是由過去來行動。生命在繼續著，每一個片刻都是新的，就像河流一樣，一直都在改變，那個改變從來沒有停止過，但是你卻停留在過去。

你攜帶著一個藍圖，每當生命給你一個難題，你就往你的記憶裡面尋找，找那個藍圖、那個計劃，然後由它來行動，這樣你就錯過了。生命一直都是新的，但藍圖一直都是舊的。

生命就好像鳥兒在空中飛翔，牠們從來不留下任何痕跡，也沒有固定的路線，當牠們飛過去，天空就跟以前一樣地空，它並不像人們所走的地面，當人們走過，留下脚印，路線就形成了。生命就好像天空，不會留下任何路線。

門徒就好像小鳥在空中飛翔，不遵循任何脚印，不遵循任何路線，因爲沒有路線存在。他行動，一個片刻接著一個片刻，透過他當下的聰明才智，而不是透過他過去的記憶。

看！我們所做的剛好相反，我們使每一件事都變成一個計劃。甚至連一個先生從辦公室回家都要去想説要如何跟太太會面，要先在内心計劃，要告訴他自己説，他將要做這個，他將要以這樣的方式來碰他的手，他將會給她一個長吻或什麼東西，爲什麼需要去計劃它呢？難道你沒有任何愛嗎？

如果愛不存在，那麼計劃是需要的，因爲你沒有辦法依靠你自己，你或許會完全忘掉。如果你沒有預先計劃，你或許會到了家，而完全忘掉説你太太整天都在等待，都在爲你準備食物，都在洗你的衣服，都被你的事情所包圍，都被你的愛所包圍。她一直在等待、等待、又等待，已經變得有點失去耐心，現在你終於回家了，你甚至連看她一眼都沒有，就坐在你的椅子上，開始看你的報紙，或者你打開收音機或電視，好像太太並不存在。

你害怕這樣，因爲你可能會這樣做，所以你會計劃，你會試著去記住，你必須提醒你自己，看看要如何在你太太或你的愛人面前舉止，這種不能夠沒有計劃地自然反應的愛要算是什麼愛？

如果有愛，就不需要去想它，對於聰明才智，那個情形也是一樣，如果聰明才智存在，就不需要去想它，思想是一種代替品。

思想非常聰明而狡猾，它可以創造出一個幻象，那就是它的聰明和狡猾。你可以笑一個不眞實的笑，有一個微笑來到你的嘴唇，那只是一個裝出來的微笑，它根本沒有跟你連結在一起，你跟它之間沒有連通的橋樑，它不是由你本質的中心所湧現出來的，它不是來自你，你只是將它戴上去，它是一個面具，思想可以做那件事，然後，漸漸地，你就一直變得越來越虛假，狡猾意味著在你的周圍創造出一個虛假的生活。

門徒是眞實的，如果他微笑，他的微笑是來自他的本質；如果他生氣，那個生氣是來自他的本質；如果他愛，他是從他的本質來愛。他並不是虛假的，他並不是一個贗品，他是眞實的，你可以信任他。如果他愛，他就眞的愛，如果他是一個朋友，他就眞的是一個朋友，如果他不是，那麼你可以信任他，他眞的不是，但是他不會欺騙。

這就是我所說的一個具有眞正美德的人——很眞實，很可靠。任何存在的，就眞的存在，他不戴面具，他不使用虛假的力量，他跟那眞實的生活在一起。記住：唯有當你是眞實的，你才能夠來到那眞實的，如果你是虛假的，你永遠無法來到那眞實的；如果你是不眞實的，那麼你所看到的世界也將會是不眞實的，因爲不眞實的只能夠跟不眞實的連結在一起。你是不眞實的，所以世界就變成幻象的——「馬亞」，如果你是眞實的，幻象的世界就消失了，它就變成神性的，它就變成眞實的。

「馬亞」(maya)這個字很美，它意味著那個可以被測量的。「馬亞」意味著那個可以被測量的，頭腦就是那個測量的現象，頭腦繼續在測量一些東西，將它詳細標示，將它分析，頭腦試著去測量每一樣東西，那就是爲什麼印度人稱世界爲「馬亞」——那個可以被頭腦所測量的。

你們的科學是什麼呢?你們的科學只不過是測量，印度人不稱科學爲知識，而稱它爲反知識。它不是眞知，因爲那個眞實的是不能夠被測量的，它是不能夠被測量的，它是無限的，它是無始無終的。那眞實的是不可測量的，那不眞實的才可以測量，如果是可以測量的，那麼就會有理智和邏輯，如果是不能測量的，那麼邏輯和理智就消失了。

頭腦很聰明而且很狡猾，它創造出幻象的世界。

那麼門徒是什麼?他並不是一個頭腦，相反地，他是天眞，他是天眞的，就好像一個小孩子，剛被生下來，沒有過去，也沒有未來的概念。一個門徒每一個片刻都是剛出生的小孩，那個過程是：每一個片刻，他的過去都死掉，不論什麼東西經過，他都將它丟掉，他都拋棄它，因爲它已經是死的東西，它是灰塵，不需要去攜帶它，他清理他自己，他的鏡子再度變新鮮，他繼續清理那個鏡子，這個清理，我稱之爲靜心。

人們問我：我們什麼時候才能夠拋開靜心？你無法拋開它，當你不在，有一天它就會消失，但是你無法拋棄它，因爲你需要清理，你會一直變髒，每一個片刻都會有髒東西聚集起來，生命本來就是會如此，每一個片刻你都需要洗澡、需要清理，當你不在，那麼就沒有什麼東西……那麼就沒有問題，因爲已經沒有一個人可以被弄髒，但是當你存在，靜心就必須繼續，它是保持天眞的一種努力。

看……如果你是天眞的，你並不缺任何東西，如果你能夠用天眞的眼睛來看天空，你就變成了天空。如果有頭腦，你會開始去衡量，你會說：這個很美或不美，或者，今天的天空是有雲的，或者，明天的天空將會更好，或者，昨天的天空更美，你會開始衡量。

但如果你是天眞的，如果你不是一個頭腦，只是一個眞實的存在，在看著天空，沒有什麼可以說的，也沒有什麼可以想的，天空就在那裡，你也是像一個天空——內在和外在會合，兩個空間合而爲一，沒有界線，觀察者變成那個被觀察的，那就是克利虛納姆提一直在説的：觀察者變成那個被觀察的。外在和內在都失去了它們的界線而成爲一體。

如果你帶著天眞來看一棵樹，不用頭腦來衡量，那麼會發生什麼？並沒有兩個，並沒有樹木和你，不知道怎麼樣，樹木進入了你，而你進入了樹木，唯有如此，你才會知道樹木是什麼。你看著星星，你看著河流，你看著一排小鳥在天上飛……那些界線一直在融合，所有的分化都消失了，所有的差別都消失了，那麼就會有統一。

它並不是由思想而來的統一，它並不是哲學家的統一，它是完全不同的統一，你不會去想説它是「一」，你會突然知道它是「一」，你不會在頭腦裡面説：這是「一」，因爲優婆尼沙經是這樣説的，因爲吠陀經是這樣説的。它就是「一」。

如果有吠陀經或優婆尼沙經在你的頭腦裡，你並不是天眞的，你是狡猾的，那個衡量一直在繼續，你還是一直用頭腦或思想在衡量、在比較。你很機伶而且很狡猾，但是你並沒有眞正的聰明才智，不管你有多機伶，一個機伶的頭腦是平庸的，眞正的聰明才智才是我們所需要的。

一個小孩被生下來，他具有眞正的聰明才智，但是他的頭腦並不機伶，他用清澈的眼光來看這個世界，他的知覺非常清晰，沒有被雲遮住。

當我說天眞就是門徒，我的意思是說那個知覺必須非常清晰，沒有思想的障礙。你要看，你要變成一個看，你要觀察，但是必須沒有觀察者在你的背後操縱。

這個天眞是可能的，只有這個天眞能夠超越時間和空間，只有這個天眞能夠到達那最終的、到達「莫克夏」——絕對的自由。

變成一個門徒——一個天眞的、再生的、潔淨的、每一個片刻都進入那未知的，那麼你就能夠分享。

我要說：整個人類的教育過程、整個文化、和所有的制約，都跟這個相反，它教你要如何變得狡猾和機伶，它教你頭腦，它從來不教你天眞，它教你變成自動化，這個字必須記住，它使你變得越來越自動，因爲如果你變得越來越自動，你就會變得更有效率。

比方說你在學開車，剛開始的時候，它是困難的，那個困難並不是在於開車，也不是在於車子或任何其他東西，那個困難是在於你，因爲你必須很警覺。剛開始的時候，你必須很警覺，因爲有危險存在，你必須繼續意識到你正在做的，你必須小心交通，小心行人，小心那些機械裝置，你必須注意離合器、齒輪、和輪胎，以及其他每一樣東西，你必須注意很多東西，因此你的頭腦無法再繼續它平常內在的喋喋不休，它必須保持警覺，這種情形會產生困難。

稍後，幾天之後，你就變得很自動，你的手可以很靈活地操作，你的脚也可以很靈活地操作，車子和你已經成爲一體，那麼你的頭腦就可以繼續它內在的喋喋不休，沒有問題，你的頭腦是不需要的。

這就是我所說的自動化。如此一來，你的身體已經變成一個機械裝置，它會自動產生作用，你只有在少數情況下才需要，在危急的情況下，你才需要，在危急的情況下，你的思想過程必須停止，突然間將會有一個震撼，你的整個身體將會顫抖，那麼你的心神就必須在那裡，你就必須警覺，但是這種情形很少，除了特殊情況之外，你都可以繼續，你可以抽煙、唱歌、或甚至跟別人講話，你可以聽收音機，或者你可以繼續你內在的講話，或內在的對話，不需要你的「在」。

你已經變得自動化，但是這樣比較有效率，如果你必須經常保持覺知，你就不能夠很有效率，你就不能夠進行很快，因爲太快你無法覺知，就是因爲有這個因素，就是因爲人們並不覺知，所以他們過著無意識的生活。社會已經學到了一種詭計，使每一個人都變得越來越自動化。整個學校的教育只不過是要使你變得越來越自動化。語言、數學

——每一樣東西都變成自動化，你不必擔心什麼就可以做它，它變成機械式的。

當我說要變得天眞，它意味著要解除自動化，它意味著：不論你做什麼，你都要完全有意識地去做它。如果你在開車，那麼你就只要開車，變成那個開車，其他什麼事都不要做，不要繼續內在的談話，要深深地涉入，而且保持警覺。沒有開車的人，只有那個開車，而且是完全有意識的。

它將會很困難，那就是爲什麼社會不想那麼麻煩去這樣做，只有個人能夠經歷這麼費力的途徑。做每一件事都保持有意識，漸漸地，你身體的自動化將會消失，你就會被解除自動化，那麼你的天眞就能夠開花。

小孩子是天眞的，因爲對他來講還沒有什麼事是自動化的，他尚未學習任何東西，他還沒有被制約，但是不久我們就會制約他，他將會學習一些事情，然後就有越來越多頭腦存在，而他本身就變得越來越少。本質越來越少，而頭腦越來越多，那麼他將會變成只是一部自動化機器，只是一個機械裝置——很有效率、運作得很好、服務社會，但是他變成死的。

服務、幫助社會工作，但是不要變成自動化的，然而你已經變成自動化了，所以要使你自己解除自動化，漸漸地，帶進更多的意識，不論你在做什麼，你都要帶進更多的意識，因爲不論你在做什麼，如果你的意識較少，它就變成自動化的。這就是自動化的方式：變得越來越沒有意識，像機械一樣地做事。

要變得越來越有意識，不要像機械一樣地做，而是隨時都要保持心神「在」，那麼天眞就會在你身上開花，那個天眞是一件能夠發生在一個人身上最偉大的事。

保持天眞，那麼你就是神性的；保持天眞，那麼你就變成神。（全文完）

奧修大師在台連絡地址

1 奧修資料中心
100台北市臨沂街33巷4號二樓
電話：(02)2395-1891；連絡人：謙達那(譯者)
傳眞：(02)2396-2700
郵撥帳號：12463820；帳户名稱：林國陽
流通項目：原文書、中文書、錄音帶(音樂帶、演講帶)、錄影帶、照片、CD

2 奧修台北靜心中心
241三重市重新路五段609巷12號之5，9樓
(湯城園區)(靜心活動爲主)
交通：聯營235，指南1，3，9味全工廠站下車
電話：(02)2999-4700
每兩個月有奧修新訊，歡迎索閱

3 奧修資訊中心（創見堂）
100台北市重慶南路一段75號11樓
(離台北車站不遠)
電話：(02)2375-1471～2；連絡人：李瑪琍(Vismaya)
上班時間：14:00～21:30 P.M.
每三個月有創見雜誌，歡迎索閱

4 奧修屋
竹北市華興街136號5F之2
電話：(03)555-1491；連絡人：潘福緣(卡瑪爾)
傳眞：(03)555-2067(Aura Soma爲主)
新竹市光復路一段89巷139號2F
電話：(03) 567-9887；連絡人：克莉莎納
傳眞：(03)567-9890(靜心活動爲主)
每兩個月有奧修屋簡訊，歡迎索閱

奧修大師連絡地址

5 蘇克拉奧修靜心中心
台中市美村路一段462號B1
電話：(04)372-3095；連絡人：瑪格亞

6 奧修庫爾希德靜心中心
高雄市左營區至聖路145號3F
電話：(07) 349-2745；連絡人：王靜娟(Abhaya)

7 奧修全然靜心舍
香港灣仔洛克道68-70號
偉信商業大廈602室
電話及傳眞：26743408 (夜間)
連絡人：梁健生 (Suraj)
e-mail：suraj001@netvigator.com

8 奧修中文網站
網址：http：//cn.osho.org
內容：奧修靜心的介紹、奧修的演講與洞見、印度普那社區之旅及實用旅行引導、多元大學課程、成道者活生生的藝術……

9 Osho International
570 Lexington Avenue
New York, N. Y. 10022, U.S.A.
Tel：＋1-212-588-9888
FAX：＋1-212-5881977
email：osho-int@osho.org.
Web Site：http：//www.osho.com

上述地址的提供只是爲方便讀者取得有關奧修大師的資料和做靜心。

奧修「錄影帶」目錄

1 **我來到一個成道者的脚下**

(I Go To The Feet of the Awakened One)

奧修大師一九八四年三月二十一日成道日的紀念影片。(26分，中文字幕)

2 **早上和晚上的靜心**

奧修大師在印度普那帶領門徒們做晨間和晚間靜心的實況錄影。(42分，中文字幕)

3 **「神祕玫瑰」演講系列之四**

講題：放開來——基本原則

奧修大師在印度普那於1988年3月24日晚間對門徒的演講實況。(58分，中文字幕)

4 **人類宣言**

奧修大師對全世界發表宣言，呼籲世人要覺知，要重視我們現在所處的環境。透過靜心先從個人改變，整個社會就會變得更清明。

(28分，記錄片，國語發音)

5 **蘇格拉底再度被下毒**

奧修大師在美國被驅逐出境之後，輾轉到了希臘，在希臘遭到迫害時所發表的演說。

(44分，中文字幕)

6 **我把我的夢留給你們(奧修葬禮)**

(30分，中文字幕)

7 **演講帶：主題(A)男女關係(Relationship)**

(B)貪婪(Greed)

(60分，國語配音)

8 **演講帶：主題(A)放鬆 (Relaxation)**

(B)死亡 (Death)

(60分，國語配音)

9 **演講帶：主題：性(Sex)**

(1小時32分，中文字幕)

10 **印象之旅——奧修普那國際社區**

介紹奧修印度社區。

(30分，中文字幕)

11 **英語演講錄影帶**(附原稿) **(兩卷)**

Subject : Love, Jealousy & Marriage

(2小時29分，英語發音)

12 The Rising Moon

奧修早期在印度的演講記錄片。

(34分，英語發音)

(每卷定價 300 元)

德國進口心靈音樂CD

一、CD 欣賞音樂(定價每片430元)

1 Garden of the Beloved
(愛人的花園——柔和音樂)
2 Commentaries of the Bamboo
(竹子的呢喃——靜心，欣賞)
3 Yes to the River
(對河流説是——欣賞音樂)
4 Shadow of the Pine
(松樹的影子——較高昂的音樂)
5 Ten Thousand Buddhas
(一萬個佛——與師父會合時所奏的音樂)
6 In Wonder(在驚奇當中——欣賞，歌唱)
7 Tao Music, Vol.1
(道的音樂，第一卷)

二、CD 靜心音樂(定價每片430元)

1 動態靜心(Dynamic——早上六點的靜心音樂)
2 亢達里尼靜心(Kundalini——下午五點的靜心音樂)
3 能量中心的呼吸(Chakra Breathing)
4 能量中心的聲音(Chakra Sound)

5 那達布拉瑪靜心(Nadabrahma)
6 那塔拉吉舞(Nataraj——跳舞的靜心)
7 無邊無際(No-Dimension)

三、新地球音樂CD(定價每片430元)

1 太陽的鏡子(Mirror of the Sun)
2 現在(Now)
(印度笛子大師，融合印度與歐洲的風味)
3 這裡(Here)
(印度笛子大師，融合印度與歐洲的風味)
4 道的滋味(A Taste of Tao)
5 玫瑰·水·月亮(Rose Water Moon)
(佛的冷靜和溫和)
6 跳舞河流的故事(Tales of a Dancing River)
7 部落的聚會(Tribal Gathering)
8 靜心的羅曼史(Meditative Romance)
9 彼岸(Beyond)
10 沒有目標只有途徑(No Goal But The Path)
11 科拉色彩(Kora Colors)
(世界音樂——非洲的豎琴和韻律)
12 永恆之門(Door of Eternity)
(白色天鵝飛翔的神聖聲音)
13 求道者(Seeker)
14 心對心(Heart to Heart)
15 靈氣——治療的手(Reiki)

丹麥進口心靈音樂CD

（定價每片430元）

1 內在的收穫(Inner Harvest)
（滋潤身體和靈魂的優美音樂）

2 吻著森林(Kiss the Forest)
（將你帶入神秘夢境的音樂）

3 禪的升起(Zenrise)
（吉他音樂——心靈提升）

4 按摩的音樂(Music for Massage)
（靜心和按摩用的音樂）

5 太空走路(Skywalk)
（吉他、笛子——恢復新鮮）

6 旅程(Journeys)
（进出生命和創造力的音樂）

7 月水(Moonwater)
（跳舞的音調漂浮在柔和的韻律中）

8 內在的心流(Notes from the Inner Stream)
（柔和、漂浮、深深地放鬆）

9 森林散步(Forest Walk)
（安撫和放鬆的音樂）

10 溫和的火(Gentle Fire)
（柔和音樂，適合睡覺之前聽）

11 森林小溪(Woodland Stream)
（水聲、鳥叫聲、大自然的聲音）

12 海浪聲(Ocean Waves)
（回歸自然，舒緩神經）

13 自然之道(Nature's Way)
（以大自然聲音爲背景的特別推薦曲）

14 來自彼岸的歌(Songs from the Beyond)
(優美的旋律，聲波吉他獨奏)
15 心之光(Light at Heart)
(吉他音樂，將喜悅、快活和無爲帶入心田)
16 心靈(Spirit)
(帶你進入放鬆的親密氣氛，解開工作壓力)
17 藍色世界(Blue World)
(這是常會浮現於心中的柔和旋律)
18 飛翔的夢(Flying Dreams)
(喜悅，提昇精神，新時代的古典音樂)
19 太陽之旅(Journey Towards the Sun)
(溫和而有力，心靈治療，擴展愛和提昇覺知)
20 手(Hands)
(最佳的心靈治療音樂)
21 平衡(The Balance of Gaia)
(這個音樂的美在於喚醒你跟內在美的連繫)
22 叮！(Ding)
(單純，天眞氣氛下的優美旋律)
23 慶祝的時光(Times of Celebration)
(輕快、高雅的鋼琴獨奏)
24 樂奎安(Locrian Arabesque)
(由種種音樂啓發出的有活力、透明的聲音)
25 北極光(Arctic Light)
(以優美的光和狂野的大自然爲背景的音樂)
26 餘波(Aftermath)
(在無時間的氣氛下，融合中古和現代的音樂)
27 歸於中心(Centering)
(靜心，漂浮於柔和的氣氛之中)

奧修心靈系列

1	道之門	定價240元
2	從性到超意識—到達眞愛的旅程	定價200元
3	沙的智慧	定價300元
4	奧秘之書（第三卷）上冊	定價220元
5	奧秘之書（第三卷）下冊	定價220元
6	草木自己生長—禪的眞髓	定價240元
7	瑜伽始末（第一卷）	定價300元
8	橘皮書—奧修的靜心技巧	定價200元
9	女人與婚姻	定價200元
10	成道之路（吠檀多）（上冊）	定價240元
11	成道之路（吠檀多）（下冊）	定價240元
12	智慧金塊	定價200元
13	當鞋子合脚時—莊子的故事	定價300元
14	生命、愛與歡笑	定價160元
15	靜心冥想—狂喜的藝術	定價250元
16	密宗譚崔的精神與性	定價180元
17	信心銘—禪宗三祖僧璨眞言	定價300元
18	般若心經	定價320元
19	老子道德經（第二卷）	定價300元
20	靜心觀照—修行的指引	定價360元

21 奧修傳 定價220元

22 白雲之道 定價300元

23 佛陀法句經（第一卷） 定價300元

24 金錢與工作—新人類的生活觀 定價160元

25 老子道德經（第一卷） 定價300元

26 奧修占卜卡 定價500元

27 死亡的幻象 定價180元

28 金剛經 定價320元

29 新人類—未來唯一的希望 定價200元

30 放輕鬆些！——休禪詩（第一卷） 定價300元

31 放輕鬆些！——休禪詩（第二卷） 定價240元

32 莊子—空船 定價360元

33 老子道德經（第三卷） 定價320元

34 耶穌說（上冊） 定價320元

35 奧修禪卡——禪宗超凡的遊戲 定價650元

36 靜心與健康（上冊） 定價280元

37 道子道德經（第四卷） 定價320元

38 靜心與健康（下冊） 定價320元

39 禪宗十牛圖——找尋 定價320元

40 與大師同在——新金剛經 定價400元

41 醒悟的話語 定價250元

簡介奧修大師對「素食」的看法

奧修大師認爲素食進入體内之後所產生出來的能量比較輕，比較能夠往上提，而葷食進入體内之後所產生出來的能量比較重，比較會向下流。向上的能量比較朝向愛，比較有利於修行，向下的能量則比較朝向暴力。因此在印度普那的奧修國際社區裡面只提供素食。

另外奧修大師曾經説過，動物在被殺的時候會因爲恐慌而分泌出一些毒素到體内，如果我們吃了牠的肉會受到一些不好的影響。

奧修大師認爲吃素是基於美感的理由，因爲殺動物來吃是一件醜陋的事。

然而由於奧修大師一向不講求戒律而強調覺知，所以他並沒有硬性規定門徒一定要吃素，但是當一個人的修行越深入，他就自動會吃得越來越素。

奧修心靈系列

醒悟的話語

如果你很勇敢，那麼就聽命於你的心。如果你是一個懦夫，那麼就聽命於你的頭腦。但是對懦夫來講沒有天堂樂園。天堂樂園的門只對勇敢的人敞開。

定價250元

與大師同在

—新金剛經—

九十六輛勞斯萊斯的車是不需要的，我無法同時使用九十六輛勞斯萊斯的車，它們又是同樣的款式，同樣的車子。但是我想要讓你們很清楚地看到，你們為了要取得一輛勞斯萊斯的車卻寧願拋棄一切對真理、愛、和心靈成長的追求。我故意創造出一個你們會覺得嫉妒的情況。

一個師父的功能非常奇怪，他必須幫助你了解你內在意識的結構——它充滿了嫉妒。

定價400元

白雲之道

作　者：奧修大師 (OSHO)
譯　者：謙達那
發行人：林國陽
美　編：點石工作室・黃慧甄
校　對：德瓦嘉塔
出版者：奧修出版社
100台北市臨沂街33巷4號2樓
電話：(02) 2395－1891
傳眞：(02) 2396－2700
登記證：局版臺業字第5531號
劃撥帳號：12463820（書、錄影帶、錄音帶、CD）
帳户：林國陽
總經銷：聯寶文化事業有限公司
總公司／701台南市德東街237號
電話：(06) 260－4211～5（代表號）
傳眞：(06) 290－1741
台中辦事處／406台中市文心路4段951－1號4F
電話：(04) 243－8260
台北分公司／221台北縣汐止鎮康寧街169巷21號8F之3
電話：(02) 2695－4083～6
傳眞：(02) 2695－4087
印刷所：隆興彩色印刷有限公司
初　版：1993年10月
六　刷：1999年9月

定價：300元

ISBN 957－8693－23－0

國立中央圖書館出版品預行編目資料

白雲之道／奧修大師(Osho)原著；謙達那譯，
——初版、——臺北市：奧修出版；〔臺北縣〕新店市：學英總經銷，1993〔民82〕
面；公分，——(奧修心靈系列；22)
譯自：My Way： The Way of the White Clouds
ISBN 957-8693-23-0（平裝）

1.印度教

274 82007341